L'être humain ne se réduit pas à ce que nous voyons ou croyons voir. Il est toujours infiniment plus grand, plus profond que nos jugements étroits ne peuvent le dire. Il n'a, enfin, jamais dit son dernier mot, toujours en devenir, en puissance de s'accomplir, capable de se transformer à travers les crises et les épreuves de sa vie.

MARIE DE HENNEZEL

Du même auteur

La conception de cours. Guide de planification et de rédaction, Presses de l'Université du Québec, 1995.

Bien vivre, mieux vieillir. Guide pratique pour rester jeune, Éditions de l'Homme, 1997.

Une retraite heureuse? Ça dépend de vous!, Flammarion Québec, 2005. Édition française: *Petit guide de la retraite heureuse*, Eyrolles pratique, 2005.

La mémoire. L'entretenir et la développer, Le Dauphin Blanc, 2008.

Pour un sommeil heureux, Le Dauphin Blanc, 2010.

Cap sur la retraite

25 POINTS DE REPÈRE

pour franchir les transitions

Catalogage avant publication de Bibliothèque et Archives nationales
du Québec et Bibliothèque et Archives Canada

Dessaint, Marie-Paule
   Cap sur la retraite : 25 points de repère pour franchir les transitions
   Comprend des réf. bibliogr.
   ISBN 978-2-89077-417-9
   1. Retraite - Planification. 2. Retraités - Habiletés de base - Guides,
manuels, etc. 3. Gestion de soi. 4. Qualité de la vie. 5. Réalisation de soi.
I. Titre.
HQ1062.D47 2011   646.7'9   C2011-941382-5

COUVERTURE
Illustration : © Marie-Eve Tremblay, colagene.com
Conception graphique : Annick Désormeaux

INTÉRIEUR
Mise en pages : Michel Fleury

Imprimé au Canada
www.flammarion.qc.ca

Marie-Paule Dessaint, Ph.D.

Cap sur la retraite

25 POINTS DE REPÈRE
pour franchir les transitions

Flammarion
Québec

À mes parents,
Maggy et Jean Dessaint,
mes modèles de vie et de vieillissement réussis

Préface

Si vous aimez la vie, ce livre est pour vous. Si vous ne l'aimez pas, ce livre est aussi pour vous et pourrait sans doute modifier complètement votre façon de l'appréhender. Même si nous allons tous vers la même destination, le chemin de vie proposé par Marie-Paule Dessaint est particulièrement emballant.

Ce chemin de vie est jalonné de 25 points de repère, parmi lesquels on compte des relais comme « Prenez soin de vous », « Soyez heureux, seul ou à deux » ou encore « Vivez en pleine santé ». En guide accomplie, l'auteure nous accompagne pas à pas sur ce qui, pour certains, est une terre inconnue. À la manière d'un coach, elle nous interpelle au moyen d'une série de questions simples et directes : « Qu'avez-vous peur de devenir ? », « Qu'est-ce qui vous donne envie de vous lever le matin ? », « Qui vous a transmis vos plus belles valeurs ? », « Si tout était possible, qu'aimeriez-vous faire encore le plus au monde ? ». On sent le profond désir de Marie-Paule Dessaint de nous faire réussir ce voyage. Elle nous conduit sans nous contraindre. De temps à autre, elle dispense aussi quelques conseils comme autant d'incitations à l'action.

Ce qui frappe d'abord dans son livre, c'est le réalisme avec lequel la vie, le travail et la retraite sont abordés. On sent qu'elle a puisé dans sa propre expérience, de même que dans celles des gens qui ont participé à ses ateliers. Des anecdotes savoureuses et surprenantes animent la lecture et ajoutent à son récit une humanité et une profonde sensibilité, sans parler des références solides qui confèrent à l'ensemble une grande crédibilité. Chose admirable, il n'y a pas ici de sujets tabous. Si on s'attarde sur les joies et les plaisirs de la vie en pleine maturité – sur les bienfaits d'une sexualité épanouie, par exemple : « Faire l'amour au moins trois fois par semaine permettrait de rajeunir de 10 ans », qui dit mieux ! –, Marie-Paule Dessaint aborde aussi sans complaisance les écueils de la traversée et nous offre des moyens de les éviter. Elle n'hésite pas non plus à traiter des principales causes de suicide chez les aînés.

Oui, cet ouvrage propose un chemin aux balises inspirantes et regorge de réflexions si riches qu'il me semble que, déjà bien engagé sur le chemin d'une retraite active, je n'aurai pas assez d'une vie pour en faire le tour, même si je vivais jusqu'à 100 ans ! Marie-Paule Dessaint apporte une remarquable contribution à cet art du « bien vieillir », à ce temps privilégié que peut être la retraite, temps pour apprivoiser ou réapprivoiser la sérénité.

JEAN-PIERRE FORTIN
Maître coach, fondateur
et PDG de Coaching de gestion,
Institut pour le développement
du potentiel humain

Introduction

La vie, le travail, la retraite et après

> L'accomplissement d'une vie se prépare très en amont. Il y a des prises de conscience qui arrivent malheureusement trop tard. Plus on prend conscience tôt que la vie même est une œuvre, mieux on vit la mutation de l'âge.
>
> Marie de Hennezel

Confrontées à un changement, les personnes qui me consultent en coaching de vie et celles qui se préparent à la retraite me font souvent penser à ces personnages, au cinéma, qui quittent un continent connu, seuls, sur un radeau de fortune, mais parfois aussi sur un magnifique voilier, vers une terre totalement inconnue. Incertains de la direction à prendre, de ce qui leur arrivera et de ce qu'ils trouveront, la majorité d'entre eux se lancent quand même dans l'aventure, avec courage et détermination. Ils ont choisi de prendre le contrôle de leur existence et ils ont bien l'intention de trouver à destination ce qu'ils sont venus y chercher, mais aussi ce qu'ils y apportent. La plupart de ces « voyageurs » négocient assez bien, sans aide, les transitions qu'ils ont choisies ou qui leur ont été imposées, probablement parce que, depuis toujours, ils ont développé des stratégies pour ne pas se laisser surmonter par les difficultés. En revanche, d'autres se sentent plutôt démunis. Ils ont besoin de se faire rassurer et de se faire épauler afin d'y voir plus clair, en eux et autour d'eux, mais surtout pour se mettre rapidement et efficacement en action.

C'est pour les uns et les autres que j'ai écrit ce livre, et particulièrement pour vous qui êtes encore au travail, afin que vous n'oubliiez pas que « l'accomplissement d'une vie se prépare très en amont », comme l'écrit si bien Marie de Hennezel dans la citation de cette introduction. Pour vous aussi, qui assistez à mes stages de préparation à la retraite et qui, dans l'euphorie de vous sentir enfin libres des contraintes du monde du travail, ne me croyez pas toujours lorsque je vous parle de prudence et d'anticipation réaliste ou que je vous mets en garde contre l'envie de vous replier sur une retraite axée principalement sur le repos, la famille, le plaisir et les loisirs, et que je vous parle alors d'action. Pour vous également, qui êtes à la retraite depuis un certain temps, mais qui n'avez pas encore trouvé le bien-être et la sérénité auxquels vous croyiez avoir droit. Et pour vous, enfin, qui commencez à entrevoir la fin de votre existence.

Étape par étape

Une vie réussie dans toutes ses dimensions ne s'improvise pas. Elle se construit étape par étape, changement par changement, transition par transition. Pour franchir une étape avec succès, il faut avoir achevé celle qui l'a précédée. Chaque point gagné avant d'arriver à la prochaine étape en réduira considérablement les effets négatifs, s'il y en a, et facilitera l'adaptation à celles qui suivront. Dans le cas contraire, la transition risque d'être plus difficile et parfois douloureuse. Ces difficultés se répercuteront alors sur les étapes ultérieures. Il sera parfois nécessaire de faire marche arrière pour terminer une transition qui ne l'a pas été, ou alors la vie se chargera de nous l'imposer. Il en est ainsi de la retraite. Sur les plans psychologique, social et affectif, la retraite ne se prépare pas 3, 4 ou même 5 ans à l'avance, ni même 10 ans, mais bien depuis (presque) toujours, une étape à la fois.

Pour franchir toutes ces étapes et s'y adapter, quelques atouts sont indispensables : bien s'entourer, connaître autant ses qualités et ses forces que ses faiblesses, se maintenir en santé physique et psychologique, élaborer un plan de vie, repérer les pièges dans lesquels on peut tomber. Et bien d'autres choses que vous découvrirez au fil de votre lecture.

Vingt-cinq points de repère

Je vous propose donc ces 25 points de repère qui, à la manière des bornes qui délimitent nos routes, nous guident tout au long de notre chemin de vie. Ils touchent autant les tâches à accomplir à chacune des étapes que les habiletés ou les forces à développer pour y parvenir.

Je les ai regroupés en quatre grandes étapes :
1. Le travail : autour de la quarantaine.
2. Quelque temps avant la retraite : autour de la cinquantaine.
3. La retraite : entre 60 et 75 ans environ.
4. Et plus tard : après 75 ans, autour de 80 ans et jusqu'à la fin de la vie.

Pour les rédiger, je me suis inspirée des écrits des pionniers des tâches développementales (voir la bibliographie), du changement et des transitions de vie, ainsi que de nombreux auteurs contemporains. Je me suis surtout inspirée des échanges avec les participants aux conférences et aux ateliers que j'anime depuis une quinzaine d'années, ainsi qu'avec mes clients en coaching de vie. Tout en conservant une bonne part d'authenticité aux exemples que je donne, je les ai suffisamment transformés et adaptés pour ne pas nuire à la confidentialité de nos entretiens. Je me suis également inspirée de mes propres expériences de baby-boomer aujourd'hui vieillissante, et de ma propre philosophie de vie, particulièrement optimiste et active. Mon slogan est d'ailleurs *Le bonheur est dans l'action!* L'action, dans un sens large, dans tous les secteurs de la vie : santé, amour, affection, appartenance, estime de soi et accomplissement, incluant la recherche d'une dimension spirituelle à la vie.

Bien des questions

> Les questions sont comme des rayons laser de la conscience humaine.
>
> Anthony Robbins

À chaque point de repère, vous trouverez quelques questions. Il s'agit d'une invitation à poursuivre plus à fond et plus intimement votre réflexion sur chaque thème abordé. Les questions sont importantes, car elles vous permettent d'accéder aux six millions de pages d'informations et de ressources inestimables qui se trouvent dans votre mémoire : connaissances, compétences et stratégies. Nous avons pourtant tendance à aller chercher ailleurs des réponses qui sont déjà en nous. Outre les questions que j'ai créées moi-même, j'en ai adapté d'autres des auteurs dont j'ai mentionné les écrits.

Vous vous en doutez, il ne suffit pas de vous poser les bonnes questions. Encore faut-il être attentif et réceptif aux réponses que vous recevez. Et, là encore, les réponses ne suffisent pas ! Il s'agit ensuite de passer à l'action et, bien sûr, de persévérer !

Conseil

Pour vous assurer d'obtenir plus rapidement et efficacement les résultats que vous souhaitez, dans toutes les dimensions de votre vie, je vous suggère d'inscrire vos réponses aux questions que vous jugez importantes dans un cahier de notes ou dans votre journal intime. Ou bien, faites comme je le fais souvent : écrivez-les directement dans la marge, en même temps que les réflexions qu'elles ont suscitées et les actions que vous avez alors entreprises. Vous pourrez ainsi mieux les repérer par la suite.

FAITES DU CHANGEMENT VOTRE ALLIÉ

La vie est une aventure. Sinon elle n'est rien.

HELEN KELLER

La vie n'est que changement. Tout évolue, jour après jour : relations, travail, santé, besoins, environnement. Tout changement important s'accompagne d'une transition, plus ou moins importante, plus ou moins perceptible. Il s'agit en quelque sorte d'une voie de passage obligée vers l'acceptation du changement et son intégration dans notre vie, d'une porte tournante entre ce que nous étions, ce que nous sommes aujourd'hui et ce que nous cherchons à devenir. Ce processus est interne, psychologique et subjectif, alors que le changement proprement dit est extérieur à soi.

Le changement peut être choisi ou imposé. Choisi s'il s'agit par exemple de déménager, de chercher un nouvel emploi afin d'obtenir de meilleures conditions de vie, de se marier, de quitter une relation qui emprisonne, de prendre une retraite attendue et bien méritée ou de modifier certaines habitudes qui nuisent plutôt que de servir : fumer, se mettre en colère, trop manger, manquer d'autonomie. Dans ce cas, même si la transition peut sembler difficile, puisqu'elle met la vie et les habitudes sens dessus dessous, elle porte aussi en elle beaucoup d'espoir et d'enthousiasme, voire de fierté et d'estime de soi. La transition est bien plus douloureuse, on s'en doute, quand le changement est imposé : congédiement, promotion refusée, retraite forcée ou inattendue, abandon par l'être aimé, deuil ou encore maladies et accidents graves qui hypothéqueront le reste de l'existence. Dans ce cas, la transition pourra aussi s'accompagner, dans les premiers temps, de sentiments et d'émotions particulièrement difficiles : injustice, rejet, inutilité, abandon, humiliation, honte, culpabilité, apitoiement sur soi, tristesse, déception, amertume et solitude.

Trois phases pour un changement

Si, en ce moment, vous vivez une transition difficile, connaître ces phases vous rassurera probablement. Vous comprendrez qu'il est normal de vous trouver parfois déstabilisé et dans la tourmente pendant un certain temps, mais aussi que tout se termine en général par un dénouement positif pour qui prend le contrôle de la situation. Si cette période de transition vous semble interminable, sachez que, si vous la précipitez ou l'ignorez, vous risquez de ne pas prendre les bonnes décisions, pour vous ou pour ceux qui vous sont chers. Vous devrez alors peut-être tout recommencer. Tôt ou tard, le changement vous rattrapera. Bien des difficultés au travail, dans nos familles, nos amitiés ou la mise en place de nos projets s'expliquent d'ailleurs par des transitions mal vécues au préalable.

Dans *Transitions de vie*[1], William Bridges divise les transitions en trois phases (ou étapes) : la fin, la zone neutre

---

1. La référence complète des livres mentionnés tout au long de cet ouvrage se trouve dans la bibliographie.

et le renouveau. Ces étapes correspondent au changement, à la transition proprement dite, puis à l'intégration du changement dans la vie, c'est-à-dire l'adaptation.

1. Le changement. C'est la fin, le détachement, le départ pour le grand voyage. C'est le moment de se jeter à l'eau, de se séparer, de se détacher et d'abandonner ses habitudes sécurisantes, sa zone de confort, les lieux et les visages familiers, le pouvoir et probablement aussi certains rêves. Déséquilibre, bouleversement, fébrilité, espoir et inquiétude font souvent partie du voyage. La personne est très préoccupée par le changement. Elle y consacre beaucoup d'énergie. Elle se sent parfois dépassée par les événements et bien seule aussi. C'est le moment de faire un bilan, particulièrement des forces sur lesquelles elle pourra s'appuyer. Il lui faudra ensuite déterminer ce qu'elle veut faire de sa vie avec ce qui lui est proposé, donc se fixer de nouveaux objectifs de vie et un plan d'action pour les atteindre.

2. La transition. C'est la zone neutre, l'entre-deux, l'incertitude, seul sur son radeau. Cette période est plutôt déstabilisante, car, tout en s'efforçant de renoncer aux anciennes façons de faire, il s'agit, en même temps, d'en trouver de nouvelles, de préparer l'avenir, de poser des jalons, de prendre des décisions et de trouver d'autres repères. Si la personne est physiquement détachée des gens et des choses du passé, elle ne l'est pas encore du présent, particulièrement sur le plan émotif. La confusion, la fatigue, l'angoisse, l'anxiété, la nervosité et l'irritabilité sont parfois aussi du voyage. À cela se greffent souvent les problèmes, petits et grands, associés au stress : sommeil perturbé, mémoire défaillante et symptômes psychosomatiques. Cela est normal, mais il s'agit de ne pas les laisser prendre le dessus.

Le doute peut attaquer de toutes parts. La tentation est grande d'ailleurs de résister au changement et de faire marche arrière surtout si, en chemin, d'autres occasions et d'autres tentations plus faciles ou plus agréables se présentent ou si la peur se fait lancinante. Certains voudront même attendre passivement que quelqu'un prenne les décisions à leur place. Il importe aussi d'éviter de précipiter les choses sur un coup de tête parce qu'on n'en peut plus d'attendre, d'être seul sur son radeau et de ne pas savoir comment sa vie sera à destination. Faire marche arrière, démissionner, prendre une retraite anticipée, déménager dans un endroit qui ne convient pas, quitter l'autre et parfois aussi penser mettre fin à sa vie font partie de ces idées qui peuvent devenir obsédantes.

3. **L'intégration. C'est l'arrivée à destination, le commencement, le nouveau départ.** Doute, frustration, inquiétude cèdent maintenant la place à l'espoir, au soulagement, à la satisfaction et souvent aussi à la fierté. Tout à coup, toutes les possibilités, toutes les propositions que la vie a faites deviennent réalité. Les avantages l'emportent sur les inconvénients, et les risques sur les résistances et les blocages. Les obstacles sont tombés. La vue est dégagée. Le monde est différent. L'avenir semble plus serein, même s'il faut encore y consacrer du temps et de l'énergie. Le changement s'intègre peu à peu à la vie et il n'est plus aussi préoccupant. La vie continue avec de nouveaux plans et de nouvelles façons de voir les choses, le monde et soi-même. La transition est terminée; l'adaptation est quasiment achevée.

Changer : différents points de vue

Un groupe qui participait à une de mes sessions de préparation à la retraite a associé spontanément les mots qui suivent au terme « changement ». Intéressantes, n'est-ce pas, ces différentes perceptions et conceptions qui fluctuent entre un optimisme débordant et un pessimisme alarmant ? Quels mots préférez-vous ? Lesquels aimeriez-vous ajouter ?

——————————— Le changement ? ———————————

Action	Coucher de soleil	« Interchanger »	Redresser
Agir	Défi	Jeune	Refaire
Améliorer	Dégrader	Liberté	Risquer
Amorcer	Détériorer	Loterie	Stimulant :
Amusant	Différent	Lourd	imprévu
Apprendre	Difficile à gérer :	Meilleur	Stress
Argent	imprévu	Modifier	Substitut
Aube	Échanger	Naissance	Transfert
Bouleversement	Effrayant	Nouveau	Transformer
Chance	Emballant	Occasion unique	Transition
Changement	Évoluer	Perturber	Utile
de cap	Fascinant	Peur	Varier
Choisir	Fin	Projet	Vieillir
Convertir	Impressionnant	Questionnements	

FAITES DES BILANS, SOUVENT

Dans plusieurs points de repère, particulièrement à chaque grande transition, je vous propose de faire ou de refaire un bilan de vie. Tout comme un automobiliste le fait pendant un long voyage, ces arrêts fréquents vous permettent de faire le point sur le chemin parcouru et de vous réorienter si nécessaire avant de vous remettre en chemin. Tout ce que vous construisez de nouveau s'appuie en effet sur votre passé, dont vous utilisez certains éléments pour mieux vous projeter dans le futur. Sans une idée claire de vos ressources intérieures et extérieures, vous ne pouvez en effet qu'avancer à l'aveuglette, particulièrement lors des grandes transitions.

Quelques fonctions des bilans :
- Extraire la quintessence de toutes les expériences que vous avez vécues.
- Mettre à jour les points forts sur lesquels vous pouvez vous appuyer dans le changement, mais aussi les habitudes et les petits défauts dont vous souhaitez vous débarrasser ou réduire les effets.
- Faire remonter à la surface de votre conscience vos rêves et vos désirs les plus chers, les plus secrets et ceux que les circonstances vous ont obligé à mettre de côté.
- Explorer des voies inconnues et insoupçonnées.
- Valider vos choix de vie et, si nécessaire, changer d'orientation.
- Situer votre vie dans une perspective plus large en découvrant, par exemple, que, malgré les épreuves et les difficultés rencontrées sur votre chemin, vos efforts ont porté des fruits.
- Découvrir le fil directeur de votre vie, tout particulièrement le lien entre les grandes décisions que vous avez prises à différentes étapes.
- Intégrer et découvrir l'origine et le sens de vos échecs et de vos difficultés afin qu'ils cessent de vous hanter, si tel est le cas.
- Découvrir aussi quelles personnes ont eu une influence déterminante, positive ou non, sur votre vie.

À mon avis, la fonction la plus importante des différents bilans est de vous apprécier à votre juste valeur, tout au long de votre vie, sans tenir compte de ce que les autres pensent ou attendent de vous ou que vous croyez qu'ils attendent de vous. C'est surtout vous assurer de ne jamais avoir à vous dire que vous êtes passé à côté de quelque chose d'important et qu'il est trop tard pour rattraper les occasions perdues. Et cela, particulièrement au tout dernier bilan, celui de la fin de la vie.

Ne manquez pas cette occasion de faire plus ample connaissance avec vous-même ! Vous pourriez être agréablement surpris.

À propos de la spiritualité

Je voudrais aussi, dès maintenant, vous proposer une définition de la spiritualité, car j'y ferai référence à plusieurs reprises, notamment lorsqu'il sera question du sens de votre vie. J'ai retenu celle de l'encyclopédie libre Wikipedia.org, parce qu'elle ne fait pas uniquement référence à la spiritualité religieuse.

Une aspiration personnelle qui a trait à la nature essentielle de l'être vivant, à l'âme, à ce qui est en deçà ou au-delà des besoins matériels ou des ambitions terrestres, voire à la relation à Dieu dans le cas d'une spiritualité non athée. La spiritualité est généralement associée à une quête d'éternité et de sens en opposition à l'évanescence apparente du monde.

La spiritualité – certains auteurs parlent de psychospiritualité – se trouve au sommet de nos grands besoins fondamentaux et se développe tout au long de l'existence avec, pour plusieurs, une plus grande intensité au cours du vieillissement. Elle répond non seulement à la question de notre identité et de notre rôle dans l'univers, mais elle facilite surtout l'adaptation aux grands changements et aux grandes transformations de notre existence. Lorsque les pertes et les renoncements deviennent de plus en plus fréquents et parfois très douloureux à supporter, elle est source de consolation et permet d'envisager l'avenir avec davantage de sérénité. Elle a, par conséquent, un effet positif sur la santé psychologique et l'espérance de vie.

Dans le cas de la spiritualité religieuse, le sentiment d'appartenance à un groupe partageant les mêmes convictions et l'adhésion à des valeurs et des principes communs sont particulièrement sécurisants, car ils réduisent le sentiment d'isolement, l'anxiété et la dépression. Dans certains cas, cette spiritualité peut malheureusement constituer une stratégie de déni de la réalité, une forme d'abandon ou carrément de soumission.

Questions

- Quelle est votre relation habituelle au changement : le craindre, le provoquer, vous y lancer en toute confiance, vous laisser porter par les événements ? Laisser les autres décider pour vous ? Quoi d'autre ?
- Comment vous sentez-vous et comment réagissez-vous généralement lorsque vous devez changer vos habitudes ?
- Combien de « fins » importantes (nouveaux départs) avez-vous vécues à ce jour dans votre vie ?
- Quelles ont été alors vos stratégies (trucs, attitudes et habitudes) pour franchir la « zone neutre » avec le minimum de turbulence ?
- Combien de ces transitions n'avez-vous pas achevées ?
- Changer, c'est prendre des risques. Jusqu'où êtes-vous prêt à vous lancer aujourd'hui ?
- Qu'êtes-vous prêt à abandonner (sacrifier, retarder) pour que les choses deviennent comme vous les souhaitez ?
- Quelle est votre conception de la spiritualité ? Vous semble-t-elle évoluer en vieillissant ?

PREMIÈRE PARTIE

Depuis toujours et pour toujours : des fondations solides

Le bonheur consiste sans doute à jongler efficacement avec les multiples réalités qui nous atteignent.

JEAN-FRANÇOIS SOMAIN

Lors d'une conférence prononcée en septembre 1996, Brian G. Dyson, alors président et chef de la direction de Coca-Cola, comparait la vie à une série de cinq balles avec lesquelles nous jonglons continuellement : travail, famille, amitiés, santé et spiritualité (sens). La balle « travail » est en caoutchouc et les autres, en verre. Si la première tombe, elle rebondit et conserve sa forme d'origine, alors que les autres seront éraflées, ébréchées ou carrément cassées, pour toujours.

Une vie en équilibre

Cette métaphore est fracassante, non ? Elle illustre parfaitement à quel point il est important de consacrer autant d'énergie et de temps à chacun de ces grands piliers de notre existence si nous ne voulons pas en payer le prix un jour ou l'autre. Tout d'abord au mitan de la vie, entre 45 ans et 60 ans environ, mais parfois bien avant aussi. C'est en effet au mitan de la vie que les questions du sens de notre existence se posent avec davantage d'acuité si nous n'y avons pas fait face avant, pris que nous étions dans le tourbillon du travail et du quotidien. Ces questions se poseront à nouveau au début de la retraite si la crise du mitan de la vie n'a pas été résolue.

J'ai eu l'occasion de rencontrer plusieurs nouveaux retraités, hommes et femmes, qui, après quelque temps de repos et d'activités variées, se posaient cette grande question du sens de leur vie. C'est d'ailleurs l'objectif qui vient en premier lieu, dans plus de 90 % des cas, dans les demandes de consultation en coaching de vie que je reçois. Viennent ensuite le sentiment de solitude et le désir de retrouver la santé, particulièrement quand elle a été négligée au profit du travail et des autres responsabilités.

Des fondations solides

C'est pour ces raisons que j'ai choisi de commencer cet ouvrage par ces fondations solides :

- Découvrir le sens de votre vie et de votre travail.
- Connaître vos forces autant que vos points faibles.
- Penser à vous et vous apprécier à votre juste valeur.
- Prendre le contrôle de votre vie en bâtissant des objectifs et en sachant comment faire pour les atteindre et contourner les obstacles.
- Bien vous entourer : famille, couple, amis, relations, et acquérir ou développer les qualités qui attireront à vous les personnes qui vous veulent du bien.
- Bien vivre votre solitude, choisie ou non, pour qu'elle ne devienne pas un handicap, surtout à la retraite, mais plutôt un moyen de vous accomplir pleinement.
- Vous préoccuper de votre santé, physique et psychologique, jour après jour.

Ces premiers points de repère devraient vous guider et vous orienter durant toute votre vie. Plus tôt vous les suivrez, mieux vous vous adapterez aux divers changements et transitions auxquels vous serez confrontés. Plus facilement aussi vous pourrez vous accomplir pleinement et profiter de la vie et de ses richesses. Et mieux vous négocierez les crises du mitan de la vie et de la retraite.

Découvrez le sens de votre vie

> Découvrez le sens de chaque instant de votre existence et assumez la responsabilité d'en faire votre propre création, personnelle et unique.
>
> ALEX PATTAKOS

Quel est le sens de ma vie? Pourquoi suis-je sur terre? En quoi mes efforts sont-ils utiles? Voilà quelques questions que nous tardons souvent à nous poser, tant nous sommes occupés à nous tailler une place au soleil. Ce n'est que vers le mitan de la vie qu'elles commencent à nous tarauder vraiment. Parfois avant, si nous sommes confrontés à des difficultés et à des pertes importantes: maladie grave, deuil, divorce, congédiement. Ou plus tard, une fois à la retraite, si nous ne savons pas trop quoi y faire ou y trouver, et plus tard encore si la réalité de notre propre vieillissement et l'approche de la mort nous frappent soudainement de plein fouet.

S'y prendre à temps

Dès que nous sommes confrontés à ces difficultés et à ces remises en question, toute notre énergie converge vers elles afin de les résoudre. Nous ne pouvons nous concentrer sur autre chose, car notre esprit n'est ni alerte ni disposé. Ce n'est donc pas le moment de nous lancer dans une grande introspection ou de faire un bilan de notre vie. Ce dernier serait d'ailleurs faussé, car les éléments négatifs risquent alors d'occuper toute la place, particulièrement si nous sommes quelque peu dépressifs. Ce n'est pas le moment non plus de prendre des décisions et de vouloir effectuer des changements. Il est donc préférable d'y réfléchir et d'agir en dehors des périodes de turbulence et, bien sûr, de s'y prendre le plus tôt possible.

Comment savoir si votre vie manque de sens? Voici ce que j'entends le plus souvent de la part des personnes qui me consultent en coaching de vie et de celles qui participent à mes formations:

• Je ne me sens à ma place nulle part: au travail, dans mes loisirs, avec les autres, y compris avec ma famille et mes amis.

• Je me lance souvent dans de nouveaux projets, mais je perds rapidement mon enthousiasme et mon intérêt. C'est toujours à recommencer et ça me décourage.

• Je suis si souvent insatisfait et triste sans véritable raison que cela me gêne de sortir de chez moi.

• Je me réveille souvent la nuit tellement mon avenir m'inquiète.

• J'ai l'impression de passer à côté de l'essentiel de ma vie, mais je ne sais pas comment m'en sortir. Je sais que je peux vivre bien mieux que cela.

• Je me sens prisonnier des personnes et des événements, mais je ne sais pas comment me dégager d'eux.

• Je n'ai pas la possibilité de mettre à contribution mes talents et mes capacités, ni de vivre selon mes valeurs. Que puis-je faire de ma vie alors?

• Je m'étourdis dans des excès: nourriture, alcool, cigarettes, médicaments, drogues, aventures sexuelles, achats compulsifs.

• Je ne sais pas comment surmonter cette fatigue qui m'habite continuellement, même si je ne fais pas grand-chose.

Comment trouver ?

Le sens de notre vie (notre « mission de vie ») est déjà en nous dès notre naissance et il s'enracine dans notre identité, notamment dans nos valeurs. Il évolue toutefois en fonction des événements importants de notre parcours de vie, des différents milieux dans lesquels nous évoluons, ainsi que de notre âge, à mesure que nous acquérons davantage de maturité. Si notre mission de vie cherche à se faire entendre par toutes sortes de moyens, nous devons toutefois consentir quelques efforts pour aller à sa rencontre, ne serait-ce qu'en étant attentifs à tous ses appels et particulièrement à cette petite voix intérieure qui s'adresse parfois à nous avec insistance.

Dès que nous découvrons le sens de notre vie, nous recevons par la même occasion toute l'énergie, l'enthousiasme et la motivation dont nous avons besoin non seulement pour actualiser notre plein potentiel et nos valeurs au quotidien (sens personnel), mais aussi pour surmonter les difficultés et les épreuves majeures que nous rencontrons (sens spirituel).

Le sens s'actualise principalement dans l'action, ici et maintenant, et non pas uniquement dans la réflexion ou la spiritualité. Il n'est pas nécessaire non plus de nous lancer dans des exploits surhumains qui dépassent nos capacités et nos intérêts, ni même de devenir un super-héros ou une nouvelle Mère Teresa, comme vous pourrez le constater dans les quelques exemples qui suivent.

────── Quelques exemples de missions de vie ──────

- Chercher à nous améliorer constamment afin de devenir une meilleure personne.
- Réaliser quelque chose de valorisant pour soi, en même temps qu'utile aux autres.
- Transmettre des valeurs fondamentales à nos enfants, nos employés, nos collègues de travail.
- Apprendre pour transmettre nos connaissances (enseigner, par exemple).
- Aider quelqu'un à se réaliser pleinement (par exemple, un étudiant doué qui n'a pas les moyens de payer ses études).
- Sortir plus fort d'une expérience qui aurait pu nous détruire.
- Faire en sorte que notre vie familiale soit la plus harmonieuse possible.
- Exercer une profession de secouriste, de médecin, de psychologue, de coach, de guide ou de mentor, afin de se mettre au service d'autrui.
- S'engager dans différentes causes : aînés, enfants, animaux, environnement.
- Inciter les gouvernements à modifier des lois (concernant les victimes de la route ou les personnes disparues).
- Recueillir des fonds pour une association.
- Contribuer par nos actions à léguer un monde en meilleur état aux jeunes générations.

Questions

- Que croyez-vous que la vie attend de vous ?
- Qu'est-ce qui vous donne envie de vous lever le matin ?
- Comment trouvez-vous le courage d'affronter les difficultés du quotidien ? Les coups du sort ? La maladie ? La perte d'êtres chers ?
- Le jour de votre mort, que risquez-vous de regretter de ne pas avoir accompli et d'avoir constamment reporté à plus tard ?
- Que faites-vous de particulier ces jours-ci ? Pourquoi le faites-vous ? Quel est le lien avec votre mission de vie ?

TROUVEZ LE SENS DE VOTRE TRAVAIL

> Je n'ai jamais dans ma vie fait autre chose
> que travailler pour me rendre malade quand
> je jouissais de ma santé, et travailler pour
> regagner ma santé quand je l'avais perdue.
>
> GIOVANNI CASANOVA

Je fais toujours énoncer aux personnes qui assistent à mes formations tout ce que le travail leur apporte et qu'elles ne retrouveront pas facilement à la retraite : actualisation de leurs valeurs, mise à contribution de leurs connaissances, de leurs compétences et de leurs talents, acquisition de nouvelles habiletés, possibilité de nouer des liens authentiques d'amitié, de se sentir utiles, de recevoir de la reconnaissance et de jouir d'un statut social. En fait, le travail contribue à construire une bonne part de notre identité et du sens que nous parvenons à donner à notre existence et à celle d'autrui.

Le sens dans le non-sens

Nous consacrons au moins le tiers de notre existence au travail et à tout ce qui l'entoure. Il vaut donc mieux s'efforcer d'y trouver satisfaction, plaisir et sens. Plusieurs personnes, surtout à l'approche de la retraite, affirment pourtant ne plus supporter leur environnement, leur employeur, leurs collègues, leurs clients, les tâches ennuyeuses ou répétitives à accomplir. Elles se plaignent aussi de se faire bousculer de bien des façons : compétition, rapidité, pression, harcèlement, violence, iniquité et pratiques discriminatoires. Elles regrettent le manque de pouvoir et de contrôle sur ce qu'elles font, en plus de ne pas être tenues au courant des grands objectifs et de la mission de leur organisation. Elles se sentent comme des pions que l'on déplace au gré des changements, sans se soucier de leur opinion ou de leur bien-être. Elles aimeraient surtout recevoir des marques de reconnaissance pour leur travail, alors que cela ne vient jamais, ou très rarement.

Au lieu de changer d'emploi ou d'orientation, plusieurs d'entre elles choisissent de continuer ainsi. Leur motivation principale se reporte alors sur leur chèque de paie, qu'elles emploient pour se réaliser ailleurs, en attendant d'être heureuses un jour, probablement à la retraite. Elles consentent bien des sacrifices pour que leur rente de retraite soit la plus élevée possible. En attendant la délivrance, plusieurs se déchargent d'une bonne partie de leurs responsabilités sur le dos de leurs collègues et prennent tous les congés de maladie auxquels elles ont droit, et souvent davantage. Elles profitent au maximum du système et de leur sécurité d'emploi.

Une étude, dont les résultats ont été publiés dans le magazine *Psychologies* de février 2008 (*Travailler contre ses valeurs*), a montré que pour 69 % des Français travailler, c'est avant tout se garantir des moyens d'existence. Pour 50 %, c'est aussi se réaliser et s'épanouir, en plus d'avoir une place dans la société. Et, pour 24 %, c'est contribuer à un projet collectif.

D'autres travailleurs acharnés optent pour le pouvoir, la puissance et le succès à tout prix et y consacrent toute leur énergie et tout leur temps. Ils en oublient leur famille et leurs amis (s'ils en ont), leur santé et parfois aussi ceux qui travaillent sous leurs ordres. Ils tentent ainsi de dissimuler et de combler, à l'extérieur, le vide existentiel qui se trouve à l'intérieur d'eux. Ils se préparent certainement un avenir difficile, particulièrement à la retraite, lorsqu'ils auront perdu tout cela. D'autres encore, les perfectionnistes, ceux qui croient toujours au travail très bien fait, en dépit de toutes les contraintes, s'épuisent à la tâche au point d'en faire, souvent, une dépression… d'épuisement.

Donner davantage de sens au travail

Celles et ceux qui me parlent en mal de leur travail sont toujours un peu étonnés quand je leur rétorque à quel point il est important de modifier leur façon de penser. Ils risquent non seulement d'hypothéquer leur santé, mais aussi de passer une bonne partie du reste de leurs jours à ressasser leur amertume et leurs regrets. À l'approche de la retraite, ils devraient plutôt consacrer leur énergie à maintenir leur enthousiasme et à construire leur nouvelle vie. De toute façon, à un moment ou un autre, leur emploi, et tout ce qui tourne autour, notamment les contacts humains, la valorisation et les nouveaux apprentissages, leur manquera, mais ils ne pourront plus y retourner. Il vaut donc mieux en profiter dès à présent.

Dès qu'ils changent ainsi de perspective, ils réalisent à quel point travailler peut être gratifiant, constructif et utile. Cela m'a déjà été confirmé par une dame qui ne pouvait plus supporter la nouvelle directrice de son unité. En s'élevant au-dessus de la situation, comme si elle était dans une montgolfière, pour ne voir que l'essentiel pour elle et pour autrui (le sens), son attitude a changé. Par un heureux hasard, celle de sa patronne aussi. Je crois même me souvenir qu'elle a été miraculeusement mutée ailleurs.

Dans son ouvrage *Donner un sens à son travail*, inspiré des travaux de Viktor Frankl, Alex Pattakos nous propose plusieurs façons de donner davantage de sens à notre travail. Je vous les soumets ici, en plus de celles que j'ai relevées dans les divers documents publiés sur ce thème, notamment ceux de l'Institut de recherche Robert-Sauvé en santé et en sécurité du travail : *Sens du travail, santé mentale au travail et engagement organisationnel* (Estelle Morin) et *Donner un sens au travail* (Estelle Morin et Charles Gagné).

- S'assurer d'être conscient des raisons pour lesquelles nous faisons ce travail particulier.
- S'engager totalement dans chacune des tâches à accomplir (responsabilité et fierté).
- S'identifier à ce que l'on fait et se sentir plein de possibilités.
- Chercher de nouvelles façons créatives de percevoir notre travail et de le faire.
- Travailler avec enthousiasme et plaisir, quoi qu'il arrive.
- Poursuivre des buts à long terme.
- Rester fidèle à nos valeurs; les exprimer et les expérimenter.
- Participer à l'amélioration des méthodes de travail et des processus.
- Être attentif à tout ce qui nous entoure; prendre le temps d'apprécier ce que nous faisons et ce que nous sommes.
- Entrer en relation de façon significative et profonde avec les autres.
- Exprimer notre reconnaissance à nos collègues.
- Nous oublier un peu au profit des autres.
- Exprimer notre gratitude pour tout ce que notre travail nous apporte.
- Agir avec bonté, respect, bienveillance, justice, sens moral et éthique.
- S'éloigner le plus possible des valeurs de compétition et de performance.
- Éviter de se plaindre de tout et de rien.

Je peux vous assurer par expérience que tout cela est possible, même embourbé dans les difficultés. Il suffit de penser à ce que notre travail nous apporte en compétences nouvelles, expériences, contacts humains et « qualités de l'âme » (valeurs, engagement, coopération, empathie, satisfaction du travail bien fait), en plus de nous savoir utile aux autres et de contribuer au grand tout économique. Tout cela pourra également être rapatrié dans un autre emploi plus adapté à nos besoins ainsi que dans nos activités et nos projets personnels.

Conseil

Si vos collègues et vos employeurs ne le font pas, faites-le donc, et plutôt deux fois qu'une! Vous ne pourrez que les attirer dans votre sillage! Et puis, si le bonheur au travail ne vient pas et si vous ne parvenez pas à lui trouver un sens, pourquoi rester? Pour la sécurité? Quelle sécurité? Surtout lorsque nous savons que nous pouvons la perdre du jour au lendemain.

Questions

• Votre vie professionnelle est-elle conforme à celle dont vous rêviez au tout début de votre carrière?
• Si vous ne vous définissiez pas par votre profession, qui seriez-vous? Que feriez-vous? Où et comment trouveriez-vous un sens à votre vie?
• Qu'est-ce qui vous procure le plus de satisfaction au travail? Apprendre? Actualiser vos valeurs? Rencontrer les autres?
• Si votre travail ne vous satisfait pas totalement, que pourriez-vous améliorer dès à présent pour lui donner davantage de sens?
• Et si c'était à refaire?

Prenez soin de vous

> Je crois que nous devons commencer par nous occuper de notre bien-être. Remplissons notre tonneau : quand il sera plein, il débordera et tout le monde pourra en profiter.
>
> Dᴿ Étienne Jalenques

Si vous avez déjà voyagé en avion, vous savez que, au moment où l'agent de bord vous rappelle les consignes de sécurité, il vous recommande, en cas de baisse de pression dans la cabine, d'enfiler votre masque à oxygène avant d'aider vos enfants à installer le leur. La raison en est bien simple : vous ne pourrez pas venir au secours des autres si vous manquez d'air ! C'est ainsi que les choses devraient se passer dans la vraie vie : combler vos propres besoins avant de satisfaire ceux des autres dans tous les domaines : santé, affection, sécurité matérielle et réalisation de votre plein potentiel. Je sais que je vais faire bondir plusieurs personnes en écrivant cela, mais laissez-moi vous expliquer mon point de vue, qui est aussi celui des spécialistes de la psychologie positive.

Il n'est pas question ici d'égoïsme, mais bien de ne pas faire de compromis pour le simple plaisir de faire des compromis, par habitude ou pour ne pas déplaire. Ce qui n'empêche pas de faire des concessions à l'occasion. Si l'égoïsme amène les gens à se replier sur eux-mêmes, penser à soi, c'est tout au contraire se constituer des réserves d'énergie et d'amour pour pouvoir en répandre ensuite autour de soi.

Nous sommes tellement imprégnés de cette notion de sacrifice que nous nous sentons souvent mal à l'aise et coupables dès que nous n'accordons pas la priorité aux besoins des autres sur les nôtres. S'oublier sans cesse, c'est, dans une certaine mesure, admettre que l'on ne vaut pas grand-chose. À la longue, l'amertume, voire la colère s'empareront de nous. Un jour ou l'autre, nous exploserons pour une peccadille, au grand étonnement de tous. Refouler ses sentiments et ses besoins, c'est aussi courir le risque de les transformer en dépendances : nourriture, cigarette, alcool ou travail acharné.

La peur d'être abandonné ou envahi

Nous sommes toutes et tous plus ou moins hantés par la peur d'être abandonnés par les autres, ou, au contraire, de nous faire phagocyter (dévorer) par eux. Nous avons donc tendance à réprimer nos besoins pour leur plaire afin de ne pas les perdre ou les blesser ou, au contraire, à nous enfermer dans une bulle où personne n'est invité à pénétrer. Dans les deux cas, nous sommes perdants.

Si nous ne savons pas faire respecter nos limites, bien des gens vont sauter sur l'occasion pour diriger notre vie à notre place et, du même coup, nous imposer leurs propres besoins, leurs façons de faire et leurs propres limites. En agissant ainsi, ils nous manquent carrément de respect et, en nous laissant faire, nous nous manquons de respect aussi. Les activités dans lesquelles nous nous engageons avec cet état d'esprit ne peuvent nous rendre vraiment heureux, en plus, parfois, de nous faire sentir coupables. Lorsque nos frontières ne sont pas claires et que nos besoins fondamentaux demeurent insatisfaits, nous n'avons parfois d'autre choix que de nous fâcher afin de repousser ces intrus qui ne respectent pas nos limites. Lorsque nous nous plions ainsi aux désirs des autres, nous finissons par ne plus savoir qui nous sommes vraiment et quels sont nos besoins. Nous n'assumons plus la responsabilité de nos actions, ni même celle de nos erreurs. Nous attendons leur approbation et leur reconnaissance pour tout ce que nous faisons et nous devenons alors très vulnérables à leurs critiques. Nous ne sommes plus libres, mais carrément esclaves ! Nous passons surtout à côté du meilleur de nous-mêmes.

Dans les cas extrêmes, une personne qui ne peut plus vivre librement et ne voit plus comment se sortir d'une telle situation finit, à la longue, par perdre sa combativité. Son système immunitaire s'affaiblit et par conséquent aussi sa santé.

Dans *Alors survient la maladie*, les auteurs (SIRIM), des médecins et professionnels de la santé de plusieurs disciplines, parlent de cette dépendance comme de la maladie du geôlier, plus fréquente qu'on ne le croit. Il s'agit en fait d'un problème de territoire.

Apprendre à dire NON

> Un homme en colère est un homme qui n'a pas su dire non et éprouve, en plus, le remords de ne pas l'avoir fait.
>
> TAHAR BEN JELLOUN

L'avez-vous remarqué ? Plus vous dites NON avec confiance, sans vous justifier, au lieu d'un petit OUI timide, plus les autres sont gentils avec vous et accordent de la valeur à ce que vous leur donnez ou à ce que vous faites pour eux. Ils cessent aussi de tout tenir pour acquis et, en prime, ils se donnent la peine de vous le demander avec gentillesse.

Si vous êtes l'heureux propriétaire d'un chat ou d'un chien, vous savez de quoi je parle. Si vous les laissez faire tout ce qu'ils veulent dans la maison et qu'ensuite vous décidez de faire marche arrière, ils ne comprendront pas ce qui vous arrive (*Notre maître est-il malade? Est-il devenu fou tout à coup?*). Ils attendront alors patiemment que les choses reviennent à la normale, tout en vous tapant sur les nerfs. Ce sera long. D'après vous, qui cédera le premier? Est-ce parfois aussi un peu comme cela avec nos enfants? Notre conjoint? Nos amis? Notre patron? Nos employés?

Dites un NON ferme et calme lorsque vous n'êtes pas prêt à dire OUI, au lieu d'un tout petit OUI que vous regretterez par la suite. Faites-le dès aujourd'hui et surtout ne revenez pas sur votre décision, car les autres comprendront vite que, les prochaines fois, ils pourront vous avoir à l'usure. Il est toujours plus difficile d'enlever des droits acquis que de lâcher un peu de lest.

De plus, une personne qui dit OUI alors qu'elle veut dire NON ment tant aux autres qu'à elle-même. Elle porte un masque qui cache qui elle est vraiment. Elle ne peut alors attirer dans sa vie que des personnes qui ne lui conviennent pas.

Conseil

Habituez très tôt les autres à ne pas vous envahir sans votre autorisation. Vous verrez alors qu'au lieu de chercher à vous manipuler davantage, ou même de penser à vous abandonner, ils vous respecteront encore plus.

Questions
• Si vous pensiez davantage à vous, comment votre entourage risquerait-il de réagir ?
• Si vous manquez d'oxygène en ce moment, qu'allez-vous changer dans votre vie pour retrouver un nouveau souffle ?
• Comment vous sentez-vous habituellement lorsque vous devez imposer vos limites aux autres, par exemple ce que vous acceptez de faire pour eux et avec eux ?
• Sur quoi avez-vous le moins de pouvoir dans votre vie en ce moment ? Sur quoi avez-vous le plus de pouvoir ?

VIVEZ CONTENT, PLUS SOUVENT

> Le bonheur n'est pas une destination, mais une façon de voyager.
>
> MARGARET LEE RUNBECK

J'ai en ma possession, depuis bien des années, les *Propos sur le bonheur* du philosophe Alain. La première publication date de 1928 et certains textes ont été écrits en 1910, donc il y a plus de 100 ans ! J'y trouve pourtant toujours un certain plaisir et matière à réflexion. En voici un court extrait :

> *Dès qu'un homme cherche le bonheur, il est condamné à ne pas le trouver, et il n'y a point de mystère là-dedans. Le bonheur n'est pas comme cet objet en vitrine, que vous pouvez choisir, payer, emporter ; si vous l'avez bien regardé, il sera bleu ou rouge chez vous comme dans la vitrine. Tandis que le bonheur n'est bonheur que quand vous le tenez ; si vous le cherchez dans le monde, hors de vous-même, jamais rien n'aura l'aspect du bonheur. En somme on ne peut ni raisonner ni prévoir au sujet du bonheur ; il faut l'avoir maintenant. Quand il paraît être dans*

*l'avenir, songez-y bien, c'est que vous l'avez déjà.
Espérer, c'est être heureux.*

Le bonheur est dans les gènes

Certaines personnes viennent au monde naturellement plus heureuses que les autres. En effet, d'après Sonja Lyubomirsky, auteure de *Comment être heureux... et le rester*, 50 % de notre capacité à être heureux est d'origine génétique, alors que seulement 10 % repose sur nos conditions de vie : environnement, éducation, santé, prospérité, vie affective ou beauté. Cela signifie que nous avons du pouvoir sur au moins 40 % de notre bien-être. C'est beaucoup, n'est-ce-pas ? Mieux que cela encore : dans un article consacré au bonheur, dans le magazine *L'actualité*, le psychiatre Boris Cyrulnik affirme que ni nos gènes ni notre milieu d'origine ne nous interdisent d'évoluer, puisque notre cerveau est remanié en permanence par les interactions avec les autres, les événements et même notre environnement culturel. Cela signifie que nous pouvons décider de devenir plus heureux par notre volonté et nos actions, nos pensées et nos attitudes au quotidien ou, au contraire, de continuer à être malheureux et insatisfaits. À nous de choisir !

Pourtant, bien des personnes attribuent encore leurs malheurs à des facteurs extérieurs : leurs parents, leur rang social, leur conjoint, leur divorce ou le fait de n'avoir pas pu aller à l'université. En reportant ainsi le blâme sur les autres, elles justifient par la même occasion leur inaction et évitent d'en endosser la responsabilité. En se décrétant malheureuses et lésées par la vie et en se plaignant ainsi, non seulement elles se forgent une identité de victime, mais elles sabotent surtout le moindre de leurs efforts, en plus de se vider de leur énergie. En prime, elles font fuir leur entourage.

Voici quelques conseils qui pourraient contribuer à augmenter votre bien-être général :
- Accueillez chaque journée avec envie, optimisme et curiosité. Elle vous le rendra au centuple.
- N'attendez pas d'être parfait, car vous ne pourrez jamais l'être. C'est le travail de toute une vie. Cherchez plutôt à vous améliorer sans cesse et, surtout, soyez indulgent envers vous-même.
- Ne vivez pas dans les regrets du passé ou la culpabilité. Vivez plutôt au présent, un jour à la fois.
- Ne comptez pas sur l'approbation ou la reconnaissance d'autrui pour accorder de la valeur à ce que vous faites ou à qui vous êtes. Foncez plutôt librement, en toute confiance.
- Réduisez vos besoins, vos attentes et vos possessions pour vous sentir plus libre et plus indépendant de tout.
- Chaque fois que vous vous sentirez déprimé parce que vous ne pouvez obtenir tout ce que vous désirez, faites l'inventaire de vos acquis dans tous les domaines : biens matériels, relations, amours et amitiés, santé, talents et qualités. Votre satisfaction de vivre remontera en flèche.
- Efforcez-vous d'être satisfait, quoi qu'il arrive, mais ne vous contentez pas de moins que ce que vous méritez ou que l'on vous promet.
- Souvenez-vous que vous pouvez obtenir tout ce que vous voulez, mais que vous ne pouvez pas tout avoir. C'est à vous de choisir, en vous fixant les bons objectifs.
- Observez attentivement les personnes heureuses et voyez comment vous pourriez imiter leur façon d'aborder la vie.

Conseil

Souvenez-vous que nous avons tendance à nous plaindre ou à faire des reproches, simplement parce que nous ne savons pas bien exprimer nos besoins et nos peurs. En formulant une demande concrète, nous obtenons toujours de meilleurs résultats, en plus de ne pas nous sentir coupables d'avoir blessé quelqu'un.

Questions

- Qu'est-ce qui vous empêche d'obtenir ce que vous souhaitez le plus au monde ?
- Qu'allez-vous faire dès aujourd'hui pour augmenter votre pourcentage de bonheur ?
- Que se passe-t-il de très bon dans votre vie en ce moment ?
- Pour quelle raison allez-vous manifester votre gratitude aujourd'hui ?

REMPLISSEZ VOTRE MALLE AUX TRÉSORS

> Plus vous entassez du bonheur quelque part, plus vous faites paraître le malheur petit en comparaison.
>
> ELIZABETH GOUDGE

Vous avez certainement déjà vu au cinéma ou dans les livres de votre enfance une malle aux trésors appartenant à des pirates. Elle est remplie d'objets précieux, de souvenirs et de richesses qui sont censés assurer sécurité et bonheur à ceux qui les possèdent. Chaque fois que les pirates ouvrent leur malle, leurs yeux (ou l'œil qui leur reste) s'agrandissent de satisfaction et de fierté et un large sourire fend leur bouche... édentée.

Pourquoi une malle aux trésors ? Il s'agit en fait d'une métaphore pour illustrer deux grandes tâches développementales à privilégier tout au long de la vie : développer la reconnaissance positive de soi et l'estime de soi, quoi qu'il arrive, et résister au désenchantement face à ses limites.

Dans votre propre malle aux trésors, une jolie boîte ou un petit coffret, vous pourriez rassembler au fil du temps certains documents et objets bien sélectionnés :

- Quelques photos et quelques objets significatifs, mais pas trop.
- Quelques documents importants : par exemple des lettres de reconnaissance et d'appréciation, des diplômes, des lettres d'amour ou des petits mots de vos enfants et petits-enfants.
- Des éléments positifs sur vous : talents, connaissances, compétences, réalisations, valeurs et succès.
- Les bilans que je vous propose de faire tout au long de ce livre.

Vous pourriez aussi écrire à l'intérieur du couvercle une petite phrase ou un slogan qui vous fera sourire ou vous remontera le moral chaque fois que vous l'ouvrirez. Voici quelques exemples plutôt simples que vous pourriez adapter : *Tout va bien, la vie est belle. Merci, la vie. Aujourd'hui est le premier jour du reste de ma vie. Ce que j'en fais ne dépend que de moi.*

Nostalgie ?

Vous vous demandez probablement si cette idée de la malle aux trésors ne risque pas de vous faire sombrer dans la nostalgie du passé et les regrets chaque fois que vous l'ouvrirez par la suite. Pas du tout, si vous savez comment la remplir et comment l'utiliser.

Il s'agit plutôt d'un coussin de sécurité, d'un « remonte-moral » pour les moments difficiles ; un trésor à emporter avec soi, chaque jour, puis à la retraite et plus tard encore. Un endroit où puiser de bons souvenirs, une image positive de vous-même, des éléments qui vont vous aider à rebondir et à faire face avec courage aux difficultés, puis aux pertes et aux deuils qui accompagnent inévitablement la retraite et le vieillissement.

Il peut sembler paradoxal de ma part de vous suggérer à la fois de remplir cette malle aux trésors et de vous délester des souvenirs du passé, car ils peuvent vous empêcher de vous projeter dans l'avenir. Au contact de mes clients, j'ai appris qu'une personne qui passe par des moments difficiles de remise en question devient carrément amnésique à propos de tout ce qu'elle a accompli, vécu et connu de bien et de bon autrefois. Amnésique aussi à propos de tout ce qui a fait d'elle une personne plus forte, mieux entourée et outillée face aux difficultés qu'elle ne le croit ou ne le dit. C'est à ce moment que la malle aux trésors remplit le mieux son rôle.

Toutefois, si vous vous sentez triste et mélancolique chaque fois que vous l'ouvrez parce que vous avez l'impression que le meilleur de votre vie se trouve derrière vous, réagissez rapidement afin de ne pas vous laisser glisser dans la dépression. Le livre que vous avez entre les mains peut vous accompagner dans cette démarche.

Je donne toujours aux personnes qui assistent à mes cours une feuille-synthèse comportant une vingtaine de questions à propos de leurs qualités, de leurs dons et des réalisations dont elles sont le plus fières. Sachant pertinemment qu'une fois rentrées au travail elles n'auront plus le temps de penser à leur semaine de formation, je leur suggère de ranger cette feuille-synthèse dans leur malle aux trésors afin de la ressortir une fois à la retraite, lorsqu'elles se trouveront dans la zone neutre de la transition. Comme je l'ai déjà précisé ailleurs, la zone neutre, c'est cette phase où l'euphorie des premiers temps cède la place au doute et au désenchantement. Il est bon alors de revoir tous les éléments positifs du chemin parcouru jusque-là pour trouver le courage de rebondir et de continuer. Certains choisissent de ne pas attendre la retraite pour utiliser cette feuille. Ils la glissent dans leur portefeuille pour « consommation et appréciation immédiates » !

Conseil

Assurez-vous d'approvisionner régulièrement votre malle aux trésors pour disposer de suffisamment de bons souvenirs en réserve.

APPRÉCIEZ-VOUS À VOTRE JUSTE VALEUR

> La vie, ça se joue serré. Si on mentionne ses points faibles, les autres en abusent immanquablement.
>
> JEAN-FRANÇOIS SOMCYNSKY

Il m'arrive souvent de suggérer aux gens que je rencontre de se regarder attentivement dans le miroir de leur salle de bains chaque matin et, tout en se faisant un large sourire, de se répéter leurs cinq plus grandes qualités, en plus de se féliciter pour tous leurs succès et leurs bons coups. Ils peuvent en profiter pour chanter le fameux *Ah! je ris de me voir si belle en ce miroir* de la Castafiore. L'idée derrière cet exercice est de se gonfler d'énergie pour toute la journée. Par la même occasion, il est bon aussi de se redire le plus important de nos objectifs.

Même si plusieurs se disent mal à l'aise, pour ne pas dire ridicules, de procéder ainsi, un couple a avoué lors d'une de mes conférences que tous les matins, avant de partir pour le travail, ils s'installent ensemble devant le très grand miroir situé dans l'entrée de leur maison et se

redisent à quel point ils sont beaux, intelligents, coura-
geux et efficaces, en plus d'être de très bons parents.

Oser proclamer ses qualités

Pour avancer dans la vie avec une force tranquille, surmonter les mauvais coups qu'elle nous réserve parfois et
résister au désenchantement face à nos limites, nous
avons intérêt à nous apprécier à notre juste valeur et à
nous porter toute l'estime que nous méritons. Comment
les autres peuvent-ils s'intéresser à nous, nous accepter
inconditionnellement et surtout nous respecter si nous
ne nous traitons pas d'abord avec bienveillance ?

Pour la plupart, nous nous sentons terriblement mal
à l'aise de dire tout le bien que nous savons de nous devant des étrangers. Nous avons également tendance à
mal juger une personne qui ose mentionner ouvertement
ses succès et ses bons coups. C'est ainsi que nous avons
été éduqués et même programmés. Dommage !

C'est probablement pour cela que, chaque fois que je
demande à quelqu'un de m'énumérer cinq de ses plus
grandes qualités, je n'obtiens pas vraiment de réponse.
Les mots ne lui viennent pas facilement. J'ai donc
construit la liste que vous trouverez plus loin. Dans mes
cours, je la lis avec humour et demande aux participants
de lever la main dès qu'ils se reconnaissent... un peu.
Après quelques hésitations, je commence à voir des mains
se lever, de plus en plus, et des sourires illuminer les visages ! Je termine toujours en mentionnant la fidélité,
sans préciser qu'il s'agit de la fidélité dans nos promesses, nos amitiés, nos actions et surtout envers soi. Éclat
de rire assuré.

Aimeriez-vous renverser la vapeur ? Si oui, en vous
aidant de la liste qui suit, notez vos cinq plus grandes
qualités, idéalement davantage. Placez-en une copie

dans votre malle aux trésors et, si possible, un peu partout, chez vous, au bureau et dans votre portefeuille. Évidemment, personne n'a besoin de voir ces copies. Invitez vos proches à en faire autant ! J'ai bâti cette liste au fil des années et de mes lectures. Peut-être voudrez-vous en ajouter d'autres ? Certaines d'entre elles sont aussi des valeurs fondamentales (voir p. 59).

——————————— Vos qualités ———————————

Acceptation de soi
Accessibilité
Adaptation aux changements
Affection
Affirmation de soi
Amabilité
Ambition
Amour de soi
Appréciation de la beauté
Aptitude à encourager
Audace
Authenticité
Autodétermination
Autoévaluation
Autonomie
Bienveillance
Bonne volonté
Bravoure
Calme
Capacité d'aimer
Capacité d'intimité
Charisme
Civilité
Civisme
Communication orale et écrite
Compassion

Compétence
Compréhension
Conscience de sa valeur
Conscience des autres
Conscience professionnelle
Contrôle de soi
Conviction
Coopération
Courage
Courtoisie
Créativité
Croissance personnelle
Curiosité
Curiosité intellectuelle
Désintéressement
Détermination
Dévouement
Dignité
Diplomatie
Discipline personnelle
Discrétion
Don de soi
Dynamisme
Écoute (active, sincère)
Efficacité
Élégance
Empathie
Endurance physique

Énergie émotionnelle
Énergie physique
Enthousiasme
Entregent
Équanimité
Équité
Esprit d'analyse et de synthèse
Esprit d'équipe
Esprit positif
Estime de soi
Éthique
Fiabilité
Fidélité
Flexibilité (pensée)
Force devant l'adversité
Franchise
Gaieté
Générosité
Gentillesse
Gratitude
Habileté manuelle
Honnêteté
Honneur
Humanité
Humilité
Humour
Idée positive de l'être humain

Imagination
Indépendance
Indulgence
Initiative
Inspiration pour autrui
Instruction
Intégrité
Intelligence pratique
Intelligence sociale
Inventivité
Joie
Justice
Leadership
Liberté
Loyauté
Lucidité
Maîtrise de soi
Maîtrise de son environnement
Mémoire (du passé, de l'histoire)
Modération
Modestie
Motivation

Optimisme
Originalité
Ouverture d'esprit
Pardon (soi et les autres)
Passion
Patience
Persévérance
Perspicacité
Persuasion
Philanthropie
Politesse
Positivisme (pensées, attitude)
Prévenance
Projection de soi
Prudence
Pudeur
Raffinement
Recherche de la vérité
Réconfort (donner du)
Reconnaissance positive de soi
Résilience
Respect (soi, autrui)

Respect des engagements
Sagesse
Sens critique
Sens de l'organisation
Sens des responsabilités
Sens du beau
Sensibilité esthétique
Sérénité
Serviabilité
Sociabilité
Solidarité
Souplesse d'esprit
Spiritualité
Spontanéité
Stabilité émotionnelle
Stratégie
Sympathie
Tempérance
Tolérance
Vision (visionnaire)
Vitalité
Vivacité d'esprit

Questions

- Qu'allez-vous ranger dans votre malle aux trésors ?
- Quel sera votre slogan ?
- De quoi êtes-vous le plus fier dans votre vie personnelle et professionnelle ?
- Quelles qualités votre entourage vous reconnaît-il ?
- Et vous ? Quelles qualités vous reconnaissez-vous ?
- Quelles sont les cinq qualités que vous recherchez en priorité chez les autres ?

Point de repère 3

Faites votre propre connaissance

> Couper le tronc, les branches, les feuilles
> d'un arbre est chose aisée, tandis que
> la destruction des racines requiert de la
> patience.
>
> JEAN-MARIE ADIAFFI

Je faisais faire un exercice aux personnes qui prenaient part à un de mes stages de préparation à la retraite. L'objectif était de déterminer leur personnalité dominante, ainsi que leurs valeurs. Un monsieur a alors « découvert » qu'il était surtout entreprenant[1] ; ce qui signifie, en gros, qu'il aime organiser, diriger, superviser, contrôler et influencer les autres, en plus de posséder du leadership et un bon sens de l'organisation. Il m'a alors demandé s'il s'agissait d'une erreur, car son patron lui reprochait souvent de prendre trop d'initiatives, donc d'être trop entreprenant. Cela nuisait, paraît-il, à son rendement. En discutant un peu avec moi, non seulement il a réalisé que son travail l'obligeait carrément à réprimer et même à écraser son « vrai moi », mais surtout que, à la retraite,

---

1. D'après la typologie de John L. Holland, Ph.D., dont j'ai traité dans *Une retraite heureuse ?*, p. 163. Les autres types de personnalité sont : réaliste, investigateur, artistique, social et conventionnel.

il pourrait enfin tenir compte de ce qu'il venait de découvrir sur lui en faisant cet exercice. Il le devrait même pour se réaliser pleinement et trouver bonheur et stabilité dans sa nouvelle vie.

S'il avait fait cet exercice bien longtemps avant de se préparer à la retraite, il aurait probablement changé de métier... ou de patron.

Bas les masques!

Tout comme ce participant, il est toujours temps de découvrir votre identité, votre vrai moi, et, surtout, de l'accepter et de la laisser s'exprimer, car c'est elle qui détermine vos rêves et vos aspirations. Vous devez aussi la faire respecter par les autres, tout comme vous devez respecter la leur, sans les juger ni chercher à leur imposer votre façon d'aborder la vie.

Pour y parvenir, il n'y a qu'un moyen: vous débarrasser de tous ces masques que vous avez plus ou moins été obligé de vous fabriquer pour être prévisible, faire semblant d'être heureux, ne pas blesser les autres, ne pas faire de vagues et vous intégrer à certains groupes, dont votre groupe professionnel et social.

Montrer une image déformée de soi, c'est risquer d'attirer des gens et des situations qui ne nous ressemblent pas et ne nous conviennent pas. Dès que nous enlevons nos masques, nous nous autorisons à vivre en accord avec nos besoins, nos préférences, nos valeurs et nos capacités. Tout devient alors plus simple, plus serein et plus durable, à commencer par nos relations avec autrui et nos choix de vie: profession, activités, projets et groupes d'appartenance. Nous nous sentons aussi plus forts, plus confiants et déterminés face à l'adversité et aux changements. Nous ne ressentons plus le besoin de vivre la vie des autres, celle que nous envions ou celle qu'ils cherchent à nous imposer. Nous n'avons plus besoin, non plus, de nous engager dans une compétition avec eux. Nous sommes donc plus heureux.

Une identité complexe

J'ai rencontré quelqu'un qui déménageait souvent d'une province à l'autre, au Canada, ou même à l'étranger, d'un pays à l'autre, en espérant y trouver le bonheur et la réalisation de ses rêves professionnels et personnels. Mais une fois sur place, il n'était pas plus heureux, bien au contraire, au point de préparer rapidement son prochain déménagement et de s'y projeter mentalement, au lieu de vivre à fond le moment présent. En fait, d'après ce que j'ai compris à l'époque, il ne savait pas encore qui il était vraiment (son identité), ni où se poser enfin pour trouver le bonheur et le contentement auxquels il aspirait tellement. En s'appuyant sur les « niveaux logiques du changement », la hiérarchie que je vous présente plus loin, il a pu découvrir non seulement l'origine de son problème, mais aussi le moyen de le résoudre.

Définir notre identité est plutôt complexe. Une bonne part est innée, par exemple notre tempérament (flegmatique, sanguin, colérique ou mélancolique) et, dans une large proportion, notre capacité à être heureux. Le reste s'est incrusté en nous, à notre insu, au cours de notre enfance, au contact de l'environnement familial, social, culturel et religieux dans lequel nous avons évolué, puis, par la suite, au fil des expériences et des événements que nous avons vécus.

Notre identité comprend, entre autres, nos valeurs et nos qualités morales, nos croyances, nos capacités et le sens que nous voulons donner à notre vie. À cela s'ajoutent nos traits psychologiques et notre façon bien particulière d'interpréter les événements, c'est-à-dire nos schémas cognitifs. Notre identité comprend donc aussi nos peurs, nos pensées automatiques, nos jugements sur les autres et sur nous-mêmes, ainsi qu'à propos de tout ce qui se passe dans notre vie. Toute notre existence, elle peut continuer à s'enrichir ou, au contraire, s'appauvrir.

C'est à partir de notre identité que nous effectuons les choix les plus importants de notre vie. Plus elle est claire et solide, plus ces choix sont durables et plus ils nous procurent bien-être et satisfaction. Dans *Décodez votre identité* (p. 28), Larry Ackerman l'exprime bien: *Notre code identitaire nous offre la liberté d'improviser – comme un musicien de jazz chevronné – et de changer le ton, le tempo et les harmonies de notre existence, tout en conservant la faculté de revenir à la mélodie initiale – le thème original de notre vie.*

Identité et changements

J'aime beaucoup la hiérarchie des niveaux logiques du changement que nous devons aux travaux de l'anthropologue et psychologue américain Gregory Bateson, fondateur de l'École de Palo Alto. L'École de Palo Alto est un courant de pensée et de recherche californien du début des années 1950, à l'origine de la thérapie familiale et de la thérapie brève. Gregory Bateson, Donald D. Jackson, Paul Watzlawick sont parmi ses membres fondateurs.

De plus en plus utilisée pour illustrer le changement, tellement elle est éclairante, cette hiérarchie a été reprise, adaptée et enrichie par Robert Dilts, spécialiste de la Programmation neurolinguistique (PNL), à qui on en attribue souvent la paternité. Non seulement elle permet aux coachs de déterminer rapidement à quel niveau travailler avec leurs clients afin de résoudre leurs difficultés, mais surtout de vérifier si leur projet de changement sera durable. Vous pouvez devenir votre propre coach en adaptant ces niveaux logiques du changement à votre propre situation, particulièrement si vous devez prendre une décision importante. Recourez-y aussi pour découvrir pourquoi tout ne tourne pas aussi rond que vous le souhaitez dans votre vie ou pour comprendre pourquoi un changement que vous avez pourtant souhaité ne vous satisfait pas.

—————— Niveaux logiques du changement ——————

6 Spiritualité — *Qu'y a-t-il de plus grand que moi?*

5 Identité — *Qui suis-je?* Mon rôle, mon but, ma mission. Ce que je fais a-t-il un sens par rapport à ce que je vis?

4 Valeurs, croyances — *Pourquoi je le fais?* La réponse à cette question motive ou inhibe mes actions.

3 Capacités — *Comment je le fais?* Mes compétences, habiletés et stratégies dirigent mes comportements.

2 Comportements — *Pour faire quoi?* Mes comportements agissent sur l'environnement.

1 Environnement — *Où, comment, quoi, avec qui je le fais?* Je réagis aux contraintes et aux opportunités du changement.

En règle générale, la solution à un problème se trouve au niveau hiérarchique immédiatement supérieur. Par exemple, nos croyances et nos valeurs (niveau 4) ont un impact direct sur nos capacités (niveau 3), car elles nous autorisent ou non à agir. Si nous nous sentons incapables de faire quelque chose, chanter, par exemple, si nous nous sentons rejetés ou encore si nous avons peur de paraître ridicules ou d'échouer, ce sont nos croyances qui sont en action. À leur tour, ces croyances et ces valeurs sont pilotées par notre identité qui est elle-même alimentée par notre mission de vie, associée quant à elle à la spiritualité (sommet de la pyramide).

En procédant ainsi, nous n'avons pas à chercher pourquoi un problème existe, mais plutôt comment il se manifeste et perdure. Il est plus facile alors de trouver des solutions.

Dans le cas de l'individu dont j'ai parlé en introduction, pour se débarrasser du besoin de changer sans cesse d'environnement sans véritable raison, il a commencé à travailler en priorité sur le niveau 2, celui de ses comportements (*Pour faire quoi?*), qui est le niveau supérieur au niveau 1, celui de l'environnement : ses nombreux déménagements. Il s'est ensuite interrogé sur le niveau 3, celui de ses capacités et de ses habiletés (*Comment je le fais?*), ainsi que sur le niveau 4, celui de ses valeurs et de ses croyances (*Pourquoi je le fais? Qu'est-ce qui me motive? Est-ce que je m'autorise à le faire?*). Il s'est ensuite questionné sur son identité, puisque c'est elle qui a donné forme à ses croyances et à ses valeurs.

Lorsque l'identité d'une personne n'est pas claire, celle-ci éprouve des difficultés à savoir ce qu'elle attend vraiment de la vie (*Qui suis-je? Ce que je fais a-t-il un sens pour moi? Quel est le lien avec ma mission de vie?*).

Si cet homme s'en était tenu au niveau de ses capacités et de ses habiletés sans se poser la question de ses valeurs et des croyances qui les sous-tendent, il aurait continué à changer d'environnement sans jamais se sentir satisfait. Tout aurait été à recommencer et à répéter encore et encore.

HONOREZ VOS VALEURS

> La principale préoccupation de l'être humain est de trouver un sens et de l'actualiser dans des valeurs plutôt que de chercher la simple satisfaction de ses besoins et de ses instincts.
>
> ALEX PATTAKOS

Il vous est certainement déjà arrivé de vous sentir très mal à l'aise face au comportement ou aux propos de certaines personnes. Mal à l'aise, aussi, à l'idée de vous engager dans une activité sociale, un travail ou même une nouvelle relation, sans vraiment savoir pourquoi vous ressentiez un tel inconfort. En y réfléchissant un peu, vous avez réalisé que cela heurtait vos convictions les plus profondes : vos valeurs. Vous avez alors préféré vous éloigner ou, mieux, réagir pour défendre ces convictions, au risque de perdre certains avantages, par exemple un emploi. Devant la nécessité de travailler pour assurer la sécurité de leur famille, certaines personnes ne peuvent malheureusement que craquer. Elles acceptent la situation, même si cela porte atteinte à leur identité. Ont-elles le choix ?

Je vous donne quelques exemples qui heurtent mes propres valeurs. Payer comptant, sous la table, pour éviter les taxes (valeur : honnêteté). Faire travailler des enfants et les exploiter (valeur : enfants). Rouler à plus de 140 km/h sur l'autoroute (valeurs : responsabilité, courtoisie). Frapper durement et bousculer son enfant en public parce qu'il ne se comporte pas correctement (valeur : bienveillance). Jeter toutes sortes de détritus un peu partout dans la nature ou travailler pour une entreprise qui pollue outrageusement l'environnement (valeur : respect de la nature). Monopoliser la conversation et couper systématiquement la parole à ceux qui essayent de donner leur avis (valeurs : écoute, partage). S'engager dans une relation amoureuse avec une personne mariée (valeur : loyauté). J'ai aussi terriblement mal à ma liberté quand je vois une femme voilée, habillée de noir de la tête aux pieds, qui suit avec humilité son époux (valeur : égalité).

Les valeurs, ce sont des croyances et des convictions bien ancrées en nous. Elles expriment nos besoins essentiels et expliquent nos motivations. Elles touchent en profondeur l'idée que nous nous faisons de nous-mêmes et de la vie que nous menons. Elles orientent nos choix de vie, nos comportements et nos actions et nous permettent de les évaluer. Dès que nos choix de vie et nos actions quotidiennes vont à leur encontre, nous ne nous sentons plus en harmonie et en équilibre.

Si une part de nos valeurs est innée, elles sont surtout acquises au contact de notre milieu culturel, social, politique, éducatif et familial. Tout en demeurant des éléments stables de notre identité, elles évoluent donc quelque peu au cours de notre existence.

Dès que nous restons accrochés à la chaîne de nos valeurs, c'est-à-dire si nous faisons en sorte de les respecter et de les faire respecter par autrui, non seulement tous nos choix de vie deviennent plus durables, mais ils nous apportent aussi davantage de bien-être et de confiance en nous. En contrepartie, nous devons assumer les responsabilités de nos choix.

Quelles valeurs ?

Voici quelques exemples de valeurs. Dans lesquelles vous reconnaissez-vous le plus ? Lesquelles aimeriez-vous ajouter ? Je me suis limitée aux valeurs que je considère hautement positives et humaines. Même s'il n'y a pas de valeurs meilleures que d'autres, préférables à d'autres, j'en ai omis plusieurs, notamment la compétition et la productivité à outrance, ou encore le culte de soi, la beauté et la jeunesse éternelles. À mon avis, ces valeurs créent en nous des tensions permanentes ou une forme d'obligation inconsciente d'y adhérer, même au détriment de notre santé. Mais je le rappelle : toutes les valeurs... ont de la valeur.

———————————— Principales valeurs ————————————

Accomplissement	Écoute	Morale
Amitié	Égalité	Ouverture d'esprit
Amour	Enfants	Paix
Appartenance	Engagement	Partage
Apprentissage	Entraide	Persévérance
Argent	Environnement	Plaisir
Autodétermination	Équité	Pouvoir
Autonomie	Éthique	Prospérité
Aventure	Famille	Respect
Bienveillance	Fidélité	Responsabilité
Bonheur	Fierté	Risque
Bonté	Force	Santé
Communication	Fraternité	Sécurité
Confiance	Honnêteté	Solidarité
Conformisme	Hygiène	Spiritualité
Confort	Intégrité	Stabilité
Courage	Joie	Statut
Courtoisie	Justice	Stimulation
Créativité	Leadership	Tradition
Détermination	Liberté	Travail
Dignité	Loyauté	Universalisme
Économie	Maturité	

Conseil

Pour déterminer précisément vos propres valeurs, faites le Sémiotest qui a été effectué auprès de 300 000 personnes en Europe. Belle découverte en vue ! (http://semiotest.a3w.net)

Questions

- Quelles sont les valeurs fondamentales pour lesquelles vous ne feriez pas de concessions?
- Vous est-il arrivé de refuser des avantages au nom de vos valeurs?
- S'il vous est déjà arrivé de déroger à vos valeurs, comment vous êtes-vous senti alors?
- Qu'est-ce qui vous déçoit le plus dans la vie? Au travail? Dans votre entourage?
- Qui vous a transmis vos plus belles valeurs?

Traquez ces croyances qui limitent vos actions

> Nous nous construisons une prison et, le pire, c'est que nous ne pouvons même pas voir les murs de cette prison.
>
> Dr Deepak Chopra

Je traite des croyances restrictives dans ce point de repère à cause de leur lien avec les valeurs et de leur place dans les niveaux logiques du changement. J'aurais pu aussi les traiter en même temps que les peurs, les pensées automatiques et les ruminations.

Les croyances font partie de notre identité. Ce sont des généralisations qui se sont incrustées en nous, à notre insu, tout au long de notre vie, et que nous prenons pour des vérités. Il s'agit notamment de valeurs et de convictions qui se traduisent par des jugements sur ce que nous valons, sur nos compétences et nos forces, ainsi que sur celles d'autrui et du monde en général. Il peut s'agir aussi de jugements à propos de l'intérêt que les autres nous portent.

Nos croyances peuvent nous servir de ressources: *J'ai confiance en moi. Tout va bien se passer, je vais réussir…* ou être carrément limitatives (on dit aussi restrictives):

Je n'y arriverai pas. Je ne suis pas capable. Je suis trop âgé. Il ne voudra pas de moi. Je n'aurai pas assez d'argent pour le faire. Cela ne se fait pas. Cela va déplaire à mon conjoint ou à ma famille. Dans ce cas, elles nous limitent dans nos projets et dans nos actions. Par exemple, une personne qui se trouve nulle ou rejetée, comme je l'ai souvent entendu, éprouve automatiquement des difficultés à se projeter et à réussir dans des activités qui lui plaisent, même si elle est bourrée de talents.

Des obstacles ou des ressources

Tant que nous ignorons leur existence, certaines de ces croyances constituent des obstacles quasi infranchissables, car elles ne cessent de nous empoisonner l'existence et de nous mettre dans l'embarras, sans que nous en soyons conscients. Les coachs connaissent bien leur influence sur les capacités de leurs clients et, par conséquent, sur leurs comportements. À force de vivre en fonction de ce que nous croyons être la vérité à propos de nous-mêmes, des autres ou de la façon dont le monde devrait tourner, les événements finissent par nous donner raison. Vous l'avez certainement déjà remarqué, nous attirons régulièrement à nous ce à quoi nous pensons à longueur de journée.

En sachant comment repérer nos croyances restrictives, nous pouvons les contourner ou, mieux encore, les transformer en carburant pour l'action. Quant à nos croyances-ressources, nous pouvons apprendre à les mettre davantage encore à notre service.

Comment repérer vos croyances restrictives ? C'est assez simple : écoutez-vous ! Écoutez ce que vous dites aux autres à longueur de journée, mais écoutez surtout votre petit discours mental intérieur, le jour ou la nuit, lorsque vous ne dormez pas bien : idées toutes faites, peurs, craintes, sentiment de culpabilité et de rejet, jugement sur vous-même ou sur les autres, interprétation des événements. Écoutez attentivement et vous comprendrez tout ! Osez surtout faire remonter à la surface ces croyances enfouies dans votre ombre et que vous ne voulez pas admettre, ni devant les autres ni face à vous-même !

Voici aussi un petit exercice qui pourrait vous y aider :

- Dressez une liste de toutes ces croyances restrictives que vous avez repérées à votre sujet, à propos aussi des événements ou encore des actions et des paroles des autres, ou même de leur apparence extérieure.
- Demandez-vous ensuite ce qui prouve hors de tout doute que ces croyances sont fondées (ne soyez pas complaisant avec vous-même !).
- Prenez-les ensuite, une à une, et travaillez de toutes vos forces pour vous en débarrasser. Ce n'est pas toujours facile, mais avec beaucoup de lucidité, de courage et de persévérance, vous y parviendrez. Votre vie en sera d'ailleurs métamorphosée et votre énergie, décuplée.

Conseil

Notez vos croyances-ressources et rangez-les dans votre malle aux trésors, à côté de vos meilleures qualités, pour usage ultérieur ! Passez aussi vos principales croyances en revue afin d'en découvrir l'origine. Pour chacune d'elles, demandez-vous ceci, à voix haute, comme si c'était votre coach qui vous parlait : *Qu'est-ce que cette croyance me coûte, à court terme et à long terme* (énergie, relation) ? *Si je la modifie, que risque-t-il de se passer ?*

Questions

- Quelle est votre personnalité dominante ? Artiste ? Entreprenant ? Social ? Investigateur ? Conventionnel ? Réaliste ?
- Qui êtes-vous vraiment, une fois délesté de votre identité professionnelle ? Une fois vos marques sociales et votre masque social enlevés ? Votre carte d'affaires disparue ?
- Qu'est-ce qui fait de vous une personne unique ?
- Si vous n'aviez pas besoin de gagner votre vie, que feriez-vous ? Qui seriez-vous ? Avec qui seriez-vous ?
- Si vous deviez vous décrire parfaitement en un seul paragraphe, que diriez-vous ?
- Pourriez-vous appliquer la pyramide des niveaux logiques du changement à certaines de vos difficultés ? À l'élaboration de vos objectifs ?
- Quelles croyances vous limitent en général ? Lesquelles vous ont bien servi jusqu'à présent ?

DÉCOUVREZ-VOUS À TRAVERS VOS JUGEMENTS

> Peu importe la façon dont tu vois le monde, c'est faux.
>
> MARTIN HEIDEGGER

À Cuba, il y a quelque temps, au bord de la piscine, exactement devant la pancarte affichant une interdiction de s'exposer les seins nus, une grosse dame, dans la soixantaine, je crois, pleine d'énormes bourrelets, s'exposait, bien en vue, avec comme seul « vêtement » un ministring vert fluo. Un employé de l'hôtel est venu lui rappeler les règlements, mais elle n'a pas obtempéré. Au lieu de continuer à lire et à me reposer en paix, je me suis énervée intérieurement de la voir agir ainsi. Pourtant, en apparence, personne autour de la piscine ne semblait incommodé par elle. J'étais gênée qu'elle soit si grosse, si laide physiquement et si énormément exposée. Je ne pouvais plus penser à quoi que ce soit d'autre, pendant que, de son côté, indifférente, elle filait le parfait bonheur avec le soleil.

J'ai fini par m'éloigner pour ne plus y penser. Et là, la coach que je suis s'est mise à analyser la situation avec détachement. Outre le fait que le comportement de cette dame heurtait mes valeurs (respect des règlements, savoir-vivre, discrétion), j'ai réalisé à quel point mes quelques kilos en trop me dérangeaient. J'approchais aussi de la soixantaine et je commençais à ne plus m'aimer autant en maillot de bain. J'ai vite compris que ce qui m'irritait chez cette personne était, en fait, ce qui me dérangeait le plus chez moi à ce moment précis, au bord de la piscine.

J'avais à peine terminé ma réflexion et retrouvé un peu de sérénité que la dame en question est venue s'asseoir près de moi pour suivre le soleil qui avait changé de place ! Peut-être était-elle venue là, inconsciemment, pour me rappeler que je n'avais pas encore tout à fait compris la leçon ! Tant qu'un problème n'est pas résolu, il nous poursuit et nous poursuit encore pour que nous puissions travailler encore et encore à notre guérison.

L'autre : un miroir

Vous l'avez peut-être remarqué : tout ce qui nous irrite chez autrui, nous le détestons chez nous ou nous l'avons vécu autrefois, au point de ne plus le supporter. Vous détestez le désordre chez l'autre ? Vérifiez si vous n'avez pas tendance à en faire autant, ou même pire. Vous trouvez qu'une personne a un énorme ego et prend toute la place et la parole dans un groupe, sans se soucier d'autrui ? Demandez-vous à quelle facette de votre personnalité cela vous fait penser. Vous trouvez l'autre paresseux au travail ? Peut-être est-ce pour justifier que vous travaillez plus qu'il ne le faut. L'autre boit trop d'alcool ? Peut-être devez-vous vous contrôler énormément pour ne pas en faire autant. Vous trouvez une personne exceptionnelle ? C'est probablement parce que vous estimez qu'elle a le droit d'entrer dans votre cercle restreint de gens exceptionnels. Ça aussi, c'est du jugement !

Chaque personne que nous rencontrons agit un peu comme un professeur. Elle a quelque chose à nous apprendre, tout comme nous avons quelque chose à lui apprendre. C'est probablement pour cette raison que je me trouve souvent prise au piège de ces gens qui hurlent dans leur cellulaire (ce que je déteste au plus haut point) quand je décide de faire ma petite promenade dans un sentier de randonnée ou lorsque je vais me faire servir dans un restaurant pour trouver un peu de paix et de repos.

Les méchants jugements

> Les grands esprits parlent d'idées. Les moyens esprits parlent d'événements. Les petits esprits parlent des autres. Les tout petits esprits parlent d'eux-mêmes.
>
> ANONYME

Tout comme les croyances et les peurs, la fâcheuse habitude que nous avons de porter des jugements sur tout et sur rien, sur les événements, sur l'autre et sur les autres, sur la façon dont ils se comportent, s'habillent, parlent, mangent et vivent, fait partie de notre identité. Nous allons jusqu'à deviner leurs pensées et leur attribuer des intentions, sans qu'ils nous aient dit le moindre mot. Ce genre d'interprétation s'opère pratiquement toujours à travers le filtre déformant de notre propre réalité, c'est-à-dire nos propres schémas mentaux : expériences, conditionnements, croyances, valeurs, pensées et peurs.

Juger l'autre est aussi très sécurisant, car cela nous permet de renier notre ombre, cette part cachée de notre personnalité, et de reporter à plus tard, ou à jamais, toute remise en question. Le jugement permet surtout de nous réfugier derrière notre propre normalité si nous ne pouvons pas trouver notre véritable identité. Juger, c'est aussi éviter d'admettre que nous pourrions nous comporter exactement comme celui dont nous critiquons le comportement.

Si, en plus de juger une personne, nous nous permettons d'émettre nos commentaires ouvertement à l'intéressé et à qui veut les entendre, la relation en souffrira énormément, particulièrement si le sentiment d'injustice est trop fort. Elle risque même de se terminer pour toujours. Aussi, dès que quelqu'un nous critique, nous mettons-nous sur la défensive, même s'il a raison, et même si nous avons sollicité son avis. De toute façon, nous ne le croyons pas vraiment. Si ses critiques ne sont pas fondées, sa crédibilité en prend aussi pour son rhume. Il n'y a donc plus d'issue possible, à part les excuses, qui viennent rarement, ainsi que l'habitude d'envelopper les critiques, constructives et fondées, dans quelques compliments bien sentis.

Il y a plusieurs années, j'ai pris en note un petit texte à propos du transfert spontané, provenant d'une recherche menée à l'Université de l'Ohio. Je l'ai fait laminer pour l'installer dans ma salle de bains afin de le voir tous les jours. En voici la substance :

- Nos paroles nous reflètent et se reflètent sur nous.
- Parler en mal de quelqu'un nous fait autant de mal dans l'esprit de notre interlocuteur.

- Si nous affirmons que quelqu'un est un imbécile, un idiot ou un incompétent, notre interlocuteur applique automatiquement ces jugements à nous aussi, en plus de nous trouver totalement détestable.

- Dès que nous encensons les autres (*Il est formidable, extraordinaire, généreux, talentueux*), nos interlocuteurs nous trouvent tout à fait formidables aussi.

Conseil

Soyez prudent lorsque vous portez des jugements sur les autres. Efforcez-vous plutôt de vous appuyer sur des faits réels avant de vous faire votre propre opinion. Restez sourd aux rumeurs, aux ragots et aux commérages. Mère Teresa disait d'ailleurs : *Si tu juges les gens, tu n'as pas le temps de les aimer.* J'y pense souvent quand j'entends quelqu'un, et parfois moi-même, parler des autres.

Questions

- Vous arrive-t-il de porter des jugements sur les autres ou de lire dans leurs pensées ?

- Si vous avez répondu OUI à cette question, qu'avez-vous déjà perdu ou manqué à cause de cette façon de faire ?

- Que pourriez-vous faire dès maintenant pour changer le cours des choses ?

FAITES AMI-AMI AVEC VOTRE OMBRE

> Ce qu'on ne veut pas savoir de soi-même
> finit par arriver de l'extérieur comme un
> destin.
>
> CARL GUSTAV JUNG

Le concept d'ombre a été élaboré par le médecin, psychiatre et psychologue suisse Carl Gustav Jung. Notre ombre est formée par certains éléments de notre personnalité que nous n'aimons pas et trouvons même inacceptables au point de chercher à les cacher par tous les moyens, autant aux autres qu'à nous-mêmes : pensées, émotions et angoisses, blessures du passé, jugements sur autrui, peurs et petites lâchetés, comportements et faiblesses, habitudes, doutes quant à certains choix de vie. Elle est également formée des défauts et des faiblesses que nous croyons avoir et dont nous ne sommes pas fiers.

Ce que bien des gens ne savent pas, c'est que, dans notre ombre, se trouvent aussi des talents, des qualités, des rêves et des aspirations que nous y avons enfouis, dès notre jeunesse, parce que les autres nous ont critiqués et jugés, en plus de nous imposer leurs propres aspirations et leurs propres peurs : *Tu es ridicule, incompétent, bon à rien. Tu n'y arriveras jamais. Tu as trop d'ambition. Tu n'as pas assez d'ambition. Tu devrais devenir médecin au lieu de tenter de gagner péniblement ta vie avec ton art. Tu n'es pas doué pour ce genre de travail. Tu as trop mauvais caractère pour que quelqu'un accepte de t'épouser.*

Une poursuite de jour et de nuit

Détachés de notre personnalité, ces éléments sont refoulés dans notre inconscient, mais ils ne se laissent pas si facilement oublier. Ils nous poursuivent à l'occasion, la nuit, dans nos rêves et nos cauchemars. Le jour, ils nous « attaquent », ainsi qu'autrui, par des comportements inadaptés et des réactions dont nous ne sommes pas fiers et qui nous étonnent tout autant que ceux qui ont à les subir. C'est ce qui explique pourquoi nous sommes si souvent en conflit avec nous-mêmes et avec les autres. Lorsque notre ombre nous poursuit dans nos cauchemars, ses intentions sont positives. Mais, comme elle nous fait peur, nous la fuyons au lieu d'écouter ce qu'elle nous dit et nous demande. Dès que nous acceptons d'aller à sa rencontre, voire de la confronter pour lui demander carrément ce qu'elle veut, nous pouvons développer une personnalité plus équilibrée et plus complète. Au lieu de nous hanter et de nous effrayer, nos cauchemars se transformeront alors en une véritable occasion de travailler à notre bien-être et à notre propre amélioration. En prime, nos nuits deviendront plus douces !

Pour en apprendre davantage au sujet de l'ombre, vous pouvez vous procurer les ouvrages de Jean Monbourquette (*Apprivoiser son ombre*) et de Carol Adrienne (*Votre mission de vie*, chapitre 11). À la page 240 de *Pour un sommeil heureux*, j'explique aussi comment réagir lorsque notre ombre nous poursuit lors d'un cauchemar et comment recourir au rêve lucide pour mieux nous connaître et opérer des changements dans notre vie. Pour faire davantage connaissance avec Carl Jung, vous pouvez visiter cet excellent site consacré à son œuvre : www.cgjung.net.

Questions

J'ai tiré puis adapté ces questions de deux journées de formation consacrées au coaching de l'identité que j'ai suivies, il y a quelques années, avec Robert Dilts. En répondant à ces questions, n'hésitez pas à employer des archétypes, des personnages célèbres ou des symboles. Par exemple : *Je crois que je ne serai jamais un fleuve tranquille. J'ai peur de devenir un Harpagon* (l'avare de la pièce de théâtre de Molière). *Je crois pouvoir devenir le nouveau commandant Cousteau.*

- Que croyez-vous ne jamais pouvoir être ? (vos limites : souhait ou acceptation)
- Que croyez-vous pouvoir devenir ? (votre potentiel)
- Que croyez-vous être pour toujours ? (votre nature profonde)
- Que croyez-vous n'être jamais ? (vos frontières)
- Qu'avez-vous peur de devenir ? (faiblesses et défauts à améliorer, mais aussi mise en garde)
- Que craignez-vous d'être déjà ? (éléments à accepter pour les intégrer à votre personnalité)

Point de repère 4

Entourez-vous bien

> Tenez-vous à l'écart de ces petites personnes qui tenteront d'étouffer vos ambitions. Certaines personnes font ça, mais les plus grandes vous feront sentir que vous aussi, vous pouvez devenir tout aussi grand.
>
> MARK TWAIN

J'ai repris contact, par hasard, avec Petrov. Petrov, c'est André Petrowski que j'ai connu il y a une trentaine d'années alors qu'il m'avait ouvert les portes de l'Office national du film du Canada. J'enseignais alors la biologie et, grâce à lui, j'y ai eu un contrat pour réaliser trois films didactiques scientifiques à partir de *stock-shots*, c'est-à-dire de documents d'archives. Nous avons d'ailleurs gagné un prix avec *La chaîne alimentaire*[1]. Au-delà de ce contrat, c'est surtout la générosité de Petrov envers toutes les personnes qu'il côtoyait ou qui le côtoyaient qui m'a marquée le plus. Il était toujours entouré de monde, autant au travail qu'à son chalet : jeunes et moins

---

1. Si vous voulez en apprendre davantage sur ce film, encore disponible, rendez-vous sur le site de l'ONF : www.onf.ca (mon nom était alors Hénot).

jeunes et cinéastes en devenir, entre autres. Il avait le sens de la fête et de l'amitié, mais il aidait surtout les uns et les autres à réussir leurs projets. Tout était simple et joyeux avec lui. Lorsque je l'ai revu 30 ans plus tard, rien n'avait vraiment changé. À 81 ans, il a conservé ses amis de très longue date, organise des « 4 à 7 », écrit et, bien sûr, a encore des tas de projets en chantier. Il fait donc partie des perles rares que j'ai eu la chance de croiser sur mon chemin, c'est-à-dire des personnes qui ne veulent que faire du bien aux autres.

Épanoui grâce aux autres

Notre bien-être général, physique, affectif, émotionnel et professionnel, l'efficacité de notre système immunitaire et même notre espérance de vie reposent en grande partie sur la qualité des relations que nous entretenons avec autrui : parents, famille, partenaires de vie, amis, collaborateurs, relations professionnelles et sociales, et avec nous-mêmes aussi. Nous devons donc attirer dans notre vie ces perles rares et éviter les autres, ou carrément les fuir.

Nous nous réalisons en effet en grande partie grâce aux idées, aux connaissances et aux expériences que nous partageons avec les autres, ainsi qu'au soutien et aux encouragements qu'ils nous prodiguent, autant dans les moments difficiles que dans les moments de succès et de grande joie. Au contact de ces perles rares, nous nous sentons accueillis, acceptés, reconnus, en harmonie et surtout en sécurité sur tous les plans. Nous ne nous sentons pas obligés de jouer un rôle ou de cacher certains éléments de notre personnalité.

À l'inverse, seuls et totalement séparés des autres, le risque de nous isoler, de nous scléroser, de souffrir de dépression et même de nous suicider augmente, alors que notre espérance de vie diminue, tout comme nos chances de guérir en cas de maladie, d'ailleurs. Bien sûr, il est possible d'œuvrer en solo et de se réaliser. Certains y parviennent parfaitement. Mais alors, qui partagera leurs succès ? Qui sera là pour les accompagner dans les périodes de tourmente, à l'approche de la retraite, et après ?

Dans l'ensemble des sources de sens dans la vie d'une personne, les relations interpersonnelles arrivent toujours en tête de liste, bien avant le succès et l'accomplissement de soi. Ce sont de magnifiques trésors à préserver que nous négligeons trop souvent.

Ceux qui se veulent mutuellement du bien

Voici quelques caractéristiques des personnes qui se veulent mutuellement du bien. Je les ai glanées au fil de mes lectures, depuis bien des années. Cochez celles que vous souhaitez voir chez les personnes de votre entourage («L'autre»), personnel ou professionnel, mais aussi celles dans lesquelles vous vous reconnaissez ou que vous aimeriez acquérir («Moi»). Ce que nous attendons des autres, nous devons effectivement le démontrer, nous aussi, en nous efforçant d'être une personne rayonnante, attirante et carrément exceptionnelle par ses qualités. Ce rayonnement a davantage d'effet sur la grande majorité des gens que nos biens, notre profession, nos connaissances et nos compétences.

———————— Une personne qui nous veut du bien... ————————

	L'autre	Moi
Respecte inconditionnellement tous ses semblables.	☐	☐
A l'esprit d'équipe et le sens de l'intérêt commun très développés.	☐	☐
Fait ressortir ce qu'il y a de meilleur en vous.	☐	☐
Se soucie de votre bien-être et s'intéresse à vos besoins.	☐	☐
Ne se mêle pas de vos affaires sans y avoir été invitée.	☐	☐
Ne se sert pas de vous pour atteindre ses buts; ne vous manipule pas.	☐	☐
Ne se laisse pas influencer par les autres dans ses choix de vie et ses projets.	☐	☐
Est franche, honnête, sincère et authentique.	☐	☐
Écoute attentivement et sincèrement les autres lorsqu'ils lui parlent d'eux, mais ne les force pas à lui faire des confidences.	☐	☐
Sait imposer ses limites avec diplomatie.	☐	☐
Est généreuse de son temps, de ses connaissances et même de ses biens, sans rien attendre en retour.	☐	☐
Accepte l'intimité : toucher, être touchée, donner une poignée de main, une tape dans le dos, une accolade.	☐	☐
Sait montrer ses sentiments, les bons et les moins agréables, mais ne se met jamais en colère pour des peccadilles.	☐	☐
N'écoute pas ceux qui cherchent à la décourager dans la réalisation de ses rêves.	☐	☐
Ne parle jamais des autres en leur absence, encore moins pour en dire du mal.	☐	☐
Ne répand pas de rumeurs sur les autres et ne se laisse pas influencer par les commérages.	☐	☐
Vérifie toujours les faits et les sources d'une information avant de la croire.	☐	☐
Aime passionnément la vie, quoi qu'il arrive.	☐	☐
Ne se plaint pas constamment et ne se bâtit pas une identité de victime ou de malade pour attirer l'attention des autres vers elle ou pour en obtenir quelque chose.	☐	☐
Ne vous donne jamais l'impression d'être inférieur à elle, même si vous êtes moins bien nanti qu'elle sur les plans physique, intellectuel, matériel ou financier.	☐	☐
Ne fait jamais de reproches et ne porte jamais de jugements non fondés uniquement pour vous atteindre au plus profond de vous-même et marquer des points lors de différends.	☐	☐
Agit toujours avec vous comme elle aimerait que vous agissiez avec elle.	☐	☐

Questions

- À quoi ressemblent les personnes que vous aimeriez avoir dans votre vie? Que font-elles?
- Comment pourriez-vous aller à leur rencontre?
- Qui sont les gens qui vous ont le plus influencé au cours de votre vie personnelle et professionnelle?
- Si vous deviez écrire le livre de votre vie, qui apparaîtrait à la page des remerciements?
- Quelles valeurs ces personnes vous ont-elles transmises?
- Comment procédez-vous habituellement pour consolider et maintenir en vie les ponts interpersonnels que vous avez établis avec les autres (collègues, amis, famille)?
- Quel genre de perle rare êtes-vous pour votre entourage?
- Si vous deviez améliorer une de vos «qualités de l'âme» ou en acquérir une nouvelle, quelle serait-elle?

SUIVEZ L'EXEMPLE DES OUTARDES

> S'ouvrir aux autres est une preuve d'intelligence.
>
> MATTHIEU RICARD

Lorsque je vivais à la campagne, proche du petit lac Magog, en Estrie, j'attendais chaque année avec impatience l'arrivée et le départ des outardes. Dès que j'entendais leurs cris, j'oubliais absolument tout pour sortir les admirer, cela d'autant plus qu'à l'automne les couleurs flamboyantes des arbres et le ciel si bleu se mettaient souvent de la partie pour me faire vivre un délicieux moment. Ici, à l'Île-des-Sœurs, pourtant si proche de Montréal, j'ai la chance de les voir d'encore plus près lorsqu'elles se reposent quelque temps sur le fleuve, face à mon appartement, avant de continuer leur voyage. Je ne rate jamais cette occasion de les regarder évoluer dans le ciel, dans un grand V presque parfait.

Tous pour un, un pour tous

À propos des outardes, une de mes connaissances m'a fait parvenir un diaporama dont le texte provenait d'un « auteur inconnu ». Je vous en résume l'essentiel tant il nous invite, par sa simplicité, à nous préoccuper davantage des autres et à être plus gentils, bienveillants et solidaires à leur endroit, car cela est très rentable sur tous les plans.

Si les outardes forment un grand V lors de leurs migrations, c'est parce que chaque coup d'aile d'une seule d'entre elles pousse l'air vers le haut afin de faciliter la tâche de celle qui la suit. L'union faisant la force, l'efficacité de toute la formation augmente alors d'au moins 71 %, comparativement à celle d'un oiseau solitaire. Dès qu'une oie s'éloigne du groupe, elle réalise très vite que la résistance de l'air la ralentit et elle le rejoint alors rapidement.

Par leurs cris, les oies situées au dernier rang de la formation encouragent celles du devant à voler plus rapidement (de vrais coachs, quoi !). Lorsqu'une oie de tête est fatiguée, elle se retire à l'arrière et une autre, qui a pu reprendre des forces, prend aussitôt la relève. Si l'une d'elles est malade ou blessée, deux autres l'accompagnent au sol afin de l'aider et la protéger. Elles restent avec elle jusqu'à ce qu'elle puisse à nouveau voler ou qu'elle meure. Elles regagnent ensuite leur propre formation, ou une autre, si la leur est déjà trop loin.

Travail d'équipe ?

Cela me fait penser à un groupe de marcheurs auquel j'appartenais il y a quelques années, en Estrie. L'objectif était de nous entraîner afin de parcourir une distance de 50 km à 6,5 km/h. Il n'y avait pas de médaille ni de récompense au fil d'arrivée, donc, apparemment, aucune compétition.

Le jour de la grande marche, je me suis malheureusement blessée, mais j'ai continué en traînant un peu la patte, car je voulais à tout prix parcourir les 50 km, même si ma blessure ne cessait d'empirer malgré le produit que j'y appliquais. Pressés d'arriver les premiers, tous m'ont dépassée sans se soucier de moi, y compris l'organisatrice de l'activité, la « leader », qui voulait rester avec le peloton de tête.

Je me suis donc retrouvée seule, tout en arrière, jusqu'à ce qu'un membre du groupe, un Mexicain arrivé depuis peu au Canada, décide de me rejoindre. Nous avons alors poursuivi notre chemin, sans nous presser, en discutant de tout et de rien et en riant beaucoup. Nous avons aussi triché pour arriver à temps en prenant un raccourci de plusieurs kilomètres que je connaissais. Évidemment, nous n'avons pas hésité à nous en vanter, particulièrement auprès de ceux qui, arrivés bien après nous, m'avaient dépassée avec indifférence, trop pressés qu'ils étaient.

En cours de route, nous avons manqué d'eau (il faisait tellement chaud !), car notre raccourci nous avait fait rater un poste de ravitaillement. J'en ai demandé à un monsieur qui faisait des travaux de rénovation autour de sa maison. Celui-ci nous a généreusement donné tout le contenu de sa réserve, alors qu'il n'en avait plus pour lui-même. Les ouvriers avaient dû couper l'arrivée d'eau pour la journée.

Je me souviendrai toute ma vie de ce monsieur qui m'a si généreusement donné son eau, ainsi que de Carlos, ce gentil Mexicain, mais pas du tout des autres membres de ce groupe. Par la suite, j'ai donné des cours de français gratuitement à Carlos, ainsi qu'à son adorable épouse. J'ai été invitée plusieurs fois chez eux à déguster de succulents repas mexicains. Je vous laisse choisir la morale de cette histoire !

Nous devrions suivre l'exemple des outardes, car il montre à quel point le succès, et bien souvent aussi notre survie, dépend du travail d'équipe où chacun assume à tour de rôle autant le leadership que les tâches subalternes ou le soutien aux autres membres du groupe. Tout comme les outardes, dès que nous œuvrons dans un but commun, unis par un puissant sentiment d'appartenance plutôt que par un instinct de compétition, nous atteignons nos objectifs plus facilement et plus rapidement que lorsque nous cheminons seuls.

En nous oubliant un peu au profit des autres, connus et inconnus, nous ne pouvons que nous faire de vrais amis, reconnaissants pour la vie, en plus de nous sentir compétents et fiers d'appartenir à un « grand tout ». Lorsque nous aidons ainsi quelqu'un généreusement, sans espérer de reconnaissance, un jour ou l'autre nous recevons à coup sûr une gratification au moment où nous nous y attendons le moins.

Questions

- Quel genre d'outarde êtes-vous ?
- Quel genre de leader êtes-vous ?

Courtoisie et bienveillance

Je suis parfois bien découragée devant l'indifférence, le manque de courtoisie et de civisme qui règnent un peu partout. Cela me frappe particulièrement dans l'autobus que je prends lorsque je dois me rendre au centre-ville de Montréal. Cet autobus est toujours bondé, plus que bondé même. Nous y sommes entassés comme des sardines. Un peu comme les naufragés du *Titanic*, chacun tente de s'agripper du mieux qu'il peut aux divers poteaux ou encore, s'il est capable de les atteindre – ce qui n'est pas mon cas –, aux courroies accrochées presque au plafond. Par habitude, je ne m'attends jamais à ce qu'un des jeunes assis nonchalamment, l'air absent, la bouche entrouverte, les cheveux dans les yeux et les oreilles bouchées par des écouteurs, se lève pour me céder sa place, alors que je suis largement leur aînée. Ni même que ces hommes, jeunes, cravatés, en pleine forme, hurlant dans leur téléphone cellulaire, se soucient de moi, et moins encore ce jeune personnage au visage devenu hostile lorsque je l'ai frôlé un peu parce que j'ai été poussée malgré moi vers SON siège.

En revanche, il m'est déjà arrivé de voir une jeune fille proposer sa place à une dame dans la jeune quarantaine, qui l'a refusée ! Elle a dû se trouver bien vieille à cet instant ! Aussi, tout dernièrement, alors que je venais à peine d'écrire ces lignes (quel hasard !), un jeune homme (sans cellulaire, sans écouteurs) m'a cédé son siège dans cet autobus. Probablement pour me montrer qu'il est préférable d'éviter de généraliser ainsi.

Ce geste se faisait pourtant spontanément « de mon temps », et je le fais encore lorsque je vois une personne, homme ou femme, plus âgée que moi ou encore accompagnée d'un tout petit enfant, en plus d'être lourdement chargée. Ce qui me met surtout en rogne, c'est quand je vois un tout-petit, debout, si minuscule, quasiment écrasé par les adultes. Ou encore, comme je l'ai vu récemment, une dame très âgée avec une valise. Elle devait, tout à la fois, éviter que sa valise ne tombe, tout en tentant de s'agripper quelque part afin d'éviter de tomber elle-même tant l'autobus roulait vite, surtout dans les virages. Tout cela devant les yeux d'une jeune femme, assise, dont les jambes s'étendaient bien confortablement, loin dans l'allée.

Je râle aussi au fond de moi et, parfois, un peu plus haut quand on me claque carrément la porte au nez au lieu de la retenir, ne serait-ce que l'espace d'un instant. Lorsque, dans une salle d'attente bondée, quelqu'un passe devant moi, m'obligeant à déplacer mes jambes, sans même un regard, sans même une excuse. Lorsque j'offre un pourboire ou, pire, un cadeau, et que l'on ne me dit même pas merci, comme si cela allait de soi. Et quoi encore ? Je vous laisse le soin de continuer cette énumération.

Il me semble que, il n'y a pas si longtemps, nous étions tous plus gentils, plus bienveillants les uns envers les autres, plus généreux, plus courtois, moins sans-gêne et moins méfiants aussi. Voici d'ailleurs ce qu'écrit Jacques Salomé à ce sujet. Qu'en pensez-vous ?

La courtoisie a laissé place à une grossièreté banalisée, sans état d'âme, devenue un mode d'expression courant au quotidien des échanges et des rencontres. Est-ce le reflet d'un individualisme triomphant ou le fait que l'autre (et parfois la vie de l'autre) n'a plus beaucoup de valeur ?

Dans mon temps ?

En écrivant tout cela, je ris quand même de moi un peu, beaucoup et à la folie, surtout après ce que j'ai écrit à propos de la signification des jugements que nous portons sur les autres. Je ris surtout parce que, lorsque nous étions plus jeunes, nous nous moquions carrément des personnes de mon âge qui parlaient ainsi : *De mon temps, tout était mieux, les jeunes étaient plus polis.*

Aujourd'hui, je suis reconnaissante à mes parents de nous avoir inculqué des valeurs de respect, de politesse et de courtoisie. Ils s'intéressaient de près à notre travail scolaire ainsi qu'à nos activités et nos relations. Cela a dû nous marquer profondément. Je leur en sais gré, même si certaines personnes, dont une psychologue, m'ont déjà reproché de m'excuser trop souvent, comme si cela était une véritable tare ou un grave problème de manque de confiance en soi ou d'affirmation de soi.

À cette époque, nous n'avions d'ailleurs pas besoin d'instaurer une Journée mondiale de la gentillesse, comme c'est le cas alors que j'écris ces lignes. Il n'était pas nécessaire, non plus, de publier cette abondance de livres et d'articles qui paraissent depuis quelques années sur le thème de la gentillesse ou de la façon d'aborder les autres et de se faire des amis. Tout se faisait plus naturellement.

Des valeurs à retrouver

Contrairement à ce que beaucoup de gens pensent, être gentil, courtois, respectueux et bienveillant, en plus d'aider les autres dans les moments difficiles, ce n'est pas de la faiblesse ou de la soumission. Il s'agit plutôt d'une manifestation de notre intelligence émotionnelle et de notre désir de collaborer à la création d'un monde meilleur ou tout simplement plus vivable. Ces qualités de l'âme, nous devrions d'ailleurs les manifester tout autant à l'égard des humains que des animaux et de notre environnement.

Dans un monde où la gentillesse, le souci des autres et la générosité disparaissent peu à peu au profit du cynisme, de l'égoïsme, du repli sur soi, de la brutalité et même de la violence, il n'est pas étonnant que des gens démunis meurent seuls chez eux, affamés, faute d'oser demander de l'aide à leurs voisins, à leur entourage ou même à leur famille, qui ne s'en soucient même pas.

Heureusement, ce ne sont que des exceptions, de plus en plus fréquentes cependant, et tous les actes de courage, de générosité et d'héroïsme continuent à me faire croire terriblement encore en la bonté de l'être humain.

Pourquoi donc vous ai-je raconté tout cela ? Tout simplement parce que, si nous voulons nous entourer de personnes qui nous veulent du bien toute la vie, mais particulièrement quand nous serons beaucoup plus âgés et (peut-être) moins attirants extérieurement, il n'y a que la bonté, la gentillesse, la générosité et la courtoisie qui nous permettront de maintenir vivants les liens que nous entretiendrons avec les autres. Comme vous le verrez au point de repère 17, ce sont ces qualités qui rendent une personne vieillissante séduisante et attirante, bien avant les artifices ou un look d'enfer.

Questions

- Quel geste de gentillesse ou de courtoisie avez-vous fait aujourd'hui ?
- Qui vous a marqué aujourd'hui par son savoir-vivre ?
- Qui, dans votre vie, vous a le plus impressionné par ses qualités de l'âme ?

PRIVILÉGIEZ L'INTIMITÉ

> L'intimité prend place dans les rares moments de contacts humains où s'éveillent les sentiments d'empathie, de tendresse et d'affection.
>
> MURIEL JAMES ET
> DOROTHY JONGEWARD

Il y a quelques années, en plein hiver, alors que je faisais une randonnée en montagne avec des amis, j'ai eu la vision d'un moment magique d'intimité. Assis sur une grosse pierre, tous deux serrés l'un contre l'autre, un couple attendait calmement que soit prête la soupe fumante préparée par monsieur sur un minuscule réchaud. Ils avaient l'air si proches l'un de l'autre et si intimes que je les envie encore !

Approcher les autres

Nous ne savons plus vraiment comment approcher les autres, ni même les toucher ou accepter de nous faire toucher par eux. Nous ne connaissons plus les véritables frontières à franchir ou à ne pas franchir. Que penser de ce parfait étranger qui vous embrasse sur la bouche alors que vous vouliez seulement le saluer amicalement, sous prétexte que c'est ainsi que cela se passe dans sa famille ? De cet autre qui nous tient terriblement à distance, dans ses paroles et ses gestes, comme si nous étions pestiférés ? Et de cet autre aussi qui se croit tout permis parce que vous lui avez offert votre plus beau sourire du jour ? Où se situe votre propre limite ? Celle que vous vous imposez pour ne pas déplaire ou celle que vous aimeriez franchir pour rester authentique et spontané ?

L'intimité, vous le savez, ce n'est pas exclusivement le rapport sexuel entre deux personnes. C'est aussi, et peut-être surtout, l'intérêt et l'ouverture que nous témoignons autant à nos proches qu'à certains inconnus, et même à tout ce qui nous entoure de beau et de grandiose : la nature, les animaux, les montagnes ou un lever de soleil. C'est aussi la confiance en l'autre, l'empathie, la tendresse, la chaleur et la complicité partagées. Voici quelques exemples :

• Une maman regarde avec une tendresse infinie son bébé pendant la tétée.

• Deux parfaits étrangers, assis à des tables différentes, dans un restaurant, échangent un sourire discret et complice pour partager leur exaspération d'avoir à supporter le volume exagéré de la conversation de leurs voisins de table.

• Un couple qui fait une longue randonnée communique, dans le silence, sans même se toucher.

• Des amis ou des collègues de travail se donnent une bonne et chaleureuse poignée de main ou une bise en arrivant le matin.

• Deux personnes qui se connaissent à peine marchent main dans la main. Ce contact leur fait ressentir toute la qualité et l'intensité de leur nouvelle relation.

• En lui faisant sa toilette, une aide-soignante regarde avec tendresse une personne âgée dépendante, atteinte de la maladie d'Alzheimer. Ses gestes sont doux, enveloppants et respectueux.

On appelle « haptonomie » cette présence affective par le toucher qui procure un sentiment de sécurité. Elle s'adresse notamment aux bébés naissants et aux personnes malheureuses, malades ou mourantes. L'humaniste Frans Veldman, décédé en 2010, est à l'origine de cette science médicale.

Pour vivre l'intimité, nous devons oser enlever certains masques sociaux et personnels et nous laisser carrément aller, en toute confiance, au risque de devenir vulnérables. Nous pouvons en effet être mal jugés ou repoussés. Il faut donc se sentir en sécurité. Bien des gens ne savent pas comment (ou ne veulent pas) ôter ces masques et cherchent davantage à empêcher les autres d'entrer dans leur bulle qu'à leur ouvrir la porte de leur cœur. Ils préfèrent courir dans tous les sens, au travail ou ailleurs, afin de s'étourdir. Ils choisissent de détruire une relation pour ne pas avoir à régler un malentendu, ou de vivre seuls et de se limiter à de petites escapades affectives de courte durée.

L'intimité et le toucher sous toutes ses formes sont des besoins naturels. Ils représentent davantage qu'un simple contact humain. Un bébé dont la mère est indifférente et même «absente» pendant la tétée ne se développera pas normalement. Un enfant qui n'est pas touché avec affection durant son enfance éprouvera des difficultés à entrer en relation avec les autres[1]. Un bébé prématuré mis en couveuse, que l'on évite de toucher pour ne pas lui transmettre une infection, court un plus grand risque de mourir. C'est ce que raconte le Dr David Servan-Schreiber dans son livre *Guérir*, à propos d'un hôpital américain. Dans les années 1980, tous les bébés en couveuse de cet hôpital ne prenaient pratiquement pas de poids et certains mouraient, à l'exception de ceux dont était responsable une jeune infirmière de nuit. Sa recette magique ? Elle désobéissait aux ordres et caressait les petits poupons lorsqu'elle était en service !

---

1. Voir notamment *La peau et le toucher* d'Ashley Montagu.

Bises, bisous et santé

C'est la passion qu'il y a dans un bisou qui lui donne toute sa douceur ; c'est l'affection que l'on met dans un bisou qui le sanctifie.

CHRISTIAN NESTELL BOVEE

Pour continuer sur le sujet de l'intimité, je vous invite à distribuer généreusement autour de vous bises, bisous et baisers langoureux. Des études ont en effet montré que, en plus du plaisir et du contentement qu'ils peuvent nous procurer, ils ont un effet bénéfique sur notre santé.

Évidemment, les règles de la politesse et de la bien-séance devront être respectées : on n'embrasse pas tout le monde, n'importe où et n'importe comment, tout comme on ne se permet pas d'appeler les gens que l'on ne connaît pas par leur prénom. Et cela, particulièrement lorsque l'on est plus jeune qu'eux ou que l'on est employé dans un commerce. Cela est pourtant une pratique de plus en plus répandue qui me déplaît au plus haut point.

Dans un de ses articles, Nicolas Guéguen nous apprend qu'embrasser quelqu'un augmente la production de sérotonine, l'hormone du bien-être et de la bonne humeur, dont les personnes dépressives manquent telle-ment. Le baiser contribuerait également à réduire divers problèmes de santé – urinaires, sanguins, digestifs et dentaires –, ainsi que les réactions allergiques à certains pollens. Ne me demandez pas pourquoi, je ne le sais pas ! Quant au baiser langoureux entre amoureux, il augmenterait la capacité respiratoire et brûlerait davan-tage de calories. Plus que cela, il apaiserait et libérerait l'esprit, ce qui permettrait de trouver des solutions à nos difficultés, en plus d'améliorer les effets d'une thérapie. Cela, je peux très bien vous l'expliquer !

Je pense tout à coup à l'épidémie de grippe A(H1N1) qui a sévi à l'hiver 2010. Plus personne, ou presque, ne s'embrassait ou ne se serrait la main, et tout le monde regardait avec suspicion celui qui osait tousser sans se protéger de la main ou du coude. Au plus fort de la pandémie, il m'est même arrivé de faire mes achats à l'épicerie avec des gants, mais j'ai quand même continué à serrer la main des participants à mes formations. Je me demande bien si, cette année-là, le taux de dépression a augmenté! En tout cas, pas dans mes cours!

Questions

- Qu'est-ce que l'intimité pour vous?
- Quel genre de «toucheur» êtes-vous?
- Quelle est votre capacité à entrer en relation intime avec de parfaits étrangers? Où se situe votre frontière?
- Avez-vous déjà été incommodé par une certaine familiarité provenant de personnes que vous ne connaissiez pas? Que s'est-il passé? Comment vous êtes-vous senti? Qu'avez-vous dit?
- Que pensez-vous du lien entre la santé et l'intimité?
- Quel lien faites-vous entre le manque d'intimité et le nombre d'animaux domestiques, surtout les chats, qui accompagnent la vie de bien des personnes seules, âgées ou malades, mais aussi de certains couples? Il est vrai que, parmi les multiples pouvoirs d'un chat, les caresses que nous lui donnons non seulement nous consolent de nos peines, mais font aussi baisser notre tension artérielle. Dormir avec lui augmente la qualité de notre sommeil.

Soyez heureux, seul ou à deux

Les relations qui révèlent de nous ce qu'il y a de plus positif sont celles qui, tout en nous bousculant dans nos habitudes et nos croyances, nous élèvent et nous grandissent.

CATHERINE BENSAID
ET JEAN-YVES LELOUP

Votre meilleur médicament se trouve juste à côté de vous ! Aimez-le, soignez-le, et vous vivrez vieux ! C'est ce que je dis toujours aux couples qui assistent à mes ateliers ou qui viennent me consulter. J'ajoute à l'intention des dames, qui sont à l'origine de la séparation dans environ 70 % des cas, qu'il vaut mieux ne pas mettre trop rapidement leur homme à la porte une fois à la retraite, car il est plus difficile par la suite de retrouver un aussi bon gars ! Éclats de rire et sourires de satisfaction et de complicité de ces messieurs assurés !

Des études ont effectivement montré que la vie de couple a un effet positif sur la santé ! Par exemple, les gens mariés et heureux souffrent moins de problèmes cardiovasculaires que les personnes seules, résistent davantage aux infections respiratoires et se remettent plus rapidement de chirurgies lourdes. Confrontées à une situation pénible, les femmes mariées risquent moins de faire une dépression que les personnes seules. Lorsqu'un couple discute calmement et en toute confiance, la tension artérielle de chacun baisse, même si leur relation n'est pas parfaite. À la différence des couples, les célibataires risquent davantage d'adopter de mauvaises habitudes de vie : alimentation déficiente, sommeil irrégulier et laisser-aller général.

Si je vous parle de cela ici, c'est parce que les données statistiques nous montrent que plus une personne s'approche du mitan de sa vie, plus ses risques de se séparer augmentent. Ce phénomène se répète au cours des premières années de la retraite, même si les partenaires croyaient vivre le reste de leurs jours ensemble. Pourquoi en arrivent-ils là ? Si certains facteurs sont liés à l'entrée dans la retraite et à l'approche du vieillissement, bien d'autres résultent de la relation elle-même, qui s'est effilochée au fil des ans. Aussi, de par leur personnalité, certains préfèrent-ils passer leur vie à chercher l'être idéal en changeant souvent de partenaire dans l'espoir de trouver la perle rare, alors que d'autres vont la passer à dorloter une seule relation. Ils y investissent tout le temps et toute l'énergie nécessaires. L'effet risque d'être percutant une fois à la retraite ou bien avant, alors que les questions sur le sens de la vie se posent avec insistance.

Cela confirme une fois encore qu'une relation n'est jamais acquise et que des liens durables et puissants entre conjoints, et même entre amis, se tissent puis se ciment, petit à petit, chaque jour. Vous vous souvenez certainement du jongleur et de ses balles de verre dans l'introduction.

Comment se porte votre couple ?

Au lieu de mettre l'accent sur les irritants et les difficultés qui peuvent conduire un couple à se séparer, je préfère insister ici sur ce qui les rapproche. Je fais toujours rire les personnes qui assistent à mes formations quand je leur raconte que, il y a près de 25 ans, je me suis séparée d'un amoureux en lisant *La survie du couple* du psychologue montréalais John Wright. Cet ouvrage est épuisé, mais d'autres ont suivi. Le Dʳ Wright a d'ailleurs été honoré à plusieurs reprises pour ses interventions auprès des couples en difficulté.

J'avais repéré dans ce livre tout ce qui pouvait contribuer à nous éloigner l'un de l'autre et je ne cessais de « lui » remettre sous le nez tout ce qu'il ne faisait pas bien ! Vous savez, n'est-ce pas, que, dans de telles situations, il est facile de reporter la faute sur l'autre et de ne repérer dans un livre que ce que l'on veut bien y trouver. Je n'ai donc pas l'intention de vous pousser dans cette direction, surtout que vous pouvez très bien le faire sans mon aide !

Cela me fait d'ailleurs penser à une caricature assez suave que j'ai trouvée et conservée il y a quelques années. On y voit une personne devant d'immenses rayons de livres de psychologie, dans une librairie. À droite, le rayon « amélioration de soi » est plein à craquer. À gauche, le rayon « amélioration de l'autre » est quasiment vide. La personne en question est en train de s'emparer de l'un des derniers livres de cette section.

L'exercice qui suit n'a rien de scientifique et ne peut aider à prédire si votre couple durera ou non. Il ne s'agit que de pistes de réflexion et d'action. J'ai glané ces facteurs de succès depuis plusieurs années, au fil de mes lectures, de mes propres expériences et de rencontres avec des couples. Je vous suggère aussi de lire ou de relire le point de repère 4 puisque, tout comme vous, votre partenaire de vie se doit d'être « une personne qui vous veut du bien » !

Dans la liste qui suit, cochez les facteurs de succès dans lesquels vous vous retrouvez (« Moi ») et dans lesquels

vous croyez retrouver votre partenaire («L'autre»).
Tirez-en ensuite vos propres conclusions et repérez ce
que vous pourriez améliorer en priorité, si nécessaire.

──────── Principaux facteurs de longévité d'un couple ────────

	Moi	L'autre
Vous vous soutenez sans condition, quoi qu'il arrive. Vous êtes certain que l'autre sera toujours présent dans les moments difficiles.	☐	☐
Vous éprouvez tout simplement du bonheur et de la joie à être ensemble.	☐	☐
Vous vous trouvez continuellement des raisons de vivre ce bien-être.	☐	☐
Vous éprouvez de l'admiration et du respect pour l'autre, notamment pour ses valeurs, ses actions, son jugement ou la façon dont il se comporte avec vos enfants.	☐	☐
Vous aimez jouer et vous amuser ensemble, y compris lors des corvées du quotidien : tâches ménagères, emplettes...	☐	☐
Vous réagissez de façon positive, empathique et constructive aux émotions pénibles de l'autre : colère, jalousie ou tristesse.	☐	☐
Vous vous réjouissez des succès et des grandes joies que vit l'autre en dehors de votre couple, au travail, par exemple.	☐	☐
Vous savez que le mensonge et la tromperie finissent par briser le lien de confiance avec l'autre, même s'il nous pardonne.	☐	☐
Vous vivez trois fois plus, idéalement bien davantage, de situations et de sentiments positifs que négatifs.	☐	☐
Vous savez qu'une passion amoureuse obsessionnelle et fusionnelle n'est pas une relation.	☐	☐
Vous savez qu'une relation ne peut être éternellement idyllique. Vous gardez donc les pieds sur terre, tout en restant amoureux.	☐	☐
Vous avez en commun des valeurs profondes (l'honnêteté, le courage, l'altruisme), même s'il en est d'autres que vous ne partagez pas, par exemple le goût de l'ordre ou certaines convictions religieuses et politiques.	☐	☐
Vous n'avez pas l'intention de changer l'autre et de contrôler sa vie (surtout pas !), mais cela ne vous empêche pas de l'encourager à évoluer, si tel est son choix.	☐	☐
Vous vous sentez très proches et très liés, tout en demeurant autonomes et indépendants.	☐	☐
Vous vous sentez libre de vous adonner à vos propres activités.	☐	☐
Vous ne vous sentez pas obligé de réprimer votre spontanéité, votre créativité et surtout votre identité.	☐	☐

	Moi	L'autre
Vous manifestez régulièrement votre reconnaissance et votre gratitude pour tout ce que l'autre fait pour vous, pour votre couple et pour votre famille.	☐	☐
Vous faites passer votre couple bien avant votre travail et même votre famille.	☐	☐
Vous ne laissez pas votre rôle de parents reléguer votre vie intime et sexuelle à l'arrière-plan.	☐	☐
Vous ne vous attendez pas à ce que votre partenaire comble ce qui vous manque ou, pire, qu'il contribue à réparer les blessures de votre passé, par exemple le manque d'amour ou de confiance en vous.	☐	☐
Vous ne jouez pas de rôle et ne cherchez pas à plaire à tout prix en échange d'un peu d'amour et d'intimité.	☐	☐
Vous n'attribuez pas vos propres difficultés ou celles de votre couple à des facteurs extérieurs (*C'est à cause de… C'est la faute de…*).	☐	☐
Vous ne cherchez pas à manipuler ou à dominer l'autre : vous n'entrez pas dans les jeux de pouvoir.	☐	☐
Vous ne cherchez pas à résoudre les problèmes en les évitant ou en les fuyant. Vous agissez immédiatement et efficacement afin de ne pas les laisser s'accumuler.	☐	☐
Vous ne refusez pas une petite querelle ou une petite colère de temps en temps, histoire de ne pas laisser s'accumuler la rancœur et les non-dits. Vous savez que réprimer sa colère augmente le risque de maladies liées au stress, ainsi que les problèmes cardiaques.	☐	☐
Vous évitez de faire des reproches à l'autre, surtout s'ils sont injustifiés. Vous les remplacez plutôt par des demandes concrètes.	☐	☐
Vous êtes conscient que les paroles méchantes, blessantes et assassines sont quasiment ineffaçables.	☐	☐
Vous ne refusez pas la communication, sans en faire toutefois une occasion de ressasser encore et encore vos difficultés.	☐	☐
Vous savez comment communiquer dans le silence plutôt que de tout discuter rationnellement.	☐	☐
Lorsque vous discutez, votre approche est toujours constructive. Vous écoutez attentivement, questionnez, reformulez et proposez des solutions.	☐	☐

Vous le savez certainement, la communication est le premier facteur de longévité d'une relation. Les pirouettes, les silences pour ne pas répondre ou les phrases assassines du genre *Qu'est-ce qu'il y a encore?* ou *Voilà que ça re-commence!* finissent par détruire l'envie de communiquer ou tout simplement de poursuivre la relation. On ne peut pas non plus obliger quelqu'un à parler s'il n'est pas disposé à le faire.

Couple et intimité

Pour revenir au sujet de l'intimité dont j'ai déjà parlé, celle-ci serait à l'origine de la séparation de bien des couples. La peur de l'intimité provoque souvent des disputes, car il est plus facile de mettre l'accent sur les défauts de l'autre que de tenter de se rapprocher de lui.

Il y a plusieurs années, un article publié dans le magazine *Châtelaine* faisait état des dernières recherches menées par un psychiatre de la Colombie-Britannique à propos du lien entre la dépression chez les femmes et le manque d'intimité avec leur conjoint. Nous pouvions y lire que la majorité des hommes ne s'intéressent pas aux confidences de leurs conjointes et ne se livrent pas volontiers. Pour eux, l'intimité serait surtout associée à la sexualité et au confort qu'elle peut leur apporter au quotidien. Pour les femmes, il s'agit plutôt du sentiment de sécurité et d'appartenance que la relation avec leur conjoint peut leur apporter.

Pour sa part, dans « L'arithmétique du couple », Nicolas Guéguen affirme que seulement un couple sur cinq vit une relation fondée sur une intimité véritable (elle varie de pauvre à passable chez les autres). Lorsqu'un couple se sépare après une dizaine d'années, c'est souvent à cause du manque d'intimité, alors que, après six ou sept ans, il s'agit plutôt d'infidélité, de jalousie et de crises de colère.

Questions
- Pour quelles raisons tenez-vous à la relation avec votre partenaire?
- Pour quelles raisons aimez-vous votre partenaire?
- Qu'est-ce qui rend votre relation importante, voire précieuse à vos yeux?
- Que faites-vous concrètement chaque jour pour contribuer au bien-être de votre couple? Quelle est votre recette magique?
- Si vous ne vous sentez pas parfaitement heureux et épanoui dans votre relation, que pourriez-vous faire dès aujourd'hui pour améliorer la situation?

ACCUEILLEZ LA SOLITUDE

> Choisie ou forcée, transitoire ou définitive, la solitude est de plus en plus préférée au lien forcé. On apprend à l'aménager et à profiter de son égoïsme.
>
> ELISABETH BADINTER

De plus en plus de personnes vivent seules, sans se sentir toutes seules et isolées. Sans se faire soupçonner d'avoir mauvais caractère, d'être asociales, laides ou de cacher quelque chose, par exemple une vilaine maladie, un horrible secret ou leur homosexualité. Au contraire, dans la majorité des cas, la solitude voulue permet de s'épanouir et de se réaliser davantage qu'en couple. Le domicile devient un havre de paix où se réfugier après des journées bien chargées. Beaucoup de femmes de carrière vous le diront, tout comme des veuves ou des divorcées qui n'ont plus envie de se mettre de nouveau au service des autres et de s'oublier encore. Elles veulent vivre à leur rythme et non plus en fonction des besoins des autres. C'est ce que j'entends souvent.

Dans «Vivre en solo», la journaliste Dominique Forget nous apprend qu'au Québec un ménage sur trois est composé d'une seule personne. À Montréal, il s'agit même de 40 % des gens. Vivre seul n'est pas une calamité, mais un luxe. Un luxe parce que tout coûte plus cher au quotidien, mais qui est compensé par moins de contraintes. Personne ne nous dérange et personne n'est dérangé par nous. Le quotidien n'a pas à être partagé, et il n'y a pas à rendre des comptes à propos de nos allées et venues. Les rencontres avec les autres deviennent alors des moments de qualité choisis et voulus. Rien n'empêche toutefois de développer une relation amoureuse tout en restant chacun chez soi. Je connais d'ailleurs bien des solos qui sont plus épanouis et entourés que des personnes en couple.

La journaliste nous apprend aussi que certaines personnes naissent avec une prédisposition à la solitude alors que d'autres sont programmées pour en souffrir. Elle explique que, lorsque les endorphines libérées lors des contacts sociaux se lient à certains récepteurs dans le cerveau (les récepteurs opioïdes), une sensation de bien-être est aussitôt ressentie. Certaines personnes y sont très sensibles alors que d'autres le sont beaucoup moins. Lorsque les personnes sensibles à ces récepteurs sont seules, elles vivent une véritable situation de manque, un peu comme si elles se sevraient d'une drogue !

Les endorphines sont des hormones sécrétées par le cerveau lors d'une activité physique intense, d'une excitation ou de douleur. Leur capacité analgésique (antidouleur) et la sensation de bien-être qu'elles procurent sont semblables à celles des opiacés, les dérivés de l'opium.

Des plus et des moins

> Ce qui rend un être exceptionnel est aussi
> ce qui va engendrer sa solitude.
>
> LORRAINE HANSBERRY

Des personnes célibataires me reprochent parfois de ne pas leur accorder suffisamment de temps et d'importance dans mes cours, comparativement aux personnes en couple. Des participants gais me le font parfois remarquer aussi. Je n'avais pas réalisé, jusqu'à tout récemment, à quel point la retraite en solo peut être difficile pour certains d'entre eux, surtout ceux qui n'ont pas d'enfants. Il existe toutefois des associations de retraités gais, hommes et femmes. Outre les activités communes, certains se regroupent pour se loger dans le même immeuble. Pour les trouver, il suffit de faire une recherche dans Internet avec les mots « retraités gais ». À Montréal, on peut consulter le magazine *Fugues*, disponible sur le web.

Je réponds à ces célibataires que les thèmes développés dans mes cours s'adressent à tous, notamment se préoccuper de sa santé, établir des objectifs, un plan d'action, développer une personnalité forte et attirante, reconnaître ses qualités, ses valeurs, ses peurs et ses croyances. Même les facteurs de succès d'une relation de couple que j'ai proposés peuvent convenir aux personnes seules, particulièrement dans leurs relations amicales et sociales. De plus, rien ne garantit qu'un solo ne rencontrera pas un jour ou l'autre son alter ego ou qu'un couple ne se séparera pas. Chacun devra alors apprendre à apprivoiser la vie à deux ou seul. Il vaut mieux s'y préparer.

En revanche, certaines personnes sont davantage en danger que d'autres, notamment celles qui n'ont pas choisi leur situation, soit parce qu'elles ont perdu leur partenaire de toute une vie à un âge avancé, soit parce qu'elles sont malades, âgées, rejetées, oubliées, très pauvres ou que leurs ressources financières sont insuffisantes pour s'adonner à des loisirs ou participer à des activités de groupe.

D'autres choisissent de vivre seules parce qu'elles ont peur de se faire envahir, engloutir ou exploiter dans une relation. Ou, pire, elles croient ne jamais trouver un partenaire à leur hauteur. Certaines ont peur du rejet, sont timides ou manquent de confiance en elles. Elles aussi sont en danger, tant qu'elles n'auront pas déterminé clairement ce qui les retient d'entrer en relation plus profonde avec les autres. Elles auraient d'ailleurs avantage à se faire aider sans tarder si elles craignent que leur solitude ne devienne trop lourde à porter dans l'avenir, tout particulièrement à la retraite.

Plus difficile à la retraite

À l'approche de la retraite, et surtout après, quand elles y sont depuis quelques années, bien des femmes célibataires que je rencontre, qui l'étaient par choix et pour s'épanouir dans une carrière, me parlent de leur désir profond d'avoir auprès d'elles un compagnon qui leur apportera la sécurité affective et une épaule solide dans les moments difficiles. Il semble qu'elles ne veulent pas vieillir seules, mais que, en même temps, elles ne veulent plus se mettre au service de quelqu'un d'autre, surtout, pour certaines d'entre elles, après s'être occupées de leurs enfants tout en travaillant. Je peux vous dire que c'est le cas aussi pour plusieurs hommes que je reçois en coaching.

En revanche, la vie semble beaucoup plus difficile pour les hommes devenus veufs à un âge avancé, surtout s'ils ont perdu plusieurs personnes importantes pour eux, particulièrement celles à qui ils pouvaient se confier. Leur solitude est parfois si lourde à supporter que certains choisissent de mettre fin à leur vie. Il est bien connu aussi que, chez les personnes âgées, l'isolement et l'absence d'activités et d'interactions avec autrui, surtout s'ils sont doublés du sentiment de rejet et d'inutilité, créent des problèmes cognitifs, physiques et psychologiques, incluant la dépression, la régression et les idées suicidaires.

Comme vous le lirez dans la dernière partie, il est devenu indispensable d'agir pour protéger ces aînés, les intégrer le plus possible à leur communauté et leur apporter du soutien et du réconfort. Des réseaux doivent être mis en place à leur intention, particulièrement en cas de maladie.

UTILISEZ LA FORCE DU RÉSEAU

Dans le cas des célibataires, puis des jeunes retraités actifs et autonomes, un réseau social, amical et familial proche et solide compense largement l'absence de partenaire. Il effacerait même les risques que j'ai mentionnés plus haut, notamment la dépression, les problèmes cardiovasculaires ou la réduction de l'espérance de vie. Bonne nouvelle, non ? En outre, dans une certaine mesure, une personne seule est généralement plus débrouillarde et mieux outillée qu'une autre qui vit en couple pour affronter les difficultés de la vie et de la retraite, et pour s'engager dans des activités et des relations qui correspondent parfaitement à ses besoins et à son identité. Elle n'a pas vraiment de comptes à rendre ni de difficulté à trouver un terrain d'entente pour les décisions importantes, elle peut laisser son environnement sens dessus dessous aussi longtemps qu'elle le souhaite et monopoliser la télécommande sans se sentir coupable.

Elle peut partir en voyage sur un coup de tête, seule ou avec la personne de son choix, et se faire des amis différents pour des occasions différentes : cinéma, spectacle, restaurant, discussions ou confidences.

Il n'est pas nécessaire d'avoir beaucoup d'amis intimes, seulement un ou deux en qui nous avons totalement confiance et qui seront toujours présents dans les moments difficiles. Pour se maintenir en vie, ce type de lien doit toutefois se gagner, se dorloter et se renforcer. Une personne rayonnante auprès de qui il fait bon vivre ne sera jamais seule. Inutile donc de se forcer à vivre à tout prix avec quelqu'un si l'on n'est pas prêt à le faire.

Questions

- Quel type de solo êtes-vous ?
- Comment vous sentez-vous lorsque vous vous trouvez seul pour de longues périodes ?
- Comment envisagez-vous votre vie de célibataire à la retraite ?
- Quels moyens utilisez-vous pour aller à la rencontre des autres ?

Point de repère 6

Fixez-vous des objectifs et agissez

Certains attendent que le temps change,
d'autres le saisissent avec force et agissent.

DANTE

Jean-Pierre Fortin, un coach-mentor que j'avais au début de ma formation, également auteur de la préface de
ce livre, m'a demandé un jour de lui énumérer les raisons pour lesquelles certains de mes clients obtenaient
de bons résultats. Voici ce que je lui ai répondu :

- Ils se fixent des objectifs clairs et précis, étroitement
liés à leur identité : besoins, valeurs, sens de leur vie.
- Ils sont prêts à consentir les efforts nécessaires pour
combattre leurs habitudes sécurisantes, c'est-à-dire
sortir de leur zone de confort.
- Ils agissent entre deux rendez-vous pour respecter leur
plan d'action.
- Ils ne me demandent pas de faire le travail à leur place,
ni de leur dire quoi faire, mais ils comptent sur ma
présence discrète et attentive.
- Ils ne sont pas dépendants de moi, ni de nos rencontres, même si celles-ci les aident à respecter leurs
échéances.
- Ils savent reconnaître leurs points forts et transformer
leurs difficultés en source d'apprentissage.

- Ils sont ouverts à toutes les opportunités qui peuvent les conduire plus rapidement vers leurs objectifs.

Des intentions à la réalisation

Vous le savez, l'entendez et le lisez souvent, pour obtenir ce que nous souhaitons le plus au monde, il n'y a qu'un seul et unique moyen : élaborer des objectifs. Élaborer des objectifs, c'est préciser exactement nos besoins et nos intentions, puis déterminer comment nous voulons que les choses se passent et quand exactement nous nous attendons à obtenir des résultats. Sans objectifs précis, nous risquons en effet de nous éparpiller, de poursuivre des buts impossibles ou inutiles, de dériver au gré des vents, comme un bateau sans boussole, de tourner en rond ou de prendre des routes secondaires, pas toujours bien fréquentées ou carrément embourbées.

Pourtant, à part les bonnes résolutions du jour de l'An, qui ne durent jamais bien longtemps, peu d'entre nous ont l'habitude de préciser par écrit les buts qu'ils veulent poursuivre. S'ils le font, ils n'accordent pas beaucoup de temps, chaque jour, à leur réalisation. Certains attendent même que tout leur arrive sur un plateau d'argent, sans avoir à consentir le moindre effort. Pire encore, d'autres les oublient complètement. Ils ne peuvent donc qu'échouer.

Pour vivre la vie de nos rêves, aussi simple soit-elle, il n'y a qu'une solution : élaborer des objectifs puis un plan d'action pour les atteindre, et ensuite se mettre à l'œuvre avec courage et persévérance.

Voici les règles de base pour élaborer des objectifs atteignables, en utilisant l'exemple d'une perte de poids.

Comment élaborer des objectifs

Votre objectif doit…	C'est-à-dire…	Exemple
Être élaboré au présent…	Si vous élaborez votre objectif au futur, vous ne pourrez jamais l'atteindre, surtout si vous n'ajoutez pas une échéance. Ne dites pas : *Je vais retrouver mon poids santé*. N'écrivez pas que vous devrez ou devriez perdre du poids, mais que vous voulez en perdre ou, mieux, que vous en perdez.	Aujourd'hui, je décide de retrouver…
de façon positive.	Dans cet exemple, ne dites pas que vous ne voulez plus grossir. Votre cerveau comprendra que vous souhaitez grossir, car il ne comprend pas les tournures de phrases négatives.	mon poids santé…
Être réaliste…	Ni trop facile ni trop difficile, votre objectif ne doit pas vous pousser à aller au-delà de vos limites et durer trop longtemps, sinon vous risquez de vous décourager. Il vaut mieux le diviser en plusieurs sous-objectifs relativement simples et rapides à atteindre. Dans ce cas-ci, ne décidez pas, par exemple, de perdre 10 kg dans un premier temps. C'est trop!	en réduisant de 30%…
et concret.	Prévoir l'action nécessaire pour atteindre votre objectif.	les portions de chacun de mes repas et en faisant 30 minutes d'exercice par jour…
Comporter une échéance.	Déterminer une date précise.	d'ici le 3 mai.
Être mesurable…	L'atteinte de l'objectif doit être mesurable grâce à des indicateurs concrets qui vous permettront de constater avec évidence les résultats attendus.	À cette date, j'aurai perdu au moins 3 kg.
et respectueux.	Votre objectif ne doit pas détruire ce que vous avez déjà acquis, par exemple, ici, ne pas vous priver des nutriments essentiels pour perdre du poids. En outre, l'atteinte de votre objectif ne doit pas léser ou incommoder votre entourage.	_____

Pensez S.M.A.R.T !

Voici un moyen simple et efficace de vous rappeler comment élaborer un objectif. Il s'agit de la méthode S.M.A.R.T., un acronyme anglais qui se comprend comme ceci :

- S pour *specific*. Concret, il permet d'évaluer la différence avec le *statu quo*.
- M pour *measurable*. Des indicateurs permettent de vérifier s'il est atteint.
- A pour *acceptable*. Il est lié à nos aspirations, à notre environnement et à notre situation personnelle.
- R pour *realistic*. Il est suffisamment difficile pour susciter notre motivation et nous faire sortir de notre zone de confort, mais pas trop afin d'être atteignable.
- T pour *time frame*. Il comporte une échéance, c'est-à-dire une évaluation du temps et des ressources nécessaires pour l'atteindre.

À propos des objectifs, permettez-moi cette petite parenthèse de la docteure en sciences de l'éducation que je suis. Je trouve étonnant que l'on n'apprenne pas encore systématiquement aux enfants, aux adolescents et même aux étudiants universitaires comment élaborer leurs propres objectifs, ainsi qu'un plan d'action pour les atteindre, autant dans le cadre de leurs études que dans celui de leur plan de vie. Cela leur permettrait pourtant de prendre davantage le contrôle de leur existence, d'augmenter leur confiance en eux, leur motivation et leurs chances de succès, en plus de réduire considérablement le décrochage scolaire. Il est vrai que nous ne leur enseignons pas souvent non plus comment apprendre, et particulièrement les habiletés intellectuelles de haut niveau telles que la capacité d'analyse et de synthèse, la métacognition, la mémorisation, ainsi que toutes ces stratégies d'apprentissage qui leur faciliteraient la tâche. Parfois, nous nous permettons même de leur dicter leurs choix de vie.

Conseil

Si vous n'aimez pas le mot « objectif », comme me le disent parfois certaines personnes qui assistent à mes formations, utilisez alors le mot « décision ». Cela est plus personnel et même plus percutant.

N'ATTENDEZ PAS SUR LE QUAI

> L'attente commence quand il n'y a plus rien à attendre, ni même la fin de l'attente. L'attente ignore et détruit ce qu'elle attend. L'attente n'attend rien.
>
> MAURICE BLANCHOT

Des centaines de milliers de gens se sont procuré *Le secret* ou un des nombreux ouvrages qui ont foisonné par la suite sur ce thème. Beaucoup l'ont lu au premier degré et se sont laissé attirer par la facilité et peut-être même par la pensée magique. Ils espéraient obtenir facilement et rapidement la richesse, la prospérité, la santé, l'amour, le succès, et bien plus encore. Beaucoup ont même imprimé ce fameux chèque fabriqué par l'auteure. Ils y ont inscrit un montant très élevé, puis l'ont affiché bien en vue dans leur domicile. Ils ont attendu et rien ne s'est vraiment passé. Personne n'est devenu archimillionnaire, à ce que je sache, à l'exception, bien sûr, de l'auteure elle-même.

Notez que ce livre mérite d'être lu, mais pas au premier degré, car il explique bien la loi d'attraction, particulièrement l'effet de nos pensées sur notre vie, sur la réalisation de nos projets et même sur notre santé.

Cela... ou mieux

À mon avis, plusieurs facteurs ont pu être à l'origine de ces insuccès : ces gens ne savaient pas exactement qui ils étaient vraiment (leur identité, leurs besoins) ni ce qu'ils voulaient (leurs objectifs). Ils n'avaient sans doute pas élaboré de plan d'action (leur stratégie). Aussi se sont-ils probablement contentés d'attendre, sans rien faire d'autre que... d'attendre, sans ouvrir la porte à d'autres options mieux adaptées à leur identité, leurs valeurs et leurs besoins.

Une personne qui attend ainsi se prive du meilleur de la vie : le moment présent, le bonheur de vivre, tout simplement. Pire que cela, elle risque de se mettre beaucoup de pression sur les épaules, en plus d'être particulièrement déçue si le miracle ne se produit pas exactement comme elle l'avait tant espéré.

Pour ne pas vous emprisonner dans votre premier choix et, surtout, ne pas repousser du revers de la main les opportunités inattendues qui pourraient s'offrir à vous, prenez l'habitude d'ajouter ces deux mots : *ou mieux,* à la fin de vos objectifs (*Je veux cela, ou mieux*). Il y a près de 25 ans, dans *La puissance de votre subconscient,* le Dr Joseph Murphy, qui avait compris le secret et la loi de l'attraction bien avant tout le monde, suggérait d'ajouter également : *et dans l'ordre divin,* afin de nous assurer d'attirer à nous ce qui nous est vraiment destiné.

Une fois vos objectifs élaborés, il importe aussi d'être particulièrement souple et attentif à vos besoins, car ceux-ci peuvent évoluer ou même changer en cours de route. Vous les réviserez donc régulièrement, tout comme votre plan d'action et vos activités.

Explicite ou implicite ?

Dans le même ordre d'idées, je suis tout particulièrement attentive aux demandes explicites et implicites de mes clients en coaching de vie. La demande explicite, c'est l'objectif qu'ils disent vouloir poursuivre la première fois que nous nous rencontrons. La demande implicite, c'est le véritable motif qui se cache derrière l'autre et qu'ils me dévoilent plus tard parce que, bien souvent, ils ne se sont pas permis d'exprimer ce besoin.

Je vous donne un exemple... explicite. Quelques années avant sa retraite, une dame encore au travail m'a consultée sous prétexte qu'elle voulait continuer à travailler à la retraite *pour se sentir utile*. Même si je sentais qu'il y avait une autre demande à l'arrière-plan, une demande implicite, nous avons commencé à travailler dans ce sens : *Que voulez-vous ? Qu'aimez-vous dans votre travail actuel que vous souhaitez retrouver dans un travail à la retraite ? Que n'aimez-vous pas ? Quelle est votre personnalité dominante ? Combien de temps par semaine souhaitez-vous accorder à un travail ? Quelle énergie êtes-vous prête à déployer ?*

Peu à peu, la confiance s'est établie et s'est renforcée. J'ai fini par savoir (et peut-être elle aussi !) ce que cette dame cherchait vraiment en venant me consulter : ne pas vivre 24 heures par jour avec son mari, lui aussi à la retraite, même si elle tenait à lui et l'aimait sincèrement. Ce besoin était difficile à exprimer, car elle se sentait coupable, un peu comme si elle rejetait son conjoint. Dans la foulée, elle a ajouté qu'elle ne voulait pas vraiment travailler durant sa retraite. Ses revenus étant suffisants, elle préférait profiter de ce temps pour recevoir davantage ses amis et ses enfants, voyager et s'occuper de sa vieille maman. Elle a donc modifié totalement son objectif de départ. Son conjoint s'est alors retrouvé au cœur de nos conversations.

Questions
- Pouvez-vous nommer spontanément ce qui compte le plus pour vous en ce moment?
- Que vous manque-t-il pour l'obtenir?
- Quels facteurs risquent (peut-être) de vous ralentir ou carrément de vous nuire?
- Quel objectif voulez-vous atteindre en priorité?
- Jusqu'à quel point tenez-vous à cet objectif?
- Comment votre vie sera-t-elle changée lorsque vous aurez atteint votre objectif?
- Quels sont vos besoins (objectifs) explicites? Et vos besoins implicites?

PRÉPAREZ VOTRE STRATÉGIE

*Stratégie (définition): Art de diriger et de coordonner des actions pour atteindre un objectif. **Tactique** (définition): Art de mener une opération; de diriger une bataille. Moyens employés pour réussir.*

Un architecte, un général d'armée, un entrepreneur en bâtiment, un athlète de haut niveau ou un grand voyageur ne se lanceraient jamais dans l'action sans avoir au préalable établi une stratégie, un échéancier ou un itinéraire. Pour ce faire, ils évaluent avec précision toutes les ressources humaines et matérielles dont ils ont besoin pour mener leur projet à terme, les difficultés qu'ils pourraient rencontrer, le temps que leur prendra chaque étape, ainsi que les coûts, en argent et en énergie.

Si vous voulez remporter une bataille, contre la maladie par exemple, ou créer quelque chose de nouveau dans votre vie, vous avez donc intérêt à vous comporter comme un général d'armée ou un architecte: préparer votre stratégie, c'est-à-dire votre plan d'action. Non pas dans votre tête, mais bien par écrit, dans tous ses détails, afin de passer des idées et des bonnes intentions aux actions concrètes.

Même si ce travail préalable peut exiger que vous lui consacriez du temps, vous y gagnerez par la suite en efficacité, en confiance en vous et même en temps. Car vous aurez beau élaborer vos objectifs selon les règles de l'art (voir p. 103), croire aux coïncidences, parler et penser de manière positive (voir p. 119), adopter la meilleure des attitudes et mettre en pratique tout ce que je vous dis dans ce livre, aucun changement valable ne se produira si vous vous contentez d'attendre que tout se mette en place comme par enchantement. Vous risquez même de vous retrouver là où vous ne le souhaitiez pas. Il vous faut un plan d'action clair, simple et efficace.

Le plan d'action permet de maintenir votre motivation et votre engagement et de vérifier régulièrement le chemin parcouru. Il vous évite surtout de vous éloigner de vos objectifs et de courir ainsi le risque de devoir tout recommencer ou d'avoir à apporter des correctifs coûteux en temps, en énergie et parfois aussi en argent.

Contenu du plan d'action

Votre plan d'action doit comporter les éléments suivants :
Vos objectifs (buts, changements à apporter). Ils doivent être clairs, simples et précis, comporter au maximum entre 10 et 20 mots, être élaborés au présent, avec un verbe d'action, une échéance. Ils doivent également comporter un critère de mesure qui permettra de vérifier si vous les avez atteints.

Les activités et les actions à réaliser. Ces activités et ces actions vont vous permettre d'atteindre chacun de vos objectifs. S'il y en a plusieurs pour un même objectif, présentez-les par ordre chronologique. Tout comme les objectifs, elles doivent être claires et précises et comporter un verbe d'action à l'infinitif (faire, demander, rencontrer, apprendre). **Les échéances.** Vous fixerez une échéance pour chacune des activités et chacune des actions que vous avez planifiées. Elles sont évidemment liées à l'échéance finale fixée pour votre objectif. **Les obstacles.** Notez tous les obstacles que vous pensez rencontrer sur votre chemin et voyez comment vous pourriez les surmonter. Exemples : manque de temps ou de soutien de votre entourage, peurs et craintes diverses, tendance à la procrastination ou à la désorganisation. **Les ressources.** Notez de quelles ressources personnelles, matérielles ou humaines vous avez besoin pour réaliser ces activités et ces actions. Exemples : soutien de l'entourage, cours à suivre, montant d'argent supplémentaire, consultation de votre coach, de votre médecin ou d'un spécialiste du domaine lié à votre objectif, groupe d'entraide, livres à acheter.

Revoir souvent

Une fois votre plan d'action élaboré :
- Révisez-le souvent et mettez-le à jour, si nécessaire.
- Vérifiez régulièrement ce que vous avez fait et ce qui reste à faire.
- Demandez-vous si vos actions quotidiennes les plus importantes contribuent à atteindre vos objectifs. L'idéal est de noter chaque jour ce que vous avez fait d'important, puis, au moins une fois par semaine, de comparer cette liste avec celle de vos objectifs.
- Évaluez l'impact de ce que vous avez réalisé jusqu'à présent sur vous-même et sur votre entourage. Cela fait-il une différence, comparativement au *statu quo* ?

• Vérifiez si vous ne devriez pas faire appel à davantage de ressources pour parvenir à vos fins.

Conseil

Dans votre agenda, ou sur un calendrier, choisissez certaines dates entre le moment où vous avez élaboré votre objectif et celui où vous avez décidé de l'atteindre. Inscrivez-y quelques mots pour vous encourager à persévérer et surtout à accomplir les actions que vous avez entreprises pour l'atteindre. Ces jalons sont très motivants.

Questions

• Quel objectif voulez-vous atteindre en priorité ?
• Quel sera votre plan d'action ?
• Quels obstacles pourraient vous empêcher d'atteindre cet objectif ?
• Comment pourriez-vous les surmonter ?

Point de repère 7

Ne mettez pas vos propres bâtons dans les roues

> Si vous êtes constamment fatigué, stressé,
> émotivement inerte, voire même déprimé et
> insatisfait, vous êtes en train d'ignorer votre
> Moi authentique et vivez une existence
> dont vous êtes absent.
>
> PHILLIP MCGRAW

Savez-vous pourquoi un automobiliste qui dérape sur une route verglacée mais déserte s'écrase toujours sur le seul arbre ou le seul poteau qui s'y trouve ? C'est parce qu'il a fixé son attention sur l'obstacle, au lieu de se concentrer sur la direction à prendre pour se sortir de cette situation périlleuse : la route en face de lui.

Tout comme pour cet automobiliste, nos peurs, nos croyances, nos pensées et nos paroles peuvent parfois nous bloquer le chemin vers l'atteinte de nos objectifs et la réalisation de nos rêves les plus chers. Nous pouvons apprendre à contrôler ou à contourner ces obstacles (en fait, ces stratégies d'évitement), car non seulement ils nous ralentissent ou nous empêchent carrément de passer à l'action, mais ils drainent aussi notre énergie hors de nous, comme si nous étions une véritable passoire. Ils ferment également la porte à tous ces heureux hasards et ces opportunités qui arrivent immanquablement lorsque nous avançons avec confiance vers nos buts et nos objectifs.

Surmontez vos peurs

La peur est un terrible obstacle à notre accomplissement. Elle a souvent pour origine des pensées et des émotions désagréables. Si nous savons comment l'utiliser, elle peut cependant devenir une alliée, car elle nous montre nos points faibles sur lesquels travailler en priorité. Elle nous permet également de tester nos motivations profondes à agir afin de réajuster le tir, si nécessaire, et de revoir nos besoins, nos attentes, nos objectifs ou nos rêves. Dès que nous cessons d'avoir peur, les choses se mettent plus facilement en place et le vent tourne à notre avantage.

Des peurs qui font peur

Quelles sont vos plus grandes peurs ? En voici quelques-unes. Peur d'être abandonné ou peur d'être englouti par l'autre. Peur du noir ou peur du vide. Peur de ne pas être à la hauteur et peur de l'échec. Peur de déranger, d'être désapprouvé ou rejeté. Peur d'essuyer un refus, d'être ridiculisé ou humilié. Peur de parler en public et peur de se tromper. Peur de demander de l'aide ou d'être redevable. Peur de se marier et peur de mettre fin à une relation qui emprisonne. Peur d'avoir mal ou de faire du mal à l'autre. Peur d'être trop âgé, de ne plus plaire ou de se sentir inutile. Peur d'être fatigué et peur de tomber malade. Peur de devenir dépendant ou carrément dément. Peur de l'avenir et peur de mourir et, pire encore, peur de mal mourir. Peur pour nos enfants et peur pour nos parents âgés. Peur de manquer d'argent et peur d'en perdre. Peur de manquer de temps ou de ne pas savoir quoi en faire. Peur d'avoir peur et, comme dirait un de mes clients en coaching de vie : peur d'avoir peur d'avoir peur.

Pourtant, quand nous étions enfants, rien, ou presque, ne nous effrayait et nous nous croyions même capables de devenir pape, médecin, chauffeur de locomotive, astronaute, explorateur, pompier ou premier ministre. Mais le monde des grands nous a tranquillement transmis ses propres peurs et tous ses interdits au fil du temps, afin de nous garder dans le droit chemin et de nous éviter de trop nous aventurer dans ce vaste univers de possibilités.

Au fait, connaissez-vous le meilleur remède à la peur? C'est le courage, la détermination et surtout l'action! Un petit pas à la fois peut vous mener bien loin!

Conseil

Dès que quelque chose vous fait vraiment peur et vous effraie carrément ou si quelqu'un semble vous vouloir du mal au point de vous paralyser, imaginez-vous dans une énorme sphère métallique, glissante et très lourde, donc insaisissable, le temps de retrouver vos forces. Ou encore, imaginez-vous en superhéros qui arrête un train (la peur) d'une seule main.

Questions

- Quelle peur importante vous empêche actuellement d'obtenir quelque chose d'essentiel?
- Comment pouvez-vous affirmer que cet obstacle va se concrétiser?
- Comment pourriez-vous apprivoiser ou atténuer cet obstacle?
- Si cela se passait, quelles pourraient en être les conséquences?
- Quel serait le tout premier pas, si petit soit-il, que vous pourriez faire pour dompter cette peur?

- Et si vous vous lanciez, tout simplement, maintenant, comment vous sentiriez-vous ?

DOMPTEZ VOS PENSÉES AUTOMATIQUES

Un soir d'hiver, en pleine campagne et loin de tout, Hector s'est enlisé dans la neige après que sa voiture eut dérapé sur une route verglacée parce qu'il conduisait trop vite. Imprudent, il n'avait pas de pelle dans sa voiture ni même de gants pour se protéger du froid. Par chance, il aperçoit au loin les lumières d'une maison. Il se décide à marcher jusque-là dans l'espoir que les habitants soient présents et puissent lui prêter main-forte, tout au moins une pelle. Tout le long du chemin, inquiet de l'accueil qui pourrait lui être réservé, Hector ne cesse de penser qu'ils vont refuser de lui ouvrir la porte, de l'aider et de lui prêter une pelle. Ils pourraient même lui reprocher de les déranger au beau milieu de leur souper ou de leur émission de télévision préférée. Il vaudrait donc mieux rebrousser chemin et se débrouiller autrement.

Pourtant, pendant ce temps, monsieur et madame Gentils, qui l'avaient vu au loin, avaient déjà sorti leur pelle, s'étaient habillés pour aller l'aider et lui avaient même préparé une bonne tasse de chocolat chaud.

Hector se décide quand même à sonner et, lorsque la porte s'ouvre, voici ce qu'il leur dit avant même qu'ils puissent placer un seul mot : *Gardez-la, votre* (ajoutez ici le juron de votre choix) *de pelle. Je n'en ai pas besoin, égoïstes que vous êtes ! Je vais me débrouiller tout seul !*

Ces pensées qui teintent nos comportements

Cette histoire, ainsi que ses variantes, illustre parfaitement comment nos pensées entraînent des émotions qui peuvent alors conduire à des comportements inadaptés. À leur tour, ces comportements inadaptés génèrent des pensées automatiques.

Les pensées automatiques sont formées de croyances, de peurs, de jugements et d'interprétations à propos de tout ce qui nous arrive, de ce que nous voyons et entendons, en plus de toutes ces injonctions qui nous viennent des autres, notamment de nos parents (*Les hommes sont comme cela. Les femmes sont ainsi. Ne fais pas ça, tu vas te faire mal. Ça ne se fait pas.*). Elles arrivent spontanément à notre conscience, sans que nous les ayons commandées, afin d'alimenter notre petit discours intérieur. Ce discours intérieur peut parfois se transformer en ruminations qui tournent et tournent sans cesse dans notre tête comme un vieux disque usé. Vous savez certainement ce que je veux dire.

Quand elles sont négatives, les pensées, puis les émotions qu'elles génèrent, peuvent nous faire du mal, nous ralentir ou carrément nous bloquer (autodépréciation, jalousie, défaitisme, colère). Si elles sont positives, elles peuvent nous servir et nous faire avancer (sentiment d'efficacité, confiance, optimisme). Dans le premier cas, elles sont dites dysfonctionnelles et, dans le second, fonctionnelles. Fonctionnelles ou non, ce sont des ressources inestimables, car elles nous permettent de mieux nous connaître, et tout particulièrement de savoir pourquoi et comment nous éprouvons des problèmes dans nos entreprises et nos relations ou, au contraire, pourquoi nous obtenons facilement ce que nous souhaitons. Mieux que cela, en acceptant de passer nos pensées automatiques dysfonctionnelles au crible de la réalité, nous pouvons les transformer à notre avantage en pensées et en émotions plus positives, puis en actions. Inutile donc de culpabiliser et de nous critiquer. Il suffit… de penser, puis d'agir.

Sortir des pensées automatiques

Pour modifier ces pensées qui ne vous conviennent plus, voici comment vous pourriez procéder :

- Choisissez un événement (situation) particulier, un seul, par exemple votre relation houleuse avec une personne, une négociation difficile, une dispute récurrente, une décision à prendre, un projet d'avenir.
- Chaque fois qu'une pensée vous traverse l'esprit à propos de cette situation ou de cet événement, soyez totalement conscient et attentif à ce que vous vous dites mentalement (pensées) et ressentez (émotions), un peu comme si vous étiez un simple spectateur.
- Vérifiez quelles sensations physiques ces pensées entraînent, mais ne les analysez pas !
- Notez immédiatement ces pensées, et tout particulièrement les émotions qui les accompagnent : anxiété (angoisse, peur, inquiétude, panique), hostilité (impatience, irritation, colère, haine), culpabilité (regrets, remords, autoaccusation), tristesse (déception, affliction, désespoir), autodévalorisation, honte, jalousie et désir.
- Évaluez leur intensité sur une échelle de 10 (10 étant la note la plus élevée, donc la plus négative).
- Notez sur quelles preuves ou quels indices réels vous pouvez vous appuyer pour les justifier.
- Trouvez ensuite par quelles émotions plus positives et constructives vous pourriez remplacer celles qui vous perturbent.
- Apportez les changements qui s'imposent.
- Continuez à faire ce même exercice pendant plusieurs jours, idéalement plusieurs semaines.

Conseil

Dès que vos pensées négatives (tristes, défaitistes, agressives) se bousculent dans votre tête au point d'en devenir obsédantes, imaginez-vous en train de baisser le volume, comme vous le feriez avec la musique ou la radio. De même, si vos pensées en lien avec un problème vous empêchent de dormir, levez-vous et allez continuer cette conversation, tout haut, à la façon d'un jeu de rôle. Utilisez deux chaises que vous occupez à tour de rôle avec l'autre (la personne qui vous cause des soucis). Dites-lui ce que vous attendez de lui (ou d'elle). Passez d'une chaise à l'autre jusqu'à ce que vous vous sentiez mieux. Avec un peu d'entraînement, vous pourrez faire cet exercice mentalement (visualiser les deux chaises), sans avoir à vous déplacer réellement.

Questions

- Que pensez-vous de l'histoire d'Hector ?
- Cela vous est-il déjà arrivé de réagir d'une manière un peu semblable à celle d'Hector, mais, bien sûr, moins caricaturale ? Dans quelles circonstances ?
- Si vous avez répondu OUI à la question précédente, quelles pensées automatiques, quels jugements ont précédé votre réaction ? Comment auriez-vous pu les dompter ?

SOYEZ PRUDENT ! VOS PAROLES SONT DES PROPHÉTIES

> Les mots que nous associons aux événements colorent l'événement et deviennent l'événement.
>
> ANTHONY ROBBINS

Alors que les participants à un de mes cours apprenaient à élaborer des objectifs, une dame nous a appris qu'un de ses rêves de retraite était d'habiter une petite maison au bord de la mer, mais qu'elle était persuadée que cela ne pourrait JAMAIS arriver puisqu'elle ne gagnerait

JAMAIS assez d'argent pour se l'offrir. Cela ne servait donc à RIEN qu'elle construise un objectif pour ce projet. Remarquez comment elle bloquait, par ses croyances et ses pensées limitatives, toute possibilité de réaliser son rêve. C'est alors qu'une autre participante lui rétorqua qu'elle connaissait un couple, propriétaire d'une maison correspondant probablement à ses rêves, qui cherchait désespérément quelqu'un pour s'en occuper pendant leur absence à l'étranger d'au moins deux ans, si ce n'est plus ! Quel hasard, non ?

Jamais, impossible, trop beau pour être vrai !

Les mots que nous employons pour parler aux autres de nos projets et qui occupent nos pensées (vous savez, ce petit discours intérieur qui trotte dans notre tête à longueur de journée) ont une influence déterminante sur le succès de nos entreprises. Ils reflètent en effet nos croyances à notre endroit et le degré de confiance que nous avons dans nos chances de réussir. Ces mots reflètent aussi ce que nous pensons du monde qui nous entoure et ce que nous croyons pouvoir en recevoir. En plus et en moins. Ce sont de véritables prophéties (des prédicats), qui peuvent modifier le cours de notre existence, parfois en bien, parfois en mal.

Quel genre de message pensez-vous qu'une personne envoie lorsqu'elle prononce et répète inlassablement des phrases comme celles qui suivent, et que pensez-vous qu'il risque de lui arriver alors ? Je vous laisse y réfléchir un moment et je vous propose ensuite d'analyser certains mots.

Je vais essayer de le faire. Je vais cesser de me dévaloriser. Je ne sais pas si je vais y arriver ! Je ne suis pas très doué. Je dois le faire. Je n'y arriverai pas à temps. Je suis idiot et ridicule de penser ainsi. C'est trop beau pour moi. Je manque d'expérience pour bien le faire. Ma vie est toujours difficile. Je ne veux plus vivre avec une personne qui me contrôle tout le temps. Il ne voudra pas que je le fasse.

Ne. Pas. Ne pas. Le fait de penser et parler de ce que l'on ne veut pas l'attire presque immanquablement, parce que nous fixons notre attention sur le contraire de ce que nous voulons et imprimons alors ce contraire dans notre esprit (notre inconscient). Celui-ci ne comprend d'ailleurs pas les tournures de phrases négatives et exécute tout simplement les ordres qui lui sont ainsi donnés en omettant les « ne, ne pas ». Chaque fois que vous vous surprenez à employer ces mots négatifs, Michael Losier suggère, dans *La loi de l'attraction*, de vous poser cette question : *Qu'est-ce que je veux vraiment ?*, puis de reformuler votre objectif, votre pensée ou votre phrase.

Par exemple, si vous affirmez que vous ne voulez plus vivre avec une personne qui contrôle tout ce que vous faites, vous risquez de retomber exactement dans le « même panneau ». Dites plutôt que vous souhaitez une personne qui vous laisse libre de choisir ce qui est bon pour vous ou qui tient compte de votre avis pour prendre des décisions. Vous verrez, c'est magique !

Trop. Vous ne vous attendez pas à recevoir ce que vous souhaitez ou méritez, mais moins, voire rien du tout. Quand vous élaborez votre objectif et y pensez, terminez toujours vos phrases par *Je m'attends à recevoir cela, ou MIEUX encore.* Là aussi, c'est magique !

Jamais. Toujours. Tout le temps. Vraiment ? Vous croyez vraiment que c'est ainsi que cela se passe habituellement ? Il n'y a pas d'exception ? Si cela ne se passe **jamais**, comment croyez-vous que quelque chose puisse se produire dans votre cas, même si vous le souhaitez de toutes vos forces ? C'est un peu comme ces personnes qui affirment que *c'est la première fois* que cela leur arrive, par exemple dans le cas d'une querelle ou d'un différend. Vraiment la première fois ?

Essayer. Probablement. Vous n'entrevoyez pas la possibilité de réussir, mais d'échouer. Vous ne croyez pas vraiment en vous et en votre potentiel. Comment voulez-vous alors trouver la motivation et l'énergie nécessaires pour réussir ? Dites plutôt : *JE VEUX. Je suis en train de...*

Je vais. Je dois. Voulez-vous vraiment le faire ou vous sentez-vous plutôt obligé de le faire ? Quelle contrainte vous créez-vous en parlant ainsi ? Que se passerait-il si vous ne le faisiez pas ? Quelles en seraient les conséquences ?

Idiot. Ridicule. Pas doué. Que pensez-vous que les autres vont retenir de vous, même si vous ne croyez pas vraiment que vous êtes idiot, ridicule ou peu doué ? Et vous, que pensez-vous vraiment à votre sujet quand vous dites cela ? Quelle confiance en vos capacités de réussir manifestez-vous ainsi ?

En modifiant notre vocabulaire, nous modifions par la même occasion notre façon de penser et d'aborder chaque situation, ainsi que nos sentiments et le regard que notre entourage porte sur nous. Toutefois, faire des affirmations positives tout en n'y croyant pas vraiment (toujours ce petit discours intérieur !) ne donne pas de fameux résultats, bien au contraire. Demandez-vous quelle peur de réussir pousse une personne à penser ainsi.

Conseil

Soyez attentif aux mots employés le plus souvent par les personnes à qui tout semble réussir. Pourriez-vous vous inspirer d'elles ?

Lorsque des obstacles semblent se dresser sur votre chemin ou dès que vous vous inquiétez, pour une raison ou une autre, répétez-vous ces petites phrases plusieurs fois par jour : *Dès qu'une porte se ferme, une autre va automatiquement s'ouvrir pour moi. Je suis persuadé que la vie va me faire une nouvelle proposition à laquelle je n'avais pas pensé, et qu'il me suffit d'être attentif pour en prendre connaissance.* Profitez-en pour réviser vos objectifs.

Questions
- Quels mots allez-vous bannir de votre vocabulaire et quels nouveaux mots allez-vous adopter dès aujourd'hui ?
- Des hasards heureux se sont-ils déjà produits dans votre vie ? En avez-vous tenu compte ? Que s'est-il alors passé ?
- Quel est l'objectif auquel vous tenez le plus en ce moment ?

COLMATEZ VOS FUITES D'ÉNERGIE

Chaque jour, nous devons prendre des décisions, certaines plus importantes, déterminantes ou risquées que d'autres. Nous devons agir, changer des choses, en supprimer d'autres et nous adapter. Sans énergie, il est difficile d'être efficace ou même de passer à l'action.

Si vous manquez de motivation et d'entrain en ce moment, je vous suggère de passer en revue la liste qui suit et de cocher les éléments qui vous créent davantage de problèmes. Choisissez-en ensuite deux ou trois et réglez-les un à un, en commençant par celui qui vous incommode le plus.

Vous pourriez, par exemple, réduire votre consommation d'alcool, de sucreries et de viande, sortir chaque jour marcher au grand air ou faire de l'exercice, payer vos dettes, quitte à vous priver un peu et même à couper vos cartes de crédit ou à vendre quelques meubles. Vous pourriez mettre votre courrier et vos papiers à jour, faire du ménage dans tous les secteurs de votre vie, mieux planifier le temps nécessaire pour chaque tâche à accomplir et mieux contrôler votre agenda, ou encore faire la paix avec les personnes avec qui vous êtes en conflit ou qui vous ont fait du tort. Vous pourriez également prendre une bonne douche écossaise pour relâcher les tensions musculaires (chaud) et stimuler la circulation sanguine (froid), ou vous inscrire à quelques leçons de yoga pour augmenter votre résistance à la fatigue.

Voyez aussi mes conseils au point de repère 11 pour réduire le stress dans votre vie, puisque le stress est un des pires draineurs d'énergie.

———————————— Les draineurs d'énergie ————————————

Les pensées et les relations négatives ou conflictuelles : peurs, ☐
   regrets, culpabilité, honte, jugements, haine, colère, agressivité,
   ressentiment, jalousie, envie, désir de vengeance.

Le besoin de tout contrôler : les autres, le temps, la vie, ☐
   les événements.

La recherche exagérée de perfection en tout. ☐

Les plaintes constantes, les critiques, les reproches et ☐
   l'insatisfaction chronique.

Les demandes incessantes de l'entourage à qui il est difficile ☐
   de dire NON.

L'impression que la vie n'a pas de sens. ☐

Les problèmes de santé, les maladies chroniques et la prise de ☐
   certains médicaments.

L'hyperactivité excessive et la dispersion. ☐

L'ambition démesurée. ☐

Le besoin d'avoir toujours raison. ☐

L'angoisse, l'anxiété et le stress excessifs. ☐

L'ennui et le sentiment de solitude (sans sollicitations extérieures ☐
   et sans but, on se traîne carrément).

Le laisser-aller général : absence ou manque de motivation ☐
intellectuelle, d'exercice, de sommeil et d'un environnement
stimulant. Abus d'alcool, de médicaments, de drogues.
Alimentation non équilibrée.

L'habitude de se faire du souci et de s'inquiéter pour un oui ou ☐
pour un non, pour soi, pour les autres, pour ce qui pourrait
arriver ou pas.

Le sentiment d'inutilité. ☐

L'habitude de laisser traîner les choses en longueur et de reporter ☐
sans cesse ce qui doit être fait : courrier, courriels, factures,
déclaration des revenus, réparations dans le logement, conflits
ou malentendus à résoudre.

L'encombrement général : idées, objets, projets, activités. ☐

Les échecs à répétition, par exemple dans les relations amoureuses, ☐
le divorce et la séparation.

Le manque de confiance en soi et la difficulté à s'affirmer ou ☐
à prendre sa place.

Les problèmes financiers qui perdurent. En plus d'induire un ☐
sentiment d'échec, ils tiennent éveillé la nuit et créent des
douleurs au bas du dos.

L'habitude de réprimer ses propres besoins et ses valeurs pour ☐
satisfaire ceux des autres.

Conseil

Soyez toujours bienveillant et indulgent à votre endroit !
Souvenez-vous que nos erreurs ne sont que des occasions de nous entraîner à la réussite. Vous constaterez rapidement que non seulement votre niveau d'énergie augmentera, mais surtout que vos pensées deviendront plus constructives. Vous attirerez alors naturellement à vous les personnes et les événements dont vous avez besoin pour atteindre vos objectifs. Prenez également l'habitude de conserver, chaque jour, une bonne part de votre énergie juste pour vous, plutôt que de l'offrir constamment aux autres.

Questions

- Votre énergie tend-elle à fluctuer, de très haut à très bas, sans que vous sachiez pourquoi ?
- Quels événements et quelles activités semblent augmenter votre énergie ? Lesquels vous en font perdre le plus ?

SACHEZ QUAND LÂCHER PRISE OU PERSÉVÉRER

> Le courage et la persévérance sont un talisman magique devant lequel les difficultés disparaissent et les obstacles s'évaporent.
>
> JOHN QUINCY ADAMS

C'est l'histoire[1] d'un âne, tombé dans un puits désaffecté, profond et étroit, qui brayait de désespoir et de peur. Le fermier à qui il appartenait ne parvenait pas à l'en faire sortir. Convaincu d'avoir perdu son animal, il décida alors de l'enterrer vivant, dans le puits, sous un amoncellement de terre. Pendant qu'il accomplissait sa besogne, pelletée après pelletée, aucun bruit, aucun son ne parvenait du fond du puits. L'âne était probablement mort de fatigue et de découragement. Le fermier continua alors à déverser la terre pendant plusieurs heures, jusqu'à ce qu'il voie apparaître la tête de son âne, bien vivant, en train de secouer la terre qu'il recevait sur le dos.

Au lieu d'abandonner la partie, l'âne avait projeté sur le sol la terre qu'il recevait, au fur et à mesure qu'elle tombait. Il avait fini par s'en faire une sorte d'ascenseur qui lui permit de remonter à la surface.

---

1. Ces deux métaphores que j'ai adaptées, ainsi que leurs variantes, sont souvent utilisées par les coachs. Je ne connais pas leur origine.

La morale de l'histoire : il peut bien nous tomber des tas de cochonneries sur le dos, il y a toujours moyen de s'en sortir. Il suffit de se secouer un peu et de continuer notre chemin.

Et la grenouille aussi

C'est l'histoire d'une grenouille qui participait à une course pour atteindre le sommet d'une colline, très haute, en pleine canicule. Comme elle était plus petite et plus âgée que les autres, les spectateurs ne croyaient pas du tout qu'elle réussirait, tant la colline était escarpée et glissante. D'après leurs pronostics, la petite grenouille n'avait même pas de chance d'arriver la dernière. Ils lui criaient d'abandonner carrément pour ne pas s'épuiser inutilement. *Tu te fatigues pour rien, c'est trop difficile. Tu n'y arriveras pas, les autres non plus. Il fait trop chaud, c'est trop haut.* Au grand étonnement de tous, la grenouille poursuivit son chemin, courageusement, jusqu'à ce qu'elle atteigne bonne première le fil d'arrivée. Bien des grenouilles, pourtant plus rapides, avaient abandonné en chemin. Curieux de savoir comment elle s'y était prise, un spectateur s'approcha d'elle pour lui poser quelques questions. Il réalisa alors que la grenouille était complètement sourde et n'avait donc pas entendu leurs exhortations à l'abandon, contrairement aux autres grenouilles qui n'avaient pas terminé la course.

Perdre sa motivation

Chacune à sa manière, ces deux histoires nous donnent une belle leçon de courage et de persévérance. Elles nous en apprennent davantage sur la motivation qu'un long exposé. Ceux et celles qui réussissent leurs entreprises et atteignent leurs objectifs ne sont pas forcément les plus doués, les meilleurs, les plus forts ou les plus intelligents.

Ce sont ceux qui s'engagent à fond dès qu'ils ont décidé de changer quelque chose dans leur vie, sans se laisser abattre par l'adversité ni écouter les rabat-joie et les prophètes de malheur.

Malgré toute notre bonne volonté, il arrive parfois que nous perdions notre motivation à atteindre nos objectifs et même à réaliser nos rêves les plus chers. La motivation, c'est pourtant notre carburant pour l'action ! C'est l'énergie qui nous amène à persévérer, malgré les difficultés et les efforts que nous devons consentir.

Comment en arrivons-nous à perdre notre motivation ? Voici quelques hypothèses. Vous remarquerez que tous ces thèmes sont abordés dans les différents points de repère.

- Se concentrer sur les obstacles qui pourraient survenir au lieu des résultats (notre objectif).
- Avoir choisi de changer pour les mauvaises raisons, par exemple pour faire plaisir à quelqu'un ou pour nous soumettre à sa volonté.
- Ne pas être appuyé par notre entourage.
- Devoir dépasser nos limites physiques et intellectuelles pour atteindre notre objectif. Notre bonne volonté et tous nos efforts ne suffisent plus.
- Obtenir des résultats qui ne sont pas à la hauteur des efforts que nous fournissons.
- Poursuivre un objectif qui n'est pas lié à nos véritables besoins. Il peut aussi être trop facile, sans défi à relever et sans promesse de résultats.
- Éprouver des difficultés à l'idée de changer nos habitudes. Adopter le *statu quo*, même s'il ne convient pas.
- Se trouver dans la zone neutre de la transition : ne pas être suffisamment détaché de nos anciennes habitudes (le passé), tout en n'étant pas encore accroché aux nouvelles (le futur proche).
- Être persuadé d'échouer.

• Perdre tout espoir en l'avenir et, par conséquent, le courage et la volonté de continuer dans la voie que nous avons choisie.
• Adopter une attitude de victime et donc se déresponsabiliser. Cela exige moins d'efforts.
• S'impatienter lorsque les résultats tardent à venir. Tenter alors de forcer les choses au lieu de suivre le courant.
• Reporter sans cesse ce qui doit être fait, de peur de mal faire, de trop bien faire ou même de réussir. C'est la procrastination. Elle est souvent la conséquence d'un trop grand perfectionnisme. De crainte de mal faire, la personne ne fait rien.

Lâcher prise ou continuer ?

Dans la plupart des cas, tout pourra s'arranger après une réévaluation de nos objectifs, de nos aspirations et de nos besoins. Devraient-ils être plus spécifiques ? Mieux adaptés à nos capacités, à nos besoins et à nos valeurs ? Être plus facilement atteignables ou, au contraire, nous mettre davantage au défi ?

Il sera parfois nécessaire de lâcher prise, car, à trop vouloir une chose, nous finissons souvent par la perdre, en même temps que notre énergie. Non seulement cela permet d'évaluer les événements avec davantage de lucidité, mais aussi d'être réceptif aux opportunités, aux coïncidences et aux heureux hasards qui n'attendent que l'occasion de se manifester. Lâcher prise, ce n'est pas forcément abandonner, c'est plutôt se faire totalement confiance et cesser de s'acharner.

À d'autres occasions, il vaudra mieux passer à autre chose : élaborer de nouveaux objectifs ou attendre un meilleur moment pour nous engager dans le changement. Nous accrocher à nos objectifs et nous forcer à continuer, pour le simple désir de persévérer, peut en effet nous faire plus de mal que de bien. Les sentiments d'échec, la fatigue, l'épuisement et la perte d'énergie, ainsi que des épisodes dépressifs et parfois aussi des pertes matérielles et affectives, peuvent alors nous attendre au détour du chemin. Capituler, ce n'est pas de la lâcheté. C'est cesser de lutter à contre-courant lorsque rien ne va plus.

Conseil

Une façon bien simple de savoir quand persévérer ou abandonner la partie consiste à faire confiance à votre intuition et à être attentif aux sensations de votre corps. Elles ne mentent et ne se trompent jamais, contrairement à certaines personnes de votre entourage qui cherchent parfois à vous « guider » avec plus ou moins de discernement et de bonheur.

Questions

- Que vous ont suggéré les petites histoires de l'âne et de la grenouille à propos du courage et de la persévérance ?
- Qu'est-ce que la persévérance pour vous ? Et la procrastination ?

Point de repère 8

Vivez en pleine santé

On a beau avoir une santé de fer, on finit toujours par rouiller.

JACQUES PRÉVERT

Des personnes qui assistent à mes ateliers m'annoncent parfois qu'elles ont hâte d'être à la retraite pour se préoccuper enfin de leur santé, tellement elles sont fatiguées ou carrément épuisées par leur travail et leurs conditions de vie. Certaines m'avouent même, en privé, bien sûr, prendre des antidépresseurs ou d'autres médicaments *pour tenter de tenir le coup quatre ou cinq ans de plus, afin d'augmenter leur rente de retraite* – parfois bien peu comparativement aux sacrifices qu'elles ont à consentir. D'autres, souvent les mêmes, se promettent aussi de perdre leurs kilos en trop quand elles auront davantage de temps.

Vous imaginez bien que je bondis (intérieurement, bien sûr) chaque fois que j'entends un tel discours, car je connais, comme vous, les effets à court terme et à long terme de reléguer ainsi notre santé à l'arrière-plan. Nous savons aussi que, en gommant nos symptômes, certains médicaments, notamment les antidépresseurs, nous poussent à accepter encore davantage de stress, de fatigue et de frustrations. Ce faisant, nous réclamons encore plus d'efforts à notre organisme et à notre cerveau. Tôt ou tard, ils refuseront de suivre et alors, adieu les beaux projets, la retraite et tout le reste.

Je me permets parfois de suggérer à ces personnes de partir plus tôt, quand il en est encore temps. Si elles veulent encore travailler, elles peuvent le faire dans un domaine qui leur convient davantage, avec moins de pression, quelques jours par semaine. Elles pourront alors profiter des autres journées pour se préoccuper d'elles et de leur santé.

Beaucoup de gens ne sont pas prêts à faire ce grand saut. J'en connais même quelques-uns qui n'ont pu se rendre jusqu'à la retraite, mais qui ont laissé à leurs héritiers un compte en banque bien garni.

L'ennemi invisible

Pour nous maintenir en santé physique, psychologique et intellectuelle, nous devons sans cesse lutter contre un ennemi invisible, sournois, silencieux, hypocrite. Cet ennemi, c'est la lente détérioration (je dis parfois décrépitude !) de notre corps causée en partie par le laisser-aller, l'oubli de soi, la tentation, l'inertie, le sucre, le gras, le stress, les relations houleuses, les émotions négatives, et j'en passe, sans oublier, bien sûr, l'usure normale causée par le vieillissement (je dis parfois l'outrage du temps !). Rien, ou presque, ne transparaît, jusqu'au jour où le corps se venge des excès et des privations qu'il a dû subir : la maladie se déclare, bien souvent à notre grand étonnement.

Vous le savez, vous l'entendez chaque jour, on vous le recommande, vous faites de votre mieux, mais voilà, comme plusieurs, vous remettez à plus tard les bonnes habitudes de vie, au risque d'avoir à prendre bien des médicaments, un jour ou l'autre, pour résoudre des problèmes de santé qui pourraient être prévenus, disparaître ou s'atténuer par quelques efforts au quotidien. Et cela, dans le pur plaisir puisque, par exemple, une simple marche au grand air, d'au moins 9000 pas, idéalement davantage, dans la nature, sur une plage ensoleillée, un sentier de randonnée ou autour de votre pâté de maisons, à un rythme régulier, peut améliorer considérablement votre forme physique, mentale et intellectuelle, en plus de réduire la quantité de médicaments dont vous avez besoin.

Pour vous en convaincre, j'aimerais vous rappeler les principaux bienfaits de l'exercice physique. Vous les connaissez certainement. Je vous fais grâce des pourcentages et autres statistiques.

_____ Les bienfaits de l'exercice _____

Augmentation/amélioration

Appétit	Libido
Bon cholestérol	Maîtrise de soi
Calme	Puissance aérobique
Capacité du cœur	Qualité de vie
Capillaires sanguins (augmentation du réseau)	Réflexes
Confiance en soi	Résistance (aux agressions de l'environnement)
Endorphines (hormones du bien-être, analgésiques)	Sérotonine (hormone du bien-être)
Énergie physique et intellectuelle	Sociabilité
Énergie pour combattre la maladie	Sommeil (qualité)
Équilibre (réduction des chutes)	Souplesse
Fluidité du sang	Système immunitaire (efficacité)
Force musculaire	Vitalité cognitive : mémoire, concentration, créativité
Harmonie du corps	

Baisse/diminution/réduction/prévention	
Cancers : poumons, sein, côlon, prostate	Mortalité par maladie cardiovasculaire[1]
Chutes	Ostéoporose
Crises d'angine	Pensées négatives
Crises d'asthme	Poids
Fatigue	Récidive après un infarctus
Hypertension	Stress, anxiété et dépression
Mauvais cholestérol	Sucre sanguin
Mortalité chez les cardiaques âgés de 50 à 60 ans	Toxines dans l'organisme (quantité)

Pour protéger votre santé, l'exercice ne suffit pas. Il faut aussi, chaque jour, ajouter huit verres d'eau, quelques grilles de mots croisés ou de sudoku (elles rajeunissent la mémoire), une émission culturelle, une alimentation équilibrée qui favorise aussi le sommeil, la mémoire et la bonne humeur, un peu de lecture et d'écriture, et une rencontre avec des gens avec qui vous vous sentez bien. Il vous faut également adopter une attitude positive et optimiste face à la vie, ne pas fumer, ne pas boire trop d'alcool, à part votre petit verre de vin rouge quotidien, si vous le souhaitez.

La santé, c'est beaucoup plus que cela encore, comme le résume bien cette définition que j'ai tirée du livre de Patrick Estrade *Comment je me suis débarrassé de moi-même.*

La santé est l'équilibre entre notre corps physique et notre corps vécu. Elle repose sur notre vie quotidienne (répartition travail, repos, loisirs), nos actions envers nous-mêmes (oubli de soi, attitudes masochistes), nos

---

1. Réduire aussi la consommation d'alcool, le tabac. Respecter le plus possible l'alimentation de type méditerranéen ou s'inspirer de l'alimentation des habitants d'Okinawa (voir p. 142).

actions envers autrui (comportements, réactions hostiles ou défensives, agressivité), nos pensées (créatives, positives, négatives, préjugés) et notre façon de ressentir (sensations, émotions, sentiments, affects).

Conseil

N'attendez pas trop pour vous soucier de votre bien-être. Faites-le maintenant! Donnez-vous toutes les chances de traverser la vie, la retraite, puis la vieillesse dans les meilleures conditions possibles. Si vous ne le faites pas, le processus naturel du vieillissement fera son œuvre plus rapidement.

Questions

• Combien de temps consacrez-vous chaque jour à préserver et à consolider votre capital santé?
• Si vous avez besoin d'améliorer votre forme physique, par quoi comptez-vous commencer?

PRIVEZ-VOUS UN PEU!

En Europe, durant la Deuxième Guerre mondiale, la mortalité due aux maladies cardiaques a soudainement baissé parce que la disponibilité des gras alimentaires a été fortement réduite.

CHRISTIAN LAMONTAGNE

Dans «Êtes-vous capable de changer une habitude?», l'auteur de cette citation ajoute qu'à Cuba, au début des années 1990, les taux d'obésité et de mortalité dus au diabète et aux maladies cardiovasculaires ont énormément chuté. Non seulement le nombre de calories disponibles chaque jour a-t-il été réduit durant plusieurs années, mais les gens étaient aussi forcés de marcher ou de prendre leur bicyclette parce que l'essence était rationnée. Intéressant, non, ce que ces difficultés d'approvisionnement en nourriture et en carburant peuvent faire pour notre santé et notre tour de taille ? L'article portant sur Cuba nous apprend toutefois que, à la même époque, une éclosion de neuropathie, probablement due à des carences vitaminiques, a affecté 50 000 personnes.

Au Canada[1], en 2007, 15,4 % des gens étaient obèses alors qu'en Grèce ils étaient 16,4 %, 34,3 % aux États-Unis et 8,1 % en Suisse. Quant à la France, *La 4ᵉ enquête épidémiologique nationale ObÉpi-Roche*, publiée en 2006[2], indique que 12,4 % de la population adulte était alors obèse et 29,2 % en surpoids. Entre 1997 et 2006, les Français ont grossi de 2,1 kg, grandi de 0,4 cm et pris 3,4 cm de tour de taille. Or, la graisse abdominale est associée particulièrement au risque de mort subite cardiaque, même chez les personnes dont l'indice de masse corporelle est normal. En comparant les données de 1997 et 2007 pour tous les pays de l'étude de l'OCDE, on voit bien que le pourcentage de personnes obèses a augmenté partout, sans exception, même au Japon et en Corée, qui battent pourtant le record du plus petit taux d'obésité, soit respectivement 3,5 % et 3,4 %.

Trop gros ou trop maigre ?

Ce phénomène touche également les adolescents. Dans son article intitulé « L'obésité ravage le cœur des adolescents », la journaliste Louise-Maude Rioux Soucy rapporte qu'un jeune Canadien sur trois est obèse et que le taux de cholestérol d'un bon nombre d'entre eux est

1. Source : *L'OCDE en chiffres*, édition 2009 : www.oecd.org (section statistiques).
2. Résultats publiés sur le site de la Cité des sciences et de l'industrie : www.cite-sciences.fr

semblable à celui qu'on attend d'hommes âgés de plus de 65 ans. Les vaisseaux sanguins des jeunes obèses montrent un durcissement habituellement associé aux maladies cardiovasculaires. Le taux d'hypertension chez les jeunes a même augmenté de 300 %. L'espérance de vie de ces jeunes risque d'être réduite de plusieurs années, au lieu de continuer à progresser comme c'était le cas jusqu'à présent. Un simple surpoids ferait perdre 3 ans et l'obésité 7 ans, 14 ans dans le cas d'un fumeur. Nous imaginons bien quelle catastrophe pourrait se produire dans quelques dizaines d'années lorsque ces jeunes, très malades, auront besoin de soins de santé coûteux, en même temps que les baby-boomers âgés et leurs aînés en fin de vie.

Paradoxalement, au moment où j'écris ces lignes, en décembre 2010, j'entends aux nouvelles que la ministre de la Culture, des Communications et de la Condition féminine du Québec vient d'annoncer diverses mesures visant à promouvoir sa Charte québécoise pour une image corporelle saine et diversifiée (http://jesigneenligne.com). L'objectif de cette charte est *d'assurer, pas à pas, un changement de mentalité face aux idéaux de beauté basés sur la minceur extrême.* Plus de 40 % des adolescentes de niveau secondaire et 34 % des adolescents sont en effet insatisfaits de leur image corporelle et affirment vouloir modifier leur apparence. On compte aussi 56 % de femmes dont le poids est normal, selon leur indice de masse corporelle, et qui veulent quand même maigrir.

Mal et trop

Nous sommes nombreux à manger beaucoup trop, de trop grandes quantités, un peu n'importe quoi, du fast-food, des boissons pleines de sucre, des repas tout préparés

pleins de sucre, de sel et de gras. Difficile d'y résister, surtout si ces trois ingrédients sont combinés. Notre cerveau
gourmand en demande et en redemande alors, surtout si
ces aliments se déclinent en odeurs délicieuses et en tex-
tures onctueuses.

Les publicitaires nous en mettent plein la vue, les su-
permarchés aussi. Cette abondance nous incite à manger
et à manger encore. Tous les produits dits dangereux
sont faciles à acheter, dans des formats de plus en plus
grands, pour ne pas dire énormes, y compris au restaurant. Nous achetons ce que l'on nous propose et nous le
mangeons. Il est quasiment impossible de nous contrôler, surtout lorsque nos sens s'émoustillent à l'idée de
déguster toutes ces « bonnes » choses ou lorsque nous
avons besoin de nous réconforter rapidement. Le sucre,
sous toutes ses formes ? Nous l'aimons tous, naturellement, depuis notre naissance. C'est aussi une bonne part
du carburant dont notre cerveau a besoin, particulièrement les sucres lents comme les pâtes, le riz et les légu-
mineuses. Des expériences menées sur des souris ont
pourtant montré que, en réduisant l'apport de sucre de
40 % dans leur alimentation, celles-ci ont augmenté leur
espérance de vie de 50 % ! Ce pourrait certainement être
aussi le cas pour les humains.

Faire sa part

Il sera difficile de stopper ce fléau de l'obésité tant que
les gouvernements ne prendront pas de dispositions ra-
dicales pour limiter l'accès aux aliments nocifs pour notre santé, surtout pour les enfants et les adolescents, un
peu comme ils l'ont fait pour le tabac. Il faudra aussi
rendre plus disponibles, financièrement et autrement, les
aliments bénéfiques. Mais vous connaissez certainement
la meilleure façon d'obtenir des résultats satisfaisants et

durables en matière de santé et d'alimentation : prendre le contrôle et la responsabilité de ce que nous mettons nous-mêmes dans notre assiette. Cela nous évitera de faire comme ces deux adolescentes américaines obèses qui, en 2005, ont intenté un procès contre la chaîne de restauration rapide McDonald's, qu'elles tenaient responsable de leurs problèmes de santé (diabète, cholestérol) parce qu'elles mangeaient régulièrement dans un de ses restaurants. Personne ne les a pourtant forcées, à ce que je sache ! Elles ont néanmoins gagné parce que la chaîne de restauration rapide ne les avait pas informées personnellement des risques qu'elles encouraient en consommant sa nourriture.

Conseils

Ces conseils sont tirés de *Bien vivre, mieux vieillir. Guide pratique pour rester jeune* (chapitre 7), ainsi que de *Okinawa*, du Dr Jean-Paul Curtay (p. 257-260).

• Mangez avant de faire vos courses à l'épicerie. Cela évitera les achats impulsifs.

• Ne vous vengez pas sur la nourriture lorsque vous êtes stressé et anxieux ou si vous éprouvez des émotions négatives (colère, déception, tristesse). Allez plutôt prendre l'air ou faire un peu d'exercice.

• Dressez une liste de récompenses non alimentaires suffisamment séduisantes pour remplacer les récompenses habituelles comme le chocolat, les bonbons, les desserts et les apéritifs.

• Achetez des assiettes plus petites et ne vous sentez pas obligé de terminer votre plat si vous n'avez plus faim.

• Évitez les produits industriels, car ils sont pleins de sucre, de sel et de gras, ainsi que, bien évidemment, le fast-food.

- Cuisinez le plus souvent possible en utilisant des aliments non transformés, idéalement produits localement.
- Prenez 25 % de votre apport calorique de la journée le matin et mangez très peu le soir.
- Prenez un moment pour vous détendre et respirer amplement avant chaque repas.
- Si vous vous réveillez la nuit, ne grignotez surtout pas.
- Si vous avez une petite fringale, évitez les biscuits, les croustilles et les petits gâteaux. Choisissez plutôt des fruits, des noix et des légumes crus.
- Buvez de l'eau plutôt qu'une boisson pleine de sucre (cola, boisson énergisante).
- Si vous avez envie de chocolat, optez pour le chocolat noir à plus de 70 %.
- Dormez suffisamment, car le manque de sommeil fait prendre davantage de poids que le manque d'exercice.
- Méfiez-vous du travail intellectuel intense et long, car il pousse au grignotage.

À propos du lien entre le travail intellectuel et le grignotage, je suis bien placée pour vous le prouver. À chaque livre que j'écris, je gagne des livres autour de la taille et ailleurs aussi, à force de rester assise et de grignoter pour alimenter mon cerveau en sucres lents dont il a besoin... pour réfléchir ! Un article de Jean Hamann rapportant les résultats d'une étude menée à la faculté de médecine de l'Université Laval montre en effet que le travail intellectuel entraîne des variations importantes dans la concentration du glucose et de l'insuline. Ces fluctuations, qui poussent à grignoter, pourraient provenir du stress engendré par le travail mental.

Privilégiez la lenteur, la qualité et le moins

J'ai essayé tellement de régimes qu'aujourd'hui je ne sais même plus ce que j'aime vraiment manger et cuisiner.

Une cliente en coaching de vie

Vous en avez certainement un peu assez de vous engager dans des régimes minceur qui finissent par vous faire reprendre davantage de poids et manger vite, encore plus vite et un peu n'importe quoi et n'importe comment. Assez aussi de vous faire dire quoi manger ou quoi ne pas manger, quand le manger ou quand ne pas le manger pour rester en santé et prévenir les maladies au point de ne plus savoir ce que vous aimez, ni même quand vous avez faim et êtes rassasié. Vous en avez probablement assez aussi de lire tous ces scénarios catastrophe à propos de la façon dont les aliments sont transformés ou dont les animaux sont nourris. Pourquoi, alors, ne pas vous convertir au Slow Food et vous inspirer des habitants d'Okinawa qui vous incitent à reprendre le contrôle sur ce que vous mangez et le rythme auquel vous vous alimentez ?

À propos du Slow Food

Le Slow Food est un mouvement international qui fait l'éloge de la lenteur dans tout ce qui touche l'alimentation. Ses adeptes ont pour objectif de préserver la cuisine régionale aux goûts et aux saveurs de qualité, diversifiés, riches et pleins. Ils font l'éloge du plaisir de préparer ses repas et de manger, sans se presser, en bonne compagnie. Ils s'opposent, bien évidemment, à la restauration rapide. Ils privilégient les produits cultivés et récoltés selon des méthodes traditionnelles. Ils font la promotion de l'écotourisme. Pas facile, n'est-ce pas, quand tout autour de nous nous pousse à aller de plus en plus vite aux dépens du repos et du plaisir de vivre.

Pour en apprendre davantage à ce sujet, tapez les mots « Slow Food » dans votre moteur de recherche préféré. Vous pouvez aussi vous procurer les livres de Carlo Petrini, celui qui a lancé ce mouvement le jour même où il a vu un restaurant McDonald's s'installer au beau milieu de la place d'Espagne, à Rome (haut lieu de la Renaissance italienne).

Si vous le souhaitez, vous pouvez devenir membre d'une des 1000 convivia (ou conviviums) à travers le monde, dans une centaine de pays, dont le Québec et la France.

S'inspirer des supercentenaires d'Okinawa

Okinawa, cet archipel situé au sud du Japon, est devenu une référence en termes de nutrition et de santé. Ses habitants, qui comprennent de nombreux centenaires et supercentenaires en pleine forme, détiennent en effet le record mondial de longévité en bonne santé. Ils sont notamment préservés des maladies cardiovasculaires et des cancers, affichant 80 % de cas en moins que les autres pays. Ils présentent aussi le taux le plus bas d'obésité des 30 pays analysés par l'OCDE, soit 3,4 %, comparativement, par exemple, à 34,3 % pour les États-Unis et 15,4 % pour le Canada.

Je vous parle ici du « régime » d'Okinawa, non pas pour vous en faire essayer un autre encore, mais parce que ses résultats sur la santé des gens sont spectaculaires. De plus, ce régime se rapproche de l'alimentation méditerranéenne dont les vertus ont été démontrées depuis longtemps et il peut très bien être adapté à nos habitudes occidentales. En outre, les quatre groupes du *Guide alimentaire canadien* sont respectés : légumes et fruits, produits céréaliers, lait et substituts, viandes et substituts. Il faut toutefois y apporter quelques ajustements afin d'éviter les carences en certains nutriments et, surtout, ne pas pousser trop loin la restriction calorique. Quel est le secret des habitants d'Okinawa ?

- Ils bougent beaucoup.
- Leur vision du monde et de la vie est très positive.
- Ils disposent de puissants outils de gestion du stress.
- Ils sont très créatifs.
- Ils ont un sens de l'humour très poussé.
- Les personnes âgées sont bien intégrées à la communauté.

Leur alimentation est variée, très savoureuse, peu calorique et extrêmement riche en nutriments protecteurs, notamment les antioxydants. Voici de quoi elle est composée :

Chaque jour
- 7 à 13 portions de légumes
- 7 à 13 portions de riz, de pâtes, de haricots, de grains entiers
- 2 à 4 portions d'aliments riches en calcium (poisson, yogourt, fromage, brocoli)
- 2 à 4 portions d'aliments riches en flavonoïdes (fruits et légumes colorés, vin)
- 2 à 4 portions de fruits
- 1 à 3 portions d'aliments riches en oméga-3 (poissons gras, crevettes, noix)
- Du thé
- 1 à 2 cuillers d'huiles végétales et de condiments : sauce soya faible en sodium, herbes, épices et misonaise. La misonaise est un mélange de mayonnaise, de moutarde et de miso. Le miso est une pâte fermentée, à haute teneur en protéines, de goût très prononcé et salé, fabriquée à partir de haricots de soya, de sel de mer et, parfois, d'orge ou de riz.

Chaque semaine
- 0 à 7 portions de viandes, volailles et œufs
- 0 à 3 portions d'aliments sucrés
- Alcool, avec modération

Selon les principes de ce régime, on ne mange que de petites portions et on arrête de manger avant d'être complètement rassasié. Tout en mangeant, il faut penser que les aliments absorbés ont un pouvoir de guérison. Les aliments ne doivent pas être mélangés pendant la cuisson. Les aliments frais aux couleurs variées doivent être privilégiés.

N'EN FAITES PAS UNE MALADIE

Quand je vais faire mon petit tour en librairie, à l'affût de nouveautés, je suis chaque fois étonnée de voir cette abondance de livres consacrés à l'alimentation qui occupent toujours des places bien en vue sur les présentoirs. Des recettes, des recettes et encore des recettes, pour maigrir, pour éviter le cancer, pour bien dormir, pour rester jeune, pour retrouver son énergie, etc. De très beaux livres que j'achète souvent, mais qui finissent pour la plupart par décorer un rayon de ma bibliothèque. Je suis parfois découragée, car je manque de temps et aussi d'intérêt pour suivre chaque jour toutes ces tendances et pour cuisiner santé. Ce qui ne m'empêche pas de surveiller de près ce que je mets dans mon assiette.

Malgré cette abondance d'informations, le pourcentage de personnes en surpoids, et même obèses, ne cesse d'augmenter, partout dans le monde. Tout comme les décès par cancer, d'ailleurs. En avril 2010[1], les résultats

---

1. Ariane Krol, « Fruits + légumes = cancer (quand même) », *Cyberpresse*, 8 avril 2010. D'après l'European Prospective Investigation into Cancer and Nutrition (EPIC).

d'une étude menée auprès de 478 000 participants de 10 pays
européens, entre 1992 et 2000, ont montré que l'alimentation, surtout les légumes, ne contribuait pas autant que
les spécialistes le pensaient à éviter ou à guérir le cancer
ainsi que d'autres maladies. En fait, une personne qui augmenterait de 200 g (2 portions) sa consommation quotidienne de fruits et de légumes ne réduirait que de 3 %
son risque d'être atteinte d'un cancer, quel qu'il soit.
Mais bon, comme dit l'autre, c'est quand même ça de
gagné !

L'obsession de la perfection

Loin de moi l'idée de vous inciter à vous jeter sur la malbouffe et à oublier vos 5 (ou 7 ou 13) portions de légumes et de fruits quotidiens, car je connais, comme vous,
leur efficacité pour la santé. Ce que je veux dire, c'est
que trop chercher à manger sain, tout le temps, d'une
façon quasi obsessionnelle, peut augmenter le risque de
vous rendre malade… autrement ! En voulant trop bien
faire, plusieurs personnes se font prendre au piège. Au
lieu d'être heureuses de se préoccuper tout simplement
de leur santé et de manger avec plaisir et en bonne compagnie, elles développent une obsession pour l'alimentation santé, qui les empêche de vivre normalement et
d'entretenir des relations simples et saines avec les autres.
Et avec elles-mêmes aussi. Tout ce qui entre dans leur es-
tomac est scruté à la loupe et bien des aliments se transfor-
ment alors en poison à leurs yeux. Elles ne vont pratiquement plus au restaurant et, lorsqu'elles se déplacent,
elles apportent leur repas afin d'éviter de manger n'importe quoi. Le sens de leur vie se limite quasiment à l'état
de leur corps qui devient alors, pour certaines, un objet
de vanité.

Le Conseil européen de l'information sur l'alimentation (www.eufic.org) appelle cette quasi-maladie l'orthorexie.

Les personnes obnubilées par le dogme de «l'alimentation saine» sont en train de développer une nouvelle pathologie de l'alimentation. [...] Cette nouvelle obsession nutritionnelle, dénommée orthorexia ou orthorexie nerveuse, [...] atteint des proportions alarmantes.

Sur le plan des excès, nous pouvons penser également à l'obsession de la performance chez certains adeptes de l'exercice physique. Entraînement intensif, culte du corps, compétition avec soi-même deviennent plus importants à leurs yeux que le simple plaisir de vivre et de bouger. Tout leur temps y est consacré.

Comme moi, vous avez certainement remarqué que, pour se maintenir en bonne forme physique, beaucoup de sportifs sont toujours pressés et courent tout le temps, à pied, en patins, à vélo, en skis de fond. Ils risquent même de se mettre en danger, tout comme ceux qui se trouvent sur leur passage. Cela me frappe et me navre souvent aussi quand je vois des gens promener leur chien en roulant à bicyclette à toute allure. Ou encore des parents promener leur bébé, bien vite, dans une poussette qu'ils poussent chaussés de leurs patins. Je me demande toujours quelle conception de la vie ont déjà et auront plus tard ces petits enfants qui apprennent si tôt à tout faire rapidement : courir pour prendre le petit-déjeuner, aller à l'école, se rendre à l'aréna faire du sport de compétition, devenir premier de classe, réussir à l'université, se trouver un emploi ou aller suivre des cours... de relaxation après avoir bravé les embouteillages. Je comprends très bien que, faute de temps, on puisse promener bébé ou toutou tout en s'entraînant, plutôt que de laisser tomber l'un ou l'autre, mais je me permets quand même de me poser la question.

À l'extrême opposé de ces combattants de la pleine forme, nous trouvons tous ceux dont la maladie devient une sorte de trophée et surtout d'identité, comme vous le lirez plus loin.

Questions

Certaines de ces questions sont inspirées du site et du livre du Dr Steven Bratman, spécialiste de l'orthorexie.

- Votre régime alimentaire ou vos activités sportives vous enlèvent-ils du temps pour votre famille, vos amis et même vos animaux domestiques?
- Avez-vous renoncé à des activités ou à des aliments que vous aimiez par-dessus tout au profit de vos « bonnes » habitudes de vie?
- Votre amour-propre est-il renforcé lorsque vous mangez sainement et que vous vous entraînez régulièrement?
- Vous sentez-vous parfois (ou souvent) coupable dès que vous ne respectez pas vos « bonnes habitudes » de vie, ne serait-ce qu'une journée?

NE VOUS FORGEZ PAS UNE IDENTITÉ DE MALADE

> C'est la pensée qui garde la maladie prisonnière de notre corps. Nous l'entretenons en observant sa manifestation et en y prêtant attention.
>
> RHONDA BYRNE

Je connais une personne qui, chaque fois qu'elle me téléphone, consacre à peu près 80 % du temps de notre conversation à me faire l'étalage de ses bobos, les petits et les grands, de tous ses rendez-vous médicaux, de tous ses médicaments et de leurs effets secondaires, ainsi que des problèmes qui lui arrivent constamment. Elle en fait autant à propos de gens de son entourage que je ne connais même pas. Tout est présenté sur le mode catastrophe, même un mal de dos temporaire, une fuite urinaire ou un appareil ménager en panne. Ces conversations m'épuisent carrément.

Quand je tente de lui expliquer que ce n'est pas une bonne idée pour elle de procéder à ce genre de renforcement négatif à propos de sa santé et de sa vie, elle me fait sentir, avec fort peu de subtilité, que je suis bien égoïste de ne pas m'intéresser aux problèmes des autres. Si je tente de détourner la conversation sur les événements intéressants de sa vie – car il y en a –, cela ne dure pas et ne l'intéresse pas vraiment. Si je parle de moi, cela l'intéresse encore moins. Elle revient vite à ses moutons. Je ne parviens pas à la faire changer de cap. Si je n'ai pas encore mis fin à cette relation, c'est parce que cette personne est au demeurant charmante et intéressante en dehors des conversations téléphoniques. En outre, en tant que coach, je me dis que cela doit la soulager de ses souffrances.

Bombarder son esprit de pensées malades

C'est ainsi que bien des personnes âgées, et des plus jeunes aussi, croient attirer vers elles l'intérêt, l'affection et la compassion des autres. Dommage ! À long terme, elles ne peuvent que les faire fuir. En fixant ainsi leur attention sur leurs ennuis, leurs bobos, leurs symptômes et leurs maladies, elles contribuent surtout à les entretenir et même à les amplifier.

Le pire, dans tout cela, c'est que celui qui prête l'oreille à toutes ces doléances se fait beaucoup de mal aussi. Son esprit, et par conséquent tout son corps, est bombardé de vibrations négatives qui, à la manière d'un aimant, ne peuvent qu'attirer à lui tous les malheurs du monde. Si vous croyez, comme moi, à la loi de l'attraction, vous comprenez ce que je veux dire.

Je ne réponds d'ailleurs jamais au téléphone le soir, afin d'éviter de me gâcher la soirée, la nuit et mes rêves avec de telles conversations en imprégnant mon subconscient de ces pensées malades au moment où mon esprit au repos est ouvert aux suggestions. Bien des gens ont mal au dos, mal à la tête, sont carrément très malades, souffrent de maladies chroniques, ont perdu des gens qu'ils aiment et ont plein de soucis, mais ils n'en parlent pas, ou juste ce qu'il faut pour mettre leur entourage au courant. Ils savent de toute façon que leurs proches seront disponibles pour leur venir en aide, si nécessaire. Ils n'ont donc pas à leur refaire l'inventaire de leurs douleurs et de leurs souffrances chaque fois qu'ils les croisent.

Éviter l'autodiagnostic compulsif en ligne

L'autodiagnostic compulsif en ligne, ou cybercondrie, par analogie avec l'hypocondrie, c'est cette habitude de chercher, parfois sans discernement (esprit critique), la cause et les remèdes de ses problèmes de santé sur le web.

Dernièrement, une personne que je connaissais à peine me confiait sa très grande inquiétude à propos de sa santé. Ce qu'elle me disait me faisait craindre le pire pour elle. Je l'écoutais m'expliquer tous les détails de ce que pourrait être sa maladie. Peut-être un cancer, me dit-elle, mais rien encore n'avait été précisé. Elle m'en parlait même avec des termes scientifiques que je ne comprenais pas vraiment. Elle avait trouvé toutes ces informations dans Internet et auprès d'une de ses connaissances.

Même si je compatissais beaucoup et sincèrement avec elle qui semblait souffrir physiquement et psychologiquement, faute de connaître le mal qui la rongeait ainsi, je n'ai pu m'empêcher de penser aux risques, pour le commun des mortels, de chercher les causes de ses soucis de santé sur le web et auprès de n'importe qui. Je comprends très bien, car je le fais moi-même à l'occasion, tout en étant prudente dans le choix des sites que je consulte et dans mes conclusions. La difficulté à rencontrer rapidement un médecin et le peu de temps dont il dispose pour répondre à nos questions nous amènent tous, ou presque, à effectuer de telles recherches. Personne ne peut rester seul, ainsi, avec sa souffrance et ses inquiétudes. Alors, on cherche!

Du très ordinaire ou du super

Internet, qui est pourtant un outil exceptionnel d'accès aux connaissances, n'aide pas vraiment les gens très inquiets à propos de leur santé, surtout ceux déjà plus ou moins hypocondriaques. Et, vous le savez probablement, les articles et les forums de discussion y sont abondants, particulièrement ceux qui sont alarmistes. C'est ainsi que de petites douleurs, un mal de tête ou une tache sur la peau peuvent occasionner un stress énorme et donner l'impression que l'on est à l'article de la mort. Et plus l'inquiétude grandit, plus les recherches s'intensifient du côté des scénarios catastrophe. Plus, alors, l'anxiété monte en flèche. Ce n'est pourtant pas parce que l'information est abondante sur une maladie en particulier que l'on risque d'en être plus atteint.

En revanche, le médecin de mon ami Joey ne prenait pas au sérieux tous les symptômes plus ou moins bizarres qui lui gâchaient la vie quotidiennement depuis plusieurs années. Il lui avait même affirmé que la tache qui se trouvait sur sa taille était normale, en raison de son grand âge. Joey, qui n'était pas du tout hypocondriaque, a pu obtenir des renseignements auprès d'un médecin d'un autre pays, à qui il a posé des questions par Internet. Sans établir de diagnostic, celui-ci a pris le temps de lui répondre à distance et de l'orienter dans ses recherches. Par la suite, quand le diagnostic de cancer est tombé (la fameuse tache), bien trop tardivement pour lui sauver la vie, Joey a pu trouver sur le web des renseignements et des personnes qui l'ont aidé jusqu'à la toute fin.

En fait, si nous ne trouvions dans Internet que des informations de qualité, vérifiées par des spécialistes, et si nous usions en plus de sens critique, nous pourrions utiliser ces informations en complément de celles, souvent parcimonieuses, que nous obtenons des soignants professionnels que nous rencontrons. Heureusement, plusieurs organismes font un travail remarquable de vulgarisation, notamment les organismes gouvernementaux, ou encore les centres de recherche et d'aide spécialisés dans certaines maladies.

Questions

* Quelle est votre relation à la maladie ?
* Comment réagissez-vous habituellement quand quelqu'un vous débite en détail tous ses problèmes de santé ?
* Comment et où vous procurez-vous l'information dont vous avez besoin pour mieux comprendre les malaises ou la maladie dont vous souffrez ?

Sortez gagnant du mitan

Qu'ai-je accompli jusqu'à présent? Cela valait-il la peine de faire tous ces sacrifices? Devrais-je continuer ainsi ou changer de travail? Ma relation de couple pourra-t-elle survivre? Pourquoi ce divorce? Pourrai-je un jour réaliser tous les rêves que j'ai mis de côté pour sécuriser ma carrière, me marier et élever mes enfants? Aurai-je suffisamment d'argent pour ma retraite? Vais-je rester en santé suffisamment longtemps pour en profiter? Devrais-je tout abandonner et repartir à zéro sur de nouvelles bases, ou me faire une raison, continuer comme avant et accepter cette routine qui me pèse?

Le mitan, c'est cette période charnière de la vie, entre 45 et 60 ans, où l'on commence à entrevoir l'arrivée de la retraite, puis celle du vieillissement. L'un et l'autre semblent à la fois si proches et si loin de nous. L'avenir est souvent préoccupant et parfois inquiétant. Au mitan, bien des gens réalisent en effet qu'ils vieillissent, que leur corps subit des transformations importantes, que la retraite approche, qu'ils ne sont pas éternels, que le temps leur file entre les doigts, qu'ils manquent parfois d'énergie et de motivation. Ils réalisent aussi que le travail a occupé une grande place dans leur vie alors qu'il ne leur apporte plus autant de satisfaction et que, en plus, ils risquent de le perdre à n'importe quel moment. Ils se sentent las de la routine quotidienne et prennent aussi conscience qu'ils n'ont pas encore comblé plusieurs de leurs besoins, pourtant légitimes. Pris dans leur propre tourbillon, leurs enfants ont peu de temps à leur consacrer ou, au contraire, reviennent à la maison, sans avertissement, comme de vrais boomerangs. Autour d'eux, des amis, des parents et des collègues disparaissent. En plus de tout cela, plusieurs doivent prendre soin de leurs parents âgés en perte d'autonomie. C'est d'ailleurs dans ce groupe d'âge que l'on trouve le plus grand nombre de proches aidants.

Déception, amertume, colère, inquiétude, anxiété, fatigue, épuisement et stress accompagnent alors le quotidien de certains. C'est pourquoi l'on trouve aussi, chez les gens du mitan, les taux les plus élevés de séparation, de désinvestissement du travail, de dépression et même de suicide, surtout entre 45 et 54 ans. J'en ai encore eu la preuve, en 2011, alors qu'une personne très proche de ma famille à qui tout semblait réussir, particulièrement sur le plan professionnel, s'est enlevé la vie à 47 ans.

Cette crise sera vécue douloureusement pour certains, mais plus facilement pour d'autres. Une crise permet en effet de choisir entre plusieurs options. En grec, Κρίσις, ce mot fait d'ailleurs référence à la faculté de prendre une décision entre deux choix possibles. Et, en chinois, crise et opportunité s'écrivent de la même façon.

Pris dans leur tourbillon, plusieurs ne se sentent pas prêts à affronter une remise en question. (Ont-ils le temps d'y penser?) D'autres culpabilisent d'être ainsi désemparés alors qu'ils se trouvent à une période de la vie où ils sont censés être en pleine possession de leurs moyens physiques, intellectuels et matériels.

La crise du mitan sera d'autant plus difficile à surmonter si des changements inattendus surviennent, par exemple la perte de l'emploi, une rétrogradation, la perte du conjoint ou de la conjointe (divorce ou décès), une santé déficiente (stress, dépression, maladie) et surtout l'approche de la retraite. Certains choisiront de tout abandonner et de recommencer ailleurs et autrement, alors que d'autres, heureusement, pourront confirmer qu'ils ont fait le bon choix de vie, même s'ils devront parfois faire quelques ajustements.

Un nouveau bilan s'impose

> On a l'impression, quand on a atteint la quarantaine, qu'on n'a pas fait ce que l'on devait faire et qu'on n'a plus le temps de faire ce qu'on a à faire.
>
> CLAUDE LELOUCH

Au lieu d'étouffer ces sentiments et ces inquiétudes en espérant que tout s'arrangera tout seul ou, pire, de se sentir coupable, c'est le moment parfait pour s'arrêter, prendre du recul, faire un nouveau bilan de sa vie et, si l'on ressent trop de souffrance, se faire accompagner ou, tout au moins, parler librement avec une personne en qui l'on a totalement confiance.

En général, ceux et celles qui s'en sortent le mieux ont atteint un certain équilibre dans tous les domaines de leur vie: famille, travail, santé physique et mentale, relations et activités (voir les cinq balles du jongleur p. 25). Ils ont donc intégré la majorité des points de repère présentés dans cette première partie, notamment la reconnaissance positive de soi et une réflexion profonde sur le sens de leur vie.

Si certains de ces éléments doivent être consolidés, soyez assuré qu'ils ne se feront pas oublier: vous les croiserez sur votre chemin, de façon plus ou moins subtile.

Il peut être bon aussi de faire un bilan de santé général, car, à cette période de la vie, l'arrivée de la ménopause ou de l'andropause crée quelques turbulences causées par la baisse des taux d'hormones, œstrogène, progestérone et testostérone. Cela se manifeste chez certains par de la fatigue, de l'irritabilité, un manque d'énergie et parfois aussi une dépression profonde. Il faut s'en préoccuper, car je connais quelques hommes qui ont retrouvé leur bien-être physique et psychologique et surtout leur énergie, simplement après avoir rétabli le bon niveau de leur taux de testostérone, en collaboration avec leur médecin.

La réussite de cette transition permettra non seulement de réaménager ou de consolider les choix de vie, mais elle facilitera aussi celle de la retraite, puis celle du vieillissement. Bien comprise et bien négociée, chaque crise, chaque transition, porte en effet en elle un fabuleux potentiel. Cela m'a été confirmé par un participant à une de mes sessions de préparation à la retraite au moment où j'expliquais les phases d'une transition, notamment la période de doute et de désenchantement : la zone neutre. Il nous a dit ceci :

> *Je me trouve presque chanceux d'être passé par une crise terriblement difficile au mitan de ma vie et de m'être fait accompagner pour la traverser. Je sais maintenant que je peux m'en sortir et comment y parvenir. Je sais qui je suis, je sais ce que je vaux et ce que je veux. Je suis prêt pour la retraite. Je n'aurai pas de problèmes majeurs. Je me promets d'en profiter. Je sais aussi que je peux tout recommencer si je le souhaite.*

Vous êtes prêt, maintenant, à vous engager dans l'étape qui suit, celle de la préparation à la retraite, avec une vision beaucoup plus claire de vous-même et de l'avenir.

Questions

- Si, en ce moment, vous vivez une période de turbulence liée à votre âge, quelles questions vous viennent fréquemment à l'esprit ?

- Que pourriez-vous faire, dès aujourd'hui, pour améliorer le cours de votre existence ?

DEUXIÈME PARTIE

Quelque temps avant la retraite : bilan et préparation

> Prenez garde de ne pas perdre vos 40 dernières années à être le conservateur de vos 50 premières. Faire du sur-place, c'est revenir en arrière.
>
> ALLAN GURGANUS

Durant cette période d'avant retraite, entre 50 et 60 ans environ, vous commencerez à préparer votre retraite, même si vous ne partez que dans 5, 6 ou même 10 ans. Pour ce faire, vous tâcherez de vous rapprocher davantage de votre famille et de vos amis afin de consolider les liens qui vous unissent à eux. Vous vous préoccuperez davantage de votre santé afin de disposer de force et d'énergie pour préparer cette autre transition. Vous réduirez le plus possible votre stress, car, trop intense, il peut vous rattraper de l'autre côté de la retraite, particulièrement dans les premiers mois. Vous avez certainement déjà entendu parler de personnes qui sont tombées malades au cours de leur première année de retraite.

Tout en continuant à bien faire votre travail, il est temps aussi de commencer à en faire le deuil. Car il s'agit bien d'un deuil. C'est pourquoi je recommande toujours d'avoir en chantier une activité de transition suffisamment intéressante pour vous glisser tout en douceur dans la retraite.

C'est de tout cela qu'il sera question dans cette deuxième partie.

Du bonheur et une zone de turbulence en vue

S'il est tout à fait légitime de vous réjouir, et même de jubiler, à l'idée de prendre bientôt une retraite bien méritée, ne l'idéalisez pas trop quand même. Beaucoup en parlent comme d'une libération, le début d'une vie enfin heureuse et épanouie! Vous vous en doutez, la retraite ne peut jamais être l'aboutissement heureux d'une vie qui ne l'était pas suffisamment. En fait, un peu comme dans une auberge espagnole, chacun y trouve ce qu'il y apporte.

Voici ce que j'entends le plus souvent quand je demande aux participants à mes formations de me décrire la retraite en quelques mots :

- Continuer ma vie autrement, avec moins de stress.
- Travailler à temps partiel, m'amuser à travailler.
- Développer d'autres dimensions de ma personnalité.
- Ralentir, choisir, décrocher du rythme effréné du monde du travail.
- Rater mon autobus et ne pas avoir à chercher d'excuses pour justifier mon retard.
- Réorganiser ma vie, changer de cap, lui donner un nouveau sens.
- Devenir le maître de mon emploi du temps.
- Prendre totalement le contrôle de mon agenda.
- Ne plus avoir à obéir, à dire OUI, à accepter sans sourciller ce qui m'est imposé.
- Ne pas utiliser mon ordinateur pendant trois jours.
- Jouir de la vie comme un chat.
- Faire ce que je n'ai jamais eu le temps de faire.
- Dormir à la belle étoile et regarder le soleil se lever à cinq heures du matin.
- Prendre enfin soin de moi, retrouver ma forme physique.
- M'occuper des autres, de ma famille. Leur consacrer davantage de temps.
- Réduire l'obligation d'être toujours disponible.
- Pouvoir enfin faire des travaux manuels.
- Remettre à demain ce que je peux faire aujourd'hui.
- Parcourir toute la « route verte » à bicyclette.
- J'ai donné beaucoup, maintenant je reçois et je pense à moi.
- Explorer et exploiter mes talents artistiques.

- Revoir les rêves auxquels je tiens encore et les réaliser.
- C'est comme si j'avais gagné à la loterie.
- Réduire mon stress.
- Décrocher à mon rythme.
- Nous retrouver en amoureux et faire des folies.
- Suivre des cours, apprendre et enseigner.
- Retourner aux sources.
- Revoir les amis.
- Me rebâtir un réseau.
- Me préparer une nouvelle passion.
- Du temps pour moi seul.

La retraite, c'est tout cela, et bien mieux encore. Mais j'entends aussi des commentaires tels que ceux-ci :

> *C'est un désenchantement. C'est la fin des défis stimulants. Je ne suis pas prêt. J'ai peur. J'ai très, très peur. J'ai peur de perdre ma santé. Je prévois des difficultés. Je suis bien trop jeune pour prendre ma retraite. Je ne veux pas que nous devenions des papis et mamies garderie. Cela me rend terriblement anxieux. J'ai peur de perdre des amis. J'ai peur d'avoir à subir les préjugés à l'endroit des personnes aînées.*

Et voici la meilleure de toutes : *J'ai peur de perdre mes tâches ménagères si l'autre veut y participer.* J'écris « la meilleure de toutes », car, contrairement à cette dame, j'abandonnerais très volontiers toutes les tâches ménagères à l'autre ! Ce serait d'ailleurs un parfait enchantement !

Heureux sans euphorie

La retraite n'est pas seulement la fin des contraintes liées à la vie professionnelle. Il s'agit aussi d'une transition majeure. Chacun passera d'ailleurs par une période de turbulence (la zone neutre) plus ou moins intense avant d'atteindre un nouvel équilibre. Tout doit être reconstruit (ou continué) sur des bases nouvelles. Il vaut donc mieux l'aborder les yeux grands ouverts, muni d'une bonne dose de lucidité et sans trop d'illusions.

Cette anticipation réaliste ne risque pas de gâcher l'agréable euphorie des premiers temps de la retraite. Au contraire, des études l'ont montré : un bien-être général prendra rapidement place. L'équilibre, l'adaptation en fait se produira plus tôt et durera plus longtemps. Les périodes de turbulence et de remise en question seront moins longues et bien mieux vécues aussi.

De toute façon, personne ne peut vraiment savoir comment se passera sa retraite tant qu'il ne l'aura pas expérimentée pendant quelque temps. Ce ne sont pas forcément ceux à qui elle fait le plus peur qui la vivront le plus mal. Je préfère d'ailleurs quelqu'un qui se pose des questions et s'inquiète à un autre qui idéalise totalement sa retraite et s'y lance les yeux fermés en ayant uniquement en tête des projets de loisirs.

Une étude publiée en 2002 dans *Vie et vieillissement* a bien montré que les personnes qui se sont préparées sérieusement à la retraite, sur les plans psychologique et social, ont franchi ce passage avec davantage de facilité. Si l'existence de 80 % d'entre eux a été totalement mise sens dessus dessous, ils sont tout aussi nombreux à estimer que la retraite a eu un effet bénéfique sur leur vie, en plus de représenter une opportunité et un nouveau défi. Mieux encore, elle les a délestés d'une grande part du stress de leur travail. Toutefois, 30 % ont admis avoir éprouvé des difficultés à rétablir l'équilibre.

Je n'ai malheureusement pas trouvé d'études récentes comportant des données aussi précises, même si plusieurs d'entre elles vantent, à raison, les bienfaits des stages de préparation à la retraite.

Conseil

Si possible, prenez une retraite progressive, car cela facilitera la transition. Tout en travaillant encore trois ou quatre jours par semaine, vous pourrez alors vous glisser tout en douceur dans la retraite. Non seulement vous vous délesterez d'une partie de votre stress, mais vous pourrez aussi mettre en chantier une activité de transition. À condition, bien sûr, de ne pas avoir à faire ensuite, en trois ou quatre jours, ce que vous faisiez en cinq jours.

FAITES LE POINT !

On n'est jamais jugé sur un bilan, mais toujours sur sa capacité à se projeter dans l'avenir.

PHILIPPE DOUSTE-BLAZY

Avant d'aborder les prochains points de repère, je vous propose de remplir cette grille, afin de déterminer quels secteurs de votre vie sont bien équilibrés et lesquels méritent d'être consolidés d'ici votre entrée dans la retraite. Il n'est jamais trop tard pour achever ce qui ne l'a pas été, mais ne tardez pas trop quand même !

——————————— Où en êtes-vous aujourd'hui ? ———————————

Accordez-vous une note entre 1 et 5,
1 étant l'évaluation la plus faible et 5, la meilleure.

	1	2	3	4	5
Santé physique : poids santé, maladies, habitudes de vie	1	2	3	4	5
Exercices physiques quotidiens	1	2	3	4	5
Santé émotive : bonheur, optimisme ou, au contraire, déprime, ennui	1	2	3	4	5
Sécurité financière et matérielle	1	2	3	4	5
Sécurité psychologique : liberté d'être soi, espaces à soi	1	2	3	4	5
Vie affective : seul ? à deux ?	1	2	3	4	5

Relation de couple: stabilité, qualité, complicité, communication	1	2	3	4	5
Amis sincères de longue date à qui vous pouvez vous confier	1	2	3	4	5
Appartenance à des groupes dans lesquels vous vous sentez accueilli	1	2	3	4	5
Liens avec les collègues de travail: amis potentiels à la retraite	1	2	3	4	5
Liens avec votre famille: qualité, fréquence	1	2	3	4	5
Estime de soi: satisfaction de qui vous êtes, de ce que vous avez accompli	1	2	3	4	5
Estime que les autres vous portent: famille, collègues, voisins, amis	1	2	3	4	5
Confiance en vous, en vos capacités	1	2	3	4	5
Intérêt pour votre travail	1	2	3	4	5
Activités avec votre partenaire de vie	1	2	3	4	5
Activités personnelles, seul, et stimulantes hors du travail	1	2	3	4	5
Grands projets: rêves, défis	1	2	3	4	5
Activités culturelles et spirituelles	1	2	3	4	5
Habileté à résoudre des problèmes	1	2	3	4	5
Capacité d'adaptation aux changements	1	2	3	4	5
Résilience: capacité de rebondir lors de coups durs	1	2	3	4	5
Capacité à gérer votre stress	1	2	3	4	5
Qualités de l'âme: empathie, générosité, initiative	1	2	3	4	5

Questions

- À quelle(s) partie(s) de votre vie allez-vous accorder la priorité durant les derniers mois précédant votre départ à la retraite?
- Qu'allez-vous mettre en place: changer, améliorer, réduire?
- Quel(s) objectif(s) allez-vous vous fixer pour y parvenir?
- Comment allez-vous vous y prendre et quelle échéance allez-vous vous fixer?

Point de repère 10

Préparez votre baluchon

> Ce qu'il y a devant nous et ce que nous
> laissons derrière, cela est peu de chose
> comparativement à ce qui est en nous,
> et lorsque nous amenons dans le monde
> ce qui dormait en nous, des miracles se
> produisent.
>
> HENRY DAVID THOREAU

Les voyageurs, les pèlerins, les randonneurs ou les explorateurs préparent leurs bagages avec grand soin afin de n'emporter que l'essentiel. En route, ils se délestent souvent de choses inutilement encombrantes. Si l'une de vos connaissances (vous, peut-être?) s'est déjà aventurée sur le chemin de Compostelle ou s'est engagée dans une randonnée de plusieurs jours avec un sac à dos bien trop lourd, sans boussole et sans itinéraire précis, vous savez de quoi je parle. C'est ainsi que vous devriez vous préparer pour la retraite, car, pour savoir où aller et comment y aller, il vous faut d'abord savoir d'où vous partez et de quelles ressources vous disposez.

Le baluchon, c'est une image pour illustrer ce que vous emporterez dans votre nouvelle vie, mais aussi tout ce dont vous allez vous départir pour vous élancer dans cette nouvelle aventure avec un minimum d'entraves.

Que devrait-il contenir? Vos forces, vos talents, vos compétences, vos qualités, vos accomplissements, vos succès, les relations auxquelles vous tenez, vos valeurs fondamentales et, surtout, votre contribution à l'avancement de la société, à travers tout ce que vous avez accompli au travail. Si vous avez rempli votre malle aux trésors régulièrement, cela devrait être assez facile.

Un grand ménage en vue

Avant de partir, vous aurez du ménage à faire afin de ne laisser de vous qu'une image positive et de n'emporter dans votre baluchon que le meilleur de votre passé. Vous commencerez par vos espaces de travail, vos papiers et les dossiers dont vous vous occupez afin de faciliter la tâche de votre successeur. Pourquoi ne pas en profiter pour lui préparer des résumés et des synthèses des tâches que vous accomplissez?

Un autre ménage, tout aussi important, vous attend: vous délester de tout ce qui ne vous appartient plus dorénavant et qui risque de constituer un fardeau lourd et inutile à traîner derrière vous: opinions désuètes sur la vie, le travail et vous-même, relations professionnelles conflictuelles ou fondées sur des rapports de force, responsabilités qui ne sont plus les vôtres, pouvoir et statut liés à l'emploi, stress du quotidien, valeurs de performance et de compétition, pouvoir ou, au contraire, concessions inutiles, avantages divers, obligation de vous sentir utile à tout prix. Et j'en passe.

Libéré de ce fardeau, vous partirez plus léger et disponible pour toute autre chose.

Chez vous aussi

Je peux vous affirmer que, une fois à la retraite, l'envie vous prendra, comme bien de nouveaux retraités, de faire un grand ménage dans votre logement, dans votre garage, dans vos affaires, vos papiers, et même parfois aussi dans vos relations. Vous aurez certainement envie aussi de réaménager votre intérieur, d'y entreprendre les réparations qui n'ont pu être effectuées faute de temps, ou encore d'y ajouter des espaces. Cette envie de tout remettre à niveau et en ordre est tout à fait normale alors que vous vous trouvez dans une nouvelle transition importante de votre existence. Un de mes amis l'appelle d'ailleurs le « plan quinquennal », car un vrai grand ménage peut prendre plusieurs années avant d'achever totalement ce passage entre l'ancien et le nouveau monde.

Certaines personnes attendent d'être à la retraite pour se mettre à la tâche, alors que d'autres commencent plusieurs mois avant, parfois plusieurs années. Un des participants à mes formations, déjà à la retraite, a conseillé au groupe de s'y atteler le plus tôt possible. Non seulement nos ressources financières risquent de diminuer à la retraite, mais il vaut mieux aussi ne pas se mettre trop de travail et de pression sur les épaules au cours des premiers mois. Il avait tout à fait raison, comme vous le lirez plus loin.

Et la paix en plus

Une fois ce ménage terminé, il ne reste plus qu'à faire la paix avec les personnes, s'il y en a, qui vous ont fait du mal ou qui vous ont empoisonné l'existence au travail. Et réciproquement. Pardonner est très difficile, mais il s'agit d'un passage obligé pour ne pas continuer à avancer dans la vie avec une grosse tache sur le cœur et sur l'âme (les regrets et l'amertume). Entretenir de la rancune brûle énormément d'énergie, tout comme se poser en victime, non ? Il s'agit d'un véritable gaspillage, car vous aurez besoin de toute cette énergie pour construire votre nouvelle vie.

Parmi les regrets et les souhaits les plus profonds et malheureusement tardifs des personnes en fin de vie, un des plus importants est de renouer et de se réconcilier avec toutes les personnes avec qui elles étaient en conflit, mais particulièrement avec les membres de leur famille.

Rien que le fait de remplacer les pensées négatives à l'endroit de celui qui nous a fait du mal par des pensées neutres, mais idéalement positives, sans forcément le rencontrer, est déjà très apaisant et libérateur.

En vous délestant ainsi et en faisant le vide à tous les niveaux, vous libérerez l'espace physique, mental et affectif nécessaire à votre nouvelle vie.

Vous remarquerez toutefois, dans ce cas, comme dans d'autres, qu'il n'est pas facile de vous libérer totalement de tant d'années consacrées au travail. Lors des transitions, des fils invisibles nous attachent encore un bon moment à notre passé, tant et aussi longtemps que nous n'aurons pas totalement franchi la zone neutre (voir p. 17).

Conseil

Pendant que vous êtes ainsi occupé à charger votre baluchon et à faire du ménage, n'oubliez surtout pas de remplir tous les papiers officiels pour votre demande de rente de retraite, si vous devez en recevoir une de votre employeur. Cela requiert de l'énergie et de l'attention. Je me souviens que le responsable des sessions de préparation à la retraite que j'animais, qui entendait pourtant cette recommandation au moins 20 fois par année, était tellement préoccupé par son travail qu'il en a oublié de demander sa propre rente de retraite six mois à l'avance, comme cela devait être fait dans son cas.

Questions

- De quoi devriez-vous vous délester en priorité pour partir le cœur en paix à la retraite ?
- Que détestez-vous le plus dans votre travail et que vous vous promettez de ne plus jamais revivre dans vos activités de retraite, même dans le bénévolat ?
- Quel est votre plus mauvais souvenir professionnel ? Que s'est-il passé ? Avez-vous appris quelque chose de cette expérience ?
- Dans quels domaines avez-vous le sentiment d'avoir bien réussi, tout en ayant éprouvé du plaisir à le faire ?
- Si vous partez à la retraite avec amertume, que gagnez-vous ? Que perdez-vous, surtout ?
- Que devriez-vous achever avant la retraite pour partir le cœur en paix, sans boulet à vos pieds ?
- Quels regrets souhaitez-vous « réparer » avant de partir, pour qu'ils cessent de vous meurtrir l'esprit et le cœur ? Pourriez-vous les transformer en nouveaux projets ?

PRÉVOYEZ UNE ACTIVITÉ DE TRANSITION

> Le secret du changement consiste à concentrer ses énergies pour créer du nouveau et non à se battre contre l'ancien.
>
> DAN MILLMAN

Un cadre d'une grande entreprise, à la retraite depuis deux ans, qui accompagnait sa conjointe lors d'un stage de préparation à la retraite que j'animais, nous a appris que son activité de transition, entre son travail et le début officiel de sa retraite, avait été de dormir pendant trois mois ! Une fois encore, le groupe a éclaté de rire. Il avait bien raison, car ce moment de repos et de recul lui a permis de se délester du stress et du rythme effréné de son travail. Il lui a également permis de découvrir qu'il pouvait penser à lui, en plus de prendre le temps de réaménager sa nouvelle vie à sa façon ! Je dis d'ailleurs souvent que, au début de la retraite, la recette, c'est la paresse. À condition, bien sûr, de ne pas s'y éterniser.

Un projet en chantier

Au moment de quitter le monde du travail officiel pour la retraite, il est essentiel, à mon avis, d'avoir déjà en chantier une activité de transition. L'idée est de ne pas se retrouver du jour au lendemain sans rien d'autre à faire que de vivre le quotidien en attendant que quelque chose de nouveau se passe.

Une activité de transition, c'est une activité peu contraignante mais suffisamment passionnante pour vous donner envie de vous lever le matin, de sortir de chez vous, de rencontrer du monde et de vous sentir encore utile. En fait, pour continuer à donner un certain rythme à votre vie, tout en comblant vos besoins fondamentaux : accomplissement, estime de soi, sentiment d'appartenance. C'est, surtout, une activité que vous pouvez abandonner facilement sans vous sentir coupable, si vous ne vous y sentez pas bien ou dès que vous aurez trouvé quelque chose qui correspond davantage à vos nouveaux intérêts et à votre nouveau mode de vie. En vous occupant, cette activité vous évitera aussi de tomber dans les quelques pièges que j'évoque au point de repère 13.

Conseil

Souvenez-vous que vous ne pouvez savoir comment vous voudrez vivre votre retraite tant que vous n'y serez pas vraiment depuis un certain temps. Ne précipitez donc pas trop les choses et ménagez-vous surtout une porte de sortie !

Questions

- Qu'allez-vous mettre en place pour faciliter votre entrée dans la retraite ?
- Que ferez-vous les tout premiers mois ?
- Comment imaginez-vous votre vie par la suite ? Que ferez-vous ? Avec qui ? À quel endroit ? Comment ?
- Lequel de ces verbes préférez-vous à propos de la retraite : occuper, gérer, organiser, savourer, profiter, gaspiller, perdre ?
- Quelle sera votre activité de transition ?

Point de repère 11

Délestez-vous du stress

> Le stress est une réponse psychologique et physiologique d'une personne à une situation qui égale ou excède sa capacité d'adaptation.
>
> BRYAN HIEBERT

Alors que je parlais des risques et des dangers du stress au travail pendant un de mes cours, un cadre, très actif et très occupé, nous a raconté ceci. Quelques années auparavant, il n'avait pas tenu compte de tous les avertissements que lui lançait son corps pour lui demander de ralentir un peu. Il se croyait carrément invulnérable et capable de reprendre le dessus sans aide. Après tout, il était gestionnaire ! Il était habitué à régler des problèmes bien plus graves que celui-ci. Il n'allait quand même pas se laisser abattre par des histoires de fatigue ! Il a donc continué à étirer la corde au maximum jusqu'à ce qu'un jour, tout à coup, il se retrouve complètement paralysé, incapable de faire quoi que ce soit et de prendre la moindre initiative. Il a dû rentrer chez lui pour de longs mois et accepter de se faire soigner. En racontant cela au groupe, il s'est mis à pleurer, preuve que sa souffrance était encore toute présente et probablement sa vulnérabilité aussi.

Prudence avec les préparatifs

Je ne vais pas vous donner un cours sur le stress, car j'ai déjà traité ce sujet à fond dans *Une retraite heureuse?*, ainsi que dans *Pour un sommeil heureux*. Mon objectif, ici, est avant tout de vous mettre en garde contre l'excès de zèle et d'enthousiasme au moment où vous vous préparez à entrer dans ce monde inconnu et souvent imprévisible de la retraite. Vous risqueriez non seulement de vous lancer dans des projets qui ne vous conviennent pas, mais aussi de subir quelques problèmes de santé dans l'année qui suit. Je vous explique pourquoi.

Prendre sa retraite est stressant et consomme beaucoup d'énergie physique et mentale, même si cette transition est attendue et méritée, même si tout se passe dans les meilleures conditions possible. Une foule de choses doivent être réglées ou terminées et plusieurs décisions importantes doivent être prises. Certains entreprennent aussi divers changements : vendre leur maison, trouver un autre logement, déménager, faire des rénovations et voyager, en même temps que mille questions et mille émotions se bousculent dans leur tête à propos de leur avenir. À cela peuvent s'ajouter des problèmes de santé, les leurs ou ceux des membres de leur famille, et tout particulièrement de leurs parents vieillissants.

Sur une échelle de stress dont le maximum est 100, soit la perte du conjoint, la retraite correspond à 45[1]. Si d'autres changements importants surviennent en même temps, il faudra les ajouter, par exemple la maladie grave d'un proche (44) ou son décès (63). Même les changements agréables et attendus, comme les voyages (13) ou le remboursement d'une hypothèque (30), occasionnent du stress. Ceux qui acceptent mal le départ à la retraite,

---

1. D'après Thomas Holmes et Richard H. Rahe dans *Une retraite heureuse?*

par exemple parce qu'ils perdent leur statut social ou voient leurs finances réduites, devront ajouter 38, dans les deux cas. Or, à partir d'un seuil situé entre 150 et 199 pour les 12 à 24 mois précédant ces événements, une personne court un risque plus grand (37 %) de souffrir de problèmes de santé dans l'année qui suit. Dans notre exemple, le passage à la retraite.

Déjà stressés par le travail

L'Organisation internationale du Travail (OIT) considère le stress professionnel comme le risque numéro un pour la santé et la sécurité des travailleurs dans le monde entier. Lors d'un sondage effectué par la Fondation des maladies du cœur du Canada, 43 % des répondants ont dit être souvent stressés, en citant le travail comme la cause principale du stress[1].

Près de 90 % des travailleuses et des travailleurs affirment d'ailleurs que le stress est leur pire ennemi, bien avant la cigarette ou la malbouffe. Le stress serait d'ailleurs responsable de 80 % des consultations médicales. Les pourcentages à propos du stress varient d'une étude à l'autre, mais ils sont toujours très élevés.

Dans le documentaire *Quand le cadre ne cadre plus*, diffusé par Radio-Canada en 2006, nous apprenions que, déjà en 1998, 500 000 Canadiens se sont absentés du travail pour des problèmes de santé mentale liés à leur emploi, notamment le surmenage professionnel, la démotivation, l'angoisse, l'anxiété, la détresse, la panique, la dépression, les comportements compulsifs, la défaillance du jugement, l'agressivité ainsi que les idées suicidaires. Plusieurs

---

1. Source : Travailleurs et travailleuses unis de l'alimentation et du commerce Canada (site web).

cas de suicides de gestionnaires sur leur lieu de travail ont d'ailleurs défrayé la chronique ces dernières années.

Quand on en demande de plus en plus à notre organisme et à notre cerveau, tôt ou tard, ils finissent par refuser de nous suivre et d'en accepter davantage encore. Nous devenons alors irritables et parfois agressifs. Notre capacité d'attention et de concentration, notre mémoire, ainsi que notre capacité de planification et d'organisation diminuent. Divers problèmes de santé peuvent apparaître : ulcères, maux de dos, migraines, fatigue, hypertension, agressivité ou dépression. Notre système immunitaire s'affaiblit aussi et il ne peut plus nous défendre avec autant de vigueur contre les envahisseurs. Tout cela nous rend beaucoup plus vulnérables au moment d'opérer tous ces changements.

Alors, allez-y mollo avec les projets. Attendez un peu avant de vous lancer dans l'action. Donnez-vous le temps de réfléchir à ce que vous allez faire. Si vous êtes un travailleur acharné, prévoyez réduire votre rythme de travail. Et, surtout, reposez-vous! Après tout, comme l'illustre si bien un slogan connu : *Vous le méritez bien!*

Réduire le stress

Voici quelques conseils pour réduire les effets du stress :
* Reconnaître que vous êtes stressé. Bien des travailleurs infatigables maîtrisent parfaitement l'art de ne pas reconnaître qu'ils sont stressés, fatigués ou épuisés. Ils font tout aussi pour le cacher à leur entourage.
* Admettre que vous êtes devenu vulnérable, physiquement et mentalement, et qu'il est temps d'agir afin que les choses ne s'aggravent pas.
* Ne pas culpabiliser en pensant que vous êtes une personne faible et mentalement malade parce que vous êtes fatigué ou carrément épuisé.

- Vous donner le droit de prendre du repos, et davantage qu'une quinzaine de minutes par jour ou deux semaines de vacances par année... avec du travail.
- Éliminer le plus possible les sources de stress : tracas du quotidien, conflits et bruit.
- Cesser de vouloir tout contrôler et de chercher à atteindre constamment des niveaux de qualité extrêmement élevés.
- Faire une liste de vos priorités, par ordre décroissant d'importance, et vous attaquer systématiquement à chacune d'elles, une à la fois.
- Dormir suffisamment.
- Modifier vos habitudes de vie : horaires, temps passé au travail, alimentation, sommeil.
- Faire au moins 30 minutes d'exercice par jour.
- Pratiquer au moins quatre fois par semaine des exercices de détente : méditation, marche ou yoga.
- Apprendre à dire NON, pour choisir quand dire OUI.
- Cesser de vous imposer des exigences extrêmement élevées dans tous les domaines.
- Prendre tout ce qui arrive avec un grain de sel. Vous demander par exemple : Est-ce si grave que cela ? Qu'est-ce qui peut arriver de pire ? Le monde peut-il continuer à tourner sans moi ?
- Aborder chaque situation de front afin d'en découvrir l'origine, et passer à l'action pour résoudre les difficultés.
- Quand cela est approprié, désamorcer les situations problématiques avec une touche d'humour.
- Parler à quelqu'un qui vous écoutera avec un réel intérêt et vous réconfortera, sans prendre position ni vous dire quoi faire.
- Dès que l'angoisse commence à monter, respirer profondément et vous concentrer sur votre respiration afin de détourner votre attention de l'élément angoissant.

- Vous masser le plexus solaire, et même le frapper vigoureusement (comme Tarzan!).
- Faire l'amour, puisque cela réduit le niveau de stress.
- Arrêter de faire plusieurs choses en même temps. En faire une seule, parfaitement, et jusqu'au bout.
- Vivre au rythme du *slow down*, c'est-à-dire tout faire plus lentement: manger, conduire, parler, marcher, penser.

Pour compléter cette liste, je vous suggère de lire ou de relire aussi les divers moyens de colmater vos fuites d'énergie (voir p. 123).

Questions

- Sur une échelle de 10 (10 étant le maximum), comment évaluez-vous votre degré de stress aujourd'hui?
- Quels sont les symptômes et autres effets physiques que vous ressentez lorsque vous êtes envahi par le stress?
- Quelles sont vos stratégies habituelles pour réduire votre niveau de stress?
- Quels moyens (et pendant combien de temps) prenez-vous, chaque jour, pour vous détendre? Pour penser à vous? Pour sortir du rythme effréné du quotidien?

Point de repère 12

Laissez une trace

La vie des grands hommes nous rappelle que nous aussi nous pouvons rendre notre vie sublime et laisser derrière nous, après la mort, des empreintes sur le sable du temps.

HENRY LONGFELLOW

J'ai demandé à un groupe qui assistait à une de mes conférences de nous dire ce que chacun pensait léguer aux jeunes générations qui prendront la relève après leur départ à la retraite. Certains ont mentionné, par exemple, des méthodes de travail, des connaissances et des idées, leur bonne humeur contagieuse, leur capacité d'écoute, des valeurs telles que l'honnêteté ou le souci du travail bien fait. Ils ont aussi mentionné la volonté d'aider les autres (clients, collègues) à se sortir de leurs difficultés, ainsi que la patience, l'enseignement d'une discipline de vie positive et de la politesse aux plus jeunes, une route bien construite dont ils étaient responsables ou des documents qu'ils ont réalisés. En revanche, un employé du ministère du Revenu (vous savez, le ministère que nous aimons tellement!) nous a lâché avec ironie qu'il allait léguer plus de 500 dossiers totalement inachevés aux jeunes qui occuperaient son poste après son départ. Nous avons tous bien ri, et j'en ris encore... jaune.

D'autres participants ont répondu qu'ils n'avaient pas l'impression de laisser grand-chose derrière eux. Ils identifiaient leur travail à une simple source de revenus. Ils en avaient aussi plus qu'assez d'être au service des autres ou de travailler pour une organisation qui ne reconnaît pas la valeur de leur travail ! En leur posant des questions et en discutant un peu avec eux, je finis, la plupart du temps, par les faire changer d'avis, mais pas toujours. Je ne manque jamais de leur dire que leur salaire leur a au moins permis de contribuer au bien-être de leur famille, et tout particulièrement à celui de leurs enfants, s'ils en ont.

La générativité

Réaliser au moment du départ à la retraite que tout ce que nous avons fait de bien ne l'a pas été en vain nous permet non seulement de partir le cœur en paix, mais surtout de reconstruire notre nouvelle identité sur des bases solides.

La générativité, c'est la trace, l'empreinte quasi ineffaçable que nous laissons dans notre sillage, partout où nous passons. Il s'agit d'une manifestation flagrante de la maturité que nous sommes parvenus à atteindre, particulièrement lorsque le don d'un peu de soi devient plus important que soi. Elle ne peut exister sans quelques préalables, notamment une identité claire et forte, de solides valeurs de coopération, de solidarité et de partage, la capacité d'entrer en relation intime avec les autres, la générosité, la volonté de contribuer au développement et au bien-être d'autrui, en même temps qu'au nôtre. Vous voyez, j'imagine, le lien avec toutes les phases du développement humain que j'ai présentées dans les points de repère précédents.

La générativité se concrétise de diverses façons. Voici quelques exemples :

- Contribuer à la construction d'un monde meilleur et le laisser en meilleur état quand nous partirons... pour un monde meilleur.
- Chercher à transmettre tout ce que l'on a appris et acquis au fil de notre vie.
- Vouloir se générer soi-même, en cherchant à projeter notre identité au-delà de la retraite, du vieillissement et même de la mort.
- Créer de nouvelles idées, des projets, des produits et surtout des êtres nouveaux (nos enfants).

À propos de la mise au monde d'enfants, je ne peux pas m'empêcher de souligner que, pour certaines personnes, la procréation n'a vraiment pas de lien avec la générativité. Leurs intentions et leurs actions sont loin de viser le bien-être de leurs enfants. Il suffit de penser à tous ces cas de maltraitance, de violence et d'exploitation que certains de ces tout-petits ont à subir.

À l'opposé, l'absence de générativité amène une personne à se replier et à se centrer sur elle-même, sur son propre bien-être et son confort. Ses valeurs se rapprochent plus de l'individualisme, voire du nombrilisme pour certains, que de l'altruisme. Lorsqu'elle donne, c'est la plupart du temps dans le but de recevoir quelque chose en retour. Elle refuse de s'engager, autant dans des causes que des relations, tout en exigeant beaucoup d'autrui. Alors, plus elle vieillit, plus elle risque de souffrir de solitude et d'ennui, en plus de garder au fond d'elle-même un goût amer, et probablement aussi le sentiment que plus rien d'intéressant ne se passe et que sa vie s'appauvrit de jour en jour. Elle risque aussi d'entretenir des idées suicidaires et même de passer à l'acte, particulièrement lorsque tout ce qui donnait un certain sens à sa vie disparaît tour à tour : travail, activités, conjoint, amis et santé, par exemple.

Il n'est jamais trop tard

Si vous réalisez ou croyez que, au seuil de la retraite, vous n'allez pas laisser grand-chose derrière vous, commencez par mettre cette affirmation en doute! Prenez le temps de faire un retour en arrière et de vous attarder au présent. Allez fouiller un peu dans votre malle aux trésors. Vous y trouverez assurément des bons coups, des actes de générosité, sans attente de retour, envers vos enfants ou ceux des autres, envers votre conjoint, votre famille, vos amis, vos parents et vos grands-parents. Nul besoin d'avoir réalisé des exploits. Vous allez en trouver, j'en suis certaine.

Sachez aussi que bien des gens et bien des associations ont besoin de vous. Vous pouvez y laisser une trace de multiples façons, par exemple en mettant vos connaissances et vos compétences à leur service. Vous pouvez donner un peu de votre temps à des jeunes afin de les aider à avancer dans la vie avec plus d'assurance et d'atouts, à réussir leurs études, puis à se trouver du travail et s'y intégrer. Vous pouvez aider une personne âgée à faire de menus travaux d'entretien chez elle, ne serait-ce que changer une ampoule électrique au plafond afin d'éviter qu'elle ne tombe, tondre son gazon ou faire un peu de peinture. Vous pouvez faire profiter les autres de vos idées et de votre créativité, donner quelques cours, écrire des articles ou des livres dans votre champ de compétence, et pourquoi pas aussi vos propres mémoires pour vos petits-enfants. Avant de partir à la retraite, vous pourriez également transmettre votre savoir et votre savoir-faire à certains de vos collègues ou devenir le mentor de celui qui vous remplacera. L'idéal serait d'ailleurs de participer au choix de ce dernier.

C'est un peu tout cela aussi, la générativité. Et bien plus encore. Vous verrez, c'est non seulement bon pour le moral, mais aussi pour la santé physique et psychologique, et même pour l'espérance de vie.

DEVENEZ BÉNÉVOLE

C'est immanquable ! Pratiquement tous les futurs retraités que je rencontre me disent que, une fois à la retraite, ils vont s'engager dans des activités bénévoles, même ceux et celles qui n'en ont jamais fait de leur vie. Quand je leur demande quel domaine ils ont choisi, bien souvent ils ne le savent pas. Ou bien ils répondent que ce sera auprès de personnes âgées.

Ce désir de s'engager est noble et généreux, comme l'écrit si bien sur son site le Secrétariat à l'action communautaire autonome et aux initiatives sociales.

L'action des bénévoles est généreuse, noble. La plupart du temps, elle est également silencieuse, car les bénévoles sont très souvent des travailleurs de l'ombre. Ces gens de cœur, on les trouve partout au Québec et dans plusieurs sphères d'activité. Ils sont plus de deux millions de personnes à consacrer annuellement près de 385 millions d'heures de bénévolat dans toutes les régions du Québec.

Le bénévolat est une excellente façon de se glisser tout en douceur entre le monde du travail et celui de la retraite. Il permet en effet de continuer à combler tous nos besoins fondamentaux : donner un rythme à notre vie, être actif physiquement et intellectuellement, apprendre, créer des liens, développer un sentiment d'appartenance, défendre nos droits et nos intérêts, ainsi que ceux des autres, nous sentir utiles, recevoir de la reconnaissance et, bien sûr, laisser un peu de soi derrière soi. Le bénévolat augmente également notre vitalité générale, notre bien-être psychologique et, bien sûr aussi, notre espérance de vie. Il est donc autothérapeutique! Pourquoi pas, alors!

S'engager dans l'action bénévole pour la première fois ne doit pas se faire à la légère, avec euphorie et idéalisme, comme si tout allait couler de soi et être facile. Cette attitude risque de créer des attentes excessives. Une réflexion préalable à propos de nos motivations s'impose, car le bénévolat ne doit surtout pas être un exutoire au vide laissé par les activités professionnelles. Il faut aussi garder en tête que les organisations ont davantage besoin de bras bénévoles que de chefs et que, malheureusement, là aussi les rivalités et les enjeux de pouvoir existent.

Je suggère toujours aux nouveaux retraités de ne pas s'engager trop rapidement auprès des personnes très âgées et en perte d'autonomie, particulièrement si leur transition vers la retraite n'est pas encore totalement résolue (adaptation, acceptation). Voir tant de personnes malades et souffrantes peut donner une image faussée de la retraite et du vieillissement, comme si tout le monde finissait sa vie ainsi. Ce qui est faux.

Je prends bien la peine de préciser qu'il ne s'agit pas d'une invitation à ne pas s'engager dans ce type de bénévolat, bien au contraire. Il s'agit d'attendre un peu, le temps de s'assurer d'être bien ancré dans sa retraite sur le plan émotif.

Au cœur de la personnalité

Le meilleur moyen de se sentir utile et de servir tout en s'épanouissant est de choisir une cause en lien avec nos intérêts, nos préférences, notre personnalité et nos valeurs et, bien sûr aussi, avec nos compétences et nos habiletés. Vous commencerez donc par vous poser ces quelques questions.

Qu'est-ce qui me fait vibrer le plus? Quels sont mes compétences et mes intérêts? La santé? Les sports? Les arts? La musique? Les musées? Les enfants? L'aide aux devoirs? L'alphabétisation? L'intégration des nouveaux arrivants? L'environnement? La lutte contre la pollution? La protection des animaux? L'aide aux pays en voie de développement? Faire des recherches? Monter un site web? Faire partie d'un conseil d'administration?

Je donne souvent cet exemple dans mes cours. Si vous voulez venir en aide aux animaux abandonnés ou maltraités, la Société protectrice des animaux (SPA) n'a pas uniquement besoin de personnes pour promener les chiens et distraire les chats. Elle sollicite aussi l'aide de bénévoles pour les soigner et nettoyer leurs cages, pour recevoir les personnes intéressées par l'adoption, pour photographier et écrire des textes de présentation sur le site Petfinder dédié aux animaux qui trouvent plus difficilement un foyer d'accueil. Elle a besoin d'aide aussi pour effectuer du travail général de bureau et dans divers domaines d'expertise : traduction, programmation, droit, peinture, mécanique, graphisme.

Partout il y a une place pour vous, là où vous le voulez et quand vous le voulez !

Mieux vous aurez planifié le type de bénévolat dans lequel vous souhaitez vous engager, mieux vous vous y sentirez et plus longtemps vous persévérerez.

Le dépliant destiné aux personnes aînées, disponible sur le site du Secrétariat à l'action communautaire autonome et aux initiatives sociales, vous éclairera parfaitement au sujet du bénévolat, notamment sur vos motivations et sur la façon de devenir bénévole et dans quelles sphères d'activité (www.benevolat.gouv.qc.ca/devenir_benevole). Un petit tour dans les signets de mon site (www.marie-paule-dessaint.com) vous permettra également de trouver une foule d'idées de bénévolat, local, national et international, dans plusieurs domaines.

Conseil

Avant de vous lancer dans l'aventure du bénévolat, vérifiez si vous êtes prêt à vous engager sur une base régulière. Certaines personnes, surtout au début de la retraite, ne sont pas disposées à se soumettre à un horaire hebdomadaire fixe. C'est pourquoi plusieurs choisissent plutôt d'aller faire du bénévolat pendant plusieurs mois dans un pays en voie de développement. Elles peuvent ainsi découvrir un monde différent et s'y intégrer autrement qu'en simple touriste, en plus de voyager et de se sentir utiles.

Questions

- Qu'allez-vous laisser derrière vous lorsque vous partirez à la retraite?
- Quelles valeurs avez-vous l'impression d'avoir transmises à ceux qui vous suivront au travail, ainsi qu'aux générations montantes?
- Quelles sont les réalisations personnelles et professionnelles dont vous êtes particulièrement fier? Que vous ont-elles appris sur vous?
- Comment comptez-vous rapatrier certaines de vos réalisations professionnelles dans vos activités de retraite, ainsi que les habiletés et les compétences que vous avez pu développer dans votre travail?
- De quelle façon avez-vous contribué au bien-être et à l'évolution de votre organisation, ainsi qu'à ceux de vos collègues de travail?

Point de repère 13

Ne vous laissez pas leurrer

Leurrer (définition) : Attirer, tromper en suscitant de fausses espérances. Synonymes : abuser, attirer, attraper, bercer, berner, bluffer, duper, embobiner, endormir, mystifier, rouler, tromper.

Lors d'une conférence que j'ai prononcée dans une bibliothèque, j'ai mentionné ce projet qu'ont bien des couples, et même des personnes seules, de s'acheter un véhicule récréatif (VR), quitte à vendre leur maison pour réaliser leur rêve. Ils s'imaginent partir ainsi à l'aventure, libres comme le vent. Je leur suggère toujours de louer un de ces véhicules et d'expérimenter la vie nomade avant de faire le grand saut. Entre le rêve et les contraintes de la réalité quotidienne, dans un espace restreint, dans un véhicule dont il faut prendre soin, en plus d'être suffisamment en forme (et habile en mécanique!) pour le conduire, il peut y avoir une énorme distance. Certains se jurent bien de ne jamais plus recommencer, alors que d'autres découvrent là un mode de vie qui leur convient parfaitement.

Quand je suis revenue à cette même bibliothèque, un an plus tard, la personne qui m'avait invitée l'année précédente est venue me remercier! À leur première tentative en VR, qu'ils avaient bien pris soin de louer et non d'acheter, son conjoint et elle ont passé beaucoup de temps à se disputer, chose qui ne leur arrivait pratiquement jamais sur la terre ferme! Ils se sont alors trouvé un autre rêve de retraite commun!

Se faire piéger ou non

Voici quelques exemples de projets et d'activités, parmi d'autres, dans lesquels plusieurs personnes se lancent trop rapidement, au moment même de prendre leur retraite ou au cours des premières années. Si plusieurs y trouvent plaisir et accomplissement, d'autres ne réalisent pas qu'ils sont en train de tomber dans un piège, parfois une véritable prison.

Déménager dans un logement plus petit. En pensant se libérer de contraintes matérielles, en plus de mettre de l'argent de côté pour les loisirs et les voyages, certains couples vendent leur maison ou leur grand appartement pour emménager dans un espace plus petit en même temps qu'ils prennent leur retraite. Ce n'est pas toujours une bonne idée, surtout s'ils n'ont pas encore réfléchi à ce qu'ils feront et aimeront faire à la retraite. Il faut penser aussi que chacun aura besoin d'espace bien à lui.

Déménager trop rapidement à la campagne, à la mer... ou en ville. L'idée est excellente si l'on aime ce mode de vie et si l'on y a déjà des repères. Il est toutefois préférable de ne pas trop s'éloigner de sa famille, des amis de longue date, des centres d'intérêt (loisirs, culture), des transports en commun et des commerces. Un endroit de rêve où l'on se sent isolé peut rapidement se transformer en prison dorée, particulièrement en vieillissant lorsque les déplacements deviennent plus difficiles et que les gens que nous aimons sont trop éloignés.

En France, par exemple, le plus haut taux de suicide chez les personnes âgées de plus de 65 ans, surtout des hommes (mais aussi chez les plus jeunes), se situait dans la magnifique région Provence-Alpes-Côte d'Azur. Pour trouver le soleil à longueur d'année, beaucoup ont quitté l'endroit où ils ont toujours vécu. Ils ont alors perdu leurs repères et leurs racines. **Rénover sa maison la première année.** Pendant que le nouveau retraité consacre son temps, son énergie et son argent à un tel projet, il retarde le moment de reconstruire sa nouvelle vie et de consolider ses liens avec les gens qui comptent pour lui. Certains retraités m'ont déjà dit que, une fois leurs travaux terminés, ils ne savaient plus quoi faire de leur vie, en plus d'avoir bien grevé leur budget. Il vaut donc mieux attendre un peu, le temps de savoir ce que l'on voudra faire à la retraite. Déménager, peut-être ? Effectuer ces travaux bien avant de partir ? Pourquoi pas ! Se reposer un peu au début de la retraite et attendre de savoir dans quelles activités on voudra se lancer ? Une bonne idée, certainement !

Travailler excessivement. Pour diverses raisons, de plus en plus de retraités choisissent de travailler encore à la retraite, à temps complet ou à temps partiel. Si certains ont bien planifié leur projet, d'autres se lancent un peu trop rapidement dans un peu n'importe quoi, probablement pour combler un vide. Voyez à ce sujet l'agenda de retraite (p. 245) et le travail à la retraite (p. 253).

S'engager dans un peu de tout et n'importe quoi. L'euphorie des premiers temps de la retraite peut être consacrée à faire tout ce que l'on n'a pas pu faire avant, à réaliser des rêves mis en veilleuse, à prendre le temps de vivre, de s'amuser et de se détendre, sans se poser trop de questions. Après un certain temps, une analyse critique s'impose toutefois. Pourquoi faire tout cela ? Ai-je peur du vide ? Ai-je des difficultés à faire mon deuil du passé ? Suis-je en train de tenter d'escamoter la transition en me lançant dans toutes les directions ? Pourquoi n'ai-je pas de projet ou d'objectif précis en vue ? Est-ce que je veux rattraper les occasions perdues? Sortir de chez moi pour ne pas être constamment avec mon ou ma partenaire de vie? En général, lorsqu'une personne a tout essayé ainsi, sans réfléchir au préalable à la direction qu'elle veut donner à sa nouvelle vie, elle finit par se lasser. Un jour, elle n'aura plus envie de faire quoi que ce soit. Croyez-moi, bien des gens viennent me consulter pour ça!

Faire le chemin de Compostelle sans expérience de la randonnée. Tout comme celle du VR, cette aventure du chemin de Compostelle, ou tout autre chemin semblable, est une façon extraordinaire de faire le pont entre le travail et la retraite, car elle permet de se délester plus rapidement du stress et de la routine du travail, en plus de faire le point et d'élaborer des projets d'avenir à tête reposée. Comme vous l'avez certainement entendu: nous ne faisons pas le chemin, c'est le chemin qui nous fait. C'est exact.

Les personnes que je connais qui se sont lancées dans cette aventure avec succès sont aussi celles qui se sont bien préparées, autant sur le plan matériel (vêtements, chaussures et entraînement) que sur le plan psychologique. Aussi n'ont-elles pas idéalisé ce qu'elles s'attendaient à trouver à destination.

Vivre à travers son ordinateur ou sa télévision. S'ils permettent mille et une découvertes, en plus d'entrer en contact plus souvent et plus facilement avec nos proches et avec le monde entier, d'organiser des voyages, de jouer aux échecs à distance, de commander mille et une choses utiles, ils peuvent aussi devenir de faux amis. Regarder l'autre vivre à travers un écran, ce n'est pas la vraie vie, devenir accro à certains sites pas toujours recommandables, non plus. Passer du temps à lire tout ce qui s'écrit sur les problèmes de santé sans exercer son esprit critique, encore moins. Rester assis pendant de nombreuses heures devant un écran, ce n'est pas indiqué non plus pour la santé, le sommeil et le moral.

Se replier totalement sur son couple et sur sa famille. Après avoir manqué de temps pour leur couple et leur famille, beaucoup choisissent de se replier dans leur bulle familiale et parfois aussi de s'occuper à temps complet de leurs petits-enfants. Attention! Danger en vue quand on n'a pas vérifié avant si les autres sont prêts à accepter notre omniprésence ou, au contraire, s'ils ne vont pas en abuser. Il importe aussi de maintenir l'équilibre entre nos activités et de s'entourer également de gens de notre âge.

Jouer à l'éternel «petit jeune». S'il est bon de prendre tous les moyens à notre disposition pour rester jeunes et en forme physiquement, mentalement et intellectuellement, il importe, pour notre bien-être futur, de ne pas tomber dans l'effet inverse, en nous comportant comme des adolescents ou de très jeunes adultes. Cette façon de refuser le vieillissement frise souvent le ridicule. Je vois toute une nuance entre faire semblant d'être jeunes en vivant comme les jeunes et nous garder jeunes le plus longtemps possible dans notre corps, notre tête et notre cœur!

Se laisser séduire par le chant des sirènes du... marketing. Les publicitaires maîtrisent l'art de nous montrer une image quasi idyllique de la retraite et de nous faire croire que nos petits désirs sont en fait de grands besoins fondamentaux. Aussi certains d'entre nous ne rêvent-ils que de golf, de croisières, de voyages au bout du monde, de voitures, de vêtements et de maisons de luxe, de véhicules récréatifs, de chirurgie esthétique, d'aliments miracles et de je ne sais quoi encore. Certains se ruinent carrément en pensant que tout le monde vit ainsi sa retraite et qu'ils n'ont pas d'autre choix que de suivre la parade. Pendant ce temps, ils oublient souvent de se préparer à accepter le vieillissement.

Conseil

Ne m'écoutez pas trop! Maintenant que je vous ai bien mis en garde, je vous suggère de n'en faire qu'à votre tête et d'expérimenter tout ce que vous souhaitez! C'est d'ailleurs certainement ce que vous vous êtes dit en me lisant (je vous ai entendu penser!). Vous allez vivre plusieurs retraites. Au fur et à mesure que vous vieillirez, en plus de découvrir tout le potentiel de cette nouvelle étape de votre existence, vos rêves, vos besoins et vos attentes évolueront naturellement. L'important est d'ouvrir les yeux tout grands et d'avoir le courage de faire marche arrière si vous réalisez que vous vous êtes lancé dans un projet ou une routine qui ne vous conviennent plus. Ouvrez les yeux plus grands encore pendant qu'il en est encore temps!

Questions

- Si vous êtes déjà à la retraite, vous est-il arrivé de tomber dans un de ces pièges? Lequel?
- Si oui, comment vous en êtes-vous sorti? (ou comment pensez-vous en sortir?)
- Si vous n'êtes pas tombé dans ces pièges, qu'avez-vous fait?

Point de repère 14

Célébrez votre départ

> Plus vous savez célébrer et apprécier votre vie, plus il y a de choses à célébrer dans la vie.
>
> OPRAH WINFREY

Voici une caricature que je présente dans mes cours pour la commenter. Un groupe est en train de sabler le champagne en l'honneur de celui qui part. Une de ses collègues lui dit, tout haut et avec tristesse : *Tu vas nous manquer !* Pendant ce temps, les autres se disent... tout bas : *Enfin, le voilà parti, ce vieux baby-boomer ! À moi son bureau ! Enfin, je vais pouvoir m'emparer de son poste ! Il était temps !* Et le patron de penser : *Bonne affaire ! Avec son salaire, je vais pouvoir engager deux jeunes !* Quant au retraité, il pense (tout bas !) qu'il va être bien débarrassé de tout ce beau monde. Il s'imagine sur un tremplin, s'envolant vers sa nouvelle vie. Son attaché-case et sa cravate volent dans les airs. Il se voit aussi, en vacances, plonger dans la mer avec sa conjointe. Le bonheur, quoi !

Il n'en est probablement pas conscient, mais, sous ces apparences joyeuses, ce nouveau retraité est en train d'entamer le deuil de sa vie professionnelle, ainsi qu'une des transitions les plus importantes de son existence, et, probablement aussi, l'étape la plus difficile.

Puis (autre caricature), toujours aussi heureux, il rentre chez lui en s'écriant : *Enfin, je suis libre!* Sa femme qui l'accueille à la porte lui répond : *Libre tu es!* Une fois la porte fermée, on entend : *Libre j'étais!* L'image rêvée de la retraite, quoi! Cette caricature est adaptée de la bande dessinée de PIEM intitulée *Les joies de la retraite!*

Heureusement, la petite histoire de cette introduction ne représente pas vraiment la réalité. J'ai personnellement participé à des départs à la retraite de travailleurs et d'employeurs aimés de tous, tellement leurs contributions professionnelles et humaines avaient été appréciées. J'ai eu aussi l'occasion de rencontrer bien des couples heureux de se retrouver ensemble à la retraite, tout en respectant la liberté de chacun. En revanche, certaines personnes me disent que ces deux caricatures représentent assez bien ce qui se passe dans leur milieu de travail, et peut-être aussi dans leur vie de couple!

Les rites de passage

Les rites ont pour but d'aider une personne à entrer dans une nouvelle étape de sa vie, en donnant du sens à cette transition. Ils célèbrent à la fois ce qu'elle était et ce qu'elle sera dorénavant. Ils contribuent à apaiser son angoisse face à la nouveauté, à l'aider à prendre possession de sa nouvelle vie et à l'accepter telle qu'elle sera.

Qu'il s'agisse du baptême, de l'entrée dans la vie adulte, des fiançailles, du mariage, de l'initiation de nouveaux étudiants universitaires, de l'intronisation dans une organisation, d'un enterrement, de messes du souvenir ou encore du départ à la retraite, les rites se perdent ou sont de plus en plus bâclés, faute de temps. Ou d'intérêt. Nos valeurs ont changé elles aussi.

Dans le cas de la retraite, la cérémonie des adieux devrait faciliter la transition ainsi que la séparation d'avec le groupe d'appartenance. À cette occasion, l'employeur témoigne (enfin?) toute sa reconnaissance pour le travail accompli depuis tant d'années. Les collègues, qui se projettent probablement dans leur propre rêve de retraite, félicitent celui qui part. Contrairement à eux, il pourra enfin se reposer, ne plus avoir à subir de contraintes d'aucune sorte, ne plus sortir de chez lui quand il fait mauvais temps, se joindre à de nouveaux groupes d'amis. Et bien d'autres choses encore.

Ils ne savent vraiment pas tout ce qui se trame à l'arrière-plan et qu'ils auront à vivre, eux aussi, quand leur tour viendra.

Parfois aussi de l'amertume

Plusieurs, plus nombreux qu'on ne le croit, quittent le bateau avec un sentiment de déception et d'amertume. Certains se sont sentis poussés vers la porte par leur organisation, en raison de leur âge. Ou encore, ils sont partis de leur plein gré parce qu'ils se sentaient obligés de laisser leur place à des plus jeunes en quête d'un emploi stable. D'autres ont vécu des relations tendues avec leur employeur ou leurs collègues ou ont été victimes de harcèlement parce que leur tête ne leur revenait pas. Certains (environ 20 %) ont dû rentrer plus tôt que prévu chez eux en raison de leur mauvaise santé, alors que d'autres ont été mis à la retraite anticipée plutôt qu'au chômage. Vous l'avez d'ailleurs certainement remarqué : plusieurs entreprises choisissent de fermer leurs portes à la toute fin de l'année, de préférence juste avant Noël. Et cela, sans avertissement ni ménagement.

Ces événements rendent difficile le départ à la retraite et retardent le retour à l'équilibre. Comment peut-on idéaliser sa retraite et élaborer des projets quand tout vient de s'écrouler, que l'on se sent rejeté, voire carrément jeté, que l'on a perdu tous ses repères, sans avoir eu le temps de couper les liens avec le passé professionnel et d'en faire son deuil ?

Plusieurs refusent d'ailleurs cette célébration des adieux, qu'ils qualifient de mascarade. Si tel est votre cas, ou encore si on omet de vous fêter, offrez-vous quand même une petite fête en compagnie des gens que vous aimez, ne serait-ce qu'un bon repas au restaurant. Cette transition est importante.

Conseil

Si vous êtes l'organisateur d'une telle célébration, je vous en prie, n'offrez pas de montre ou d'horloge à celui qui part, comme cela m'est arrivé quand j'ai quitté l'Université de Sherbrooke pour devenir travailleuse autonome ! La chose qu'un nouveau retraité souhaite le plus au monde, c'est se débarrasser... de sa montre, de la routine et des horaires contraignants. Pensez plutôt à offrir par écrit des témoignages de reconnaissance, des anecdotes, des rappels des contributions au succès de l'entreprise ou de l'organisation, des souvenirs de moments mémorables de l'équipe en dehors des horaires de travail. Soyez créatif et plein d'humour. Écrivez des choses importantes, que le nouveau retraité conservera comme un trophée dans sa malle aux trésors. Il vous en sera reconnaissant pour toujours. Et, en prime, vous lui permettrez de mieux vivre la transition, puis sa retraite, car ces bons souvenirs l'accompagneront longtemps.

Le sentiment du devoir accompli

Bien des futurs retraités que je rencontre partent avec le sentiment du devoir accompli et satisfaits de la vie qu'ils ont menée, tant au travail que sur le plan personnel. Ils sont prêts. Ils savent que tous leurs efforts ont porté des fruits, autant pour leur organisation que pour eux-mêmes. Ils ont des projets en chantier et ne se sentiront pas pris au dépourvu quelques jours ou quelques mois après leur départ. Ils ont fait le maximum pour se maintenir en forme, physique et psychologique. Ils sont bien entourés, car ils ont fait ce qu'il fallait, depuis longtemps, pour entretenir les ponts interpersonnels avec les membres de leur famille, leurs amis et leurs relations.

Ils sont prêts maintenant à prendre du repos et à penser un peu à eux, avant de se remettre en chemin.

Questions

- Quels sentiments vous habitent à l'idée de participer à une célébration des adieux en votre honneur ?
- Si vous refusez d'y participer, quelles en sont les raisons ?
- Si votre organisation ou votre entourage ne fait rien pour célébrer votre départ, quelles pourraient en être les raisons ?
- Lorsqu'un de vos collègues annonçait son départ à la retraite, que pensiez-vous à son sujet ?
- Que penseront et diront de vous vos collègues et votre employeur quand vous serez parti ?
- Et maintenant, qu'allez-vous faire de votre nouvelle vie ?

TROISIÈME PARTIE

La retraite : repos, exploration et action

Même vécu en douceur, le changement devient un traumatisme difficile à digérer.

PHILIPPE HOFMAN

Bienvenue ! Félicitations ! Vous voilà maintenant membre du très sélect club des retraités, libres comme le vent, à la fois enviés et honnis, très recherchés par certaines entreprises parce qu'on vous croit tous « pleins aux as », rejetés ou oubliés par d'autres parce que vous n'êtes plus au goût du jour. On vous dit aussi nombrilistes, égoïstes, opportunistes, arrogants envers les plus jeunes et intéressés avant toute chose par votre propre confort. Pire que tout, plus vous vieillirez, plus il faudra adapter à vos augustes personnes, et à grands frais, les espaces urbains, les structures, la sécurité, les logements, les modes de transport, ainsi que les services, et tout particulièrement ceux de la santé. Bien sûr, j'exagère un peu !

Non seulement vous voilà *délabrés, décatis, défraîchis, fanés ou usés de la calotte*, comme l'écrit la journaliste Josée Blanchette dans son article intitulé « La retraite ? Plutôt crever. Les sexas redevenus sexys », mais vous êtes surtout responsables de tous les maux qui affligent notre société : mauvaise gestion des organisations, éclatement anticipé des finances publiques, des régimes de retraite et de santé, détérioration de l'environnement.

Au sujet des finances publiques, un article de Sara Champagne, paru dans *La Presse* en 2010, souligne que *plus de trois Canadiens sur quatre (76 %) appréhendent de devoir payer plus d'impôts afin que le système de santé puisse offrir les services et les soins aux boomers. Ils s'attendent aussi à devoir se priver de voyages et à*

devoir piger dans leurs économies. Bref, à payer pour
cette génération qui atteindra 65 ans cette année.

Une cohorte... qui inquiète

Le nombre de personnes âgées de plus de 60 ans ne cesse
d'augmenter partout au monde, ce qui ne peut qu'inquiéter (le mot est faible) ceux qui analysent la situation
à long terme, mais aussi les autres qui l'analysent avec
de courtes vues. En parcourant le *Guide mondial des
villes-amies des aînés*[1], on apprend que, en 2006, les personnes âgées de 60 ans et plus représentaient 11 % de la
population mondiale. Ce pourcentage devrait doubler
d'ici 2050 (22 %). Dans certains pays, ces chiffres sont
bien plus élevés, par exemple en Europe, 21 % en 2006
et 34 % en 2050, et, en Amérique du Nord, 17 % en 2006
et 27 % en 2050.

Dès 2025, à près de 80 ans pour les premiers de la
cohorte, les baby-boomers seront carrément des vieillards
et, vers 2040, le nombre de leurs décès atteindra un record. Déjà saturé, le système de santé devra, en plus de
tous ses autres malades, prendre en charge leurs derniers
moments de vie. Le débat actuel sur l'euthanasie, le suicide assisté, l'acharnement thérapeutique et l'égalité des
droits aux soins risque alors de prendre une tout autre
tournure que ce que nous entendons au moment où j'écris
ces lignes. Qu'est-ce qui l'emportera? La vie? L'acharnement thérapeutique ou l'argument économique? Des
personnes âgées de mon entourage m'ont déjà fait part,
en secret, de leur crainte de se faire carrément «éliminer» par divers moyens naturels, légaux ou non. Elles
n'ont pas l'intention de subir cela. Elles mettront fin elles-

---

1. www.who.int/ageing/publications/Guide_mondial_des_villes_amies_des_
aines.pdf

mêmes à leurs jours quand cette question se posera avec trop d'acuité. Bien sûr, j'exagère encore un peu !

… qui se porte plutôt bien

Heureusement, nous n'en sommes pas encore là ! D'ailleurs, en bons baby-boomers que vous êtes, votre cohorte se chargera de faire changer les choses, comme elle l'a toujours fait. Pour le bien de toutes les générations, évidemment !

Pendant ces 20-25 ans ou même davantage que durera votre retraite, avant de devenir vraiment vieux, mais encore actifs à votre façon, vous aurez eu le temps non seulement de vous préoccuper de votre bien-être et de votre santé, mais aussi de participer et de contribuer au retour à un meilleur équilibre. Vous aurez aussi eu l'occasion de prouver à tous, jeunes et plus âgés, que vous n'êtes pas un poids lourd, mais plutôt un trésor de connaissances, de compétences, d'expériences, de bonne volonté et de générosité. Vous êtes d'ailleurs très nombreux à faire du bénévolat et à prendre soin de vos proches malades, âgés et en perte d'autonomie. Tout cela peut se chiffrer en milliards de dollars et représente bien davantage que ce que vous pouvez coûter.

… qui n'est pas seule responsable des dépenses en santé

L'article de Sara Champagne est plutôt alarmiste. Pourtant, un rapport du Conseil canadien de la santé (CCS : http://healthcouncilcanada.ca), dont les principaux résultats sont présentés sur le site de Radio-Canada sous le titre « Dépenses en santé. Pas la faute aux personnes âgées[1] », nous donne une autre version de la situation,

---

1. Titre du rapport du CCS : « La valorisation de l'argent : renforcer le système canadien de soins de santé », Radio-Canada.ca avec la Presse Canadienne et *The Toronto Star*, 23 février 2009.

qui permet de remettre un peu les pendules à l'heure, sans pour autant fermer les yeux devant les problèmes qui s'annoncent. Bien au contraire! Entre 1998 et 2007, les dépenses en santé au Canada sont passées de 84 à 160 milliards de dollars. D'après ce rapport du CCS, les coûts du système de santé canadien augmentent parce tout le monde s'en sert de plus en plus, et non pas uniquement parce que la population vieillit. Le vieillissement de la population ne compte d'ailleurs que pour 11 % de cette augmentation, alors que l'inflation est responsable de 27 % et la croissance de la population de 14 %. La moitié des dépenses en santé proviennent des chirurgies, des traitements et des prescriptions des médecins.

Prendre sa place

Votre mission, si vous l'acceptez, consistera à faire reconnaître votre cohorte comme un groupe de citoyens à part entière, utiles et indispensables, et non, comme je l'ai déjà entendu, comme *un ensemble de petits vieux individualistes, égoïstes, revendicateurs, grincheux et inutiles, qui coûtent bien cher et ne rapportent rien.*

Pour prendre la place qui vous revient de droit, sans toutefois vous imposer ni usurper celle des plus jeunes, vous aurez à franchir la barrière des préjugés et parfois des rejets à votre endroit. Pour cela, deux qualités vous seront indispensables : la confiance en soi (se sentir capable d'affronter les événements) et l'estime de soi (se sentir valable, quoi qu'il arrive). Plus que jamais, vous aurez à développer la reconnaissance positive de vous-même et à vous affirmer.

Vous le comprenez, la retraite, c'est le moment de vous retrousser les manches et non pas de vous reposer sur vos lauriers ou de vous réfugier dans votre bulle confortable. Vous avez donc du pain sur la planche! Parfois, quand je dis cela dans mes cours, je me fais répondre par certains, avec une certaine véhémence, mais sans méchanceté: *Moi, j'ai déjà assez donné comme ça! C'est à mon tour maintenant!* Je ne peux m'empêcher d'être d'accord avec eux. Chacun doit être totalement libre de ce qu'il fait de sa retraite. Tout le monde n'a pas la forme, la force, l'envie, le besoin, le temps, la santé ou l'argent pour se lancer dans l'action ou y rester. Personne ne doit se sentir coupable de faire ce choix ni se mettre de pression s'il n'est pas prêt. Je sais aussi par expérience que, après quelque temps de repos bien mérité et espéré, beaucoup ressentiront le besoin de se sentir encore utiles et de continuer à donner un sens à leur vie. Le travail peut être un moyen d'y parvenir, mais il existe bien d'autres options aussi.

PARESSEZ UN PEU AVANT DE VOUS REMETTRE EN ROUTE

> La vie est une route en lacet sur laquelle il est préférable de conduire en souplesse.
>
> CHÉRIE CARTER-SCOTT

Je consacre toujours la première heure des sessions de préparation à la retraite de plusieurs jours que j'anime à une activité qui permet aux personnes présentes de faire connaissance les unes avec les autres. Je leur demande de se regrouper en équipes de cinq ou six et de m'énumérer cinq avantages et cinq risques de la retraite. Je précise toutefois que l'objectif principal est de faire connaissance, car je suis convaincue que les expériences et les questionnements de chacun ont tout autant d'importance que le contenu théorique que je donne. Je demande aussi aux conjoints de se séparer afin de profiter doublement des conversations de chaque équipe. Nous mettons ensuite les résultats en commun. Cela me permet, par la même occasion, de présenter le contenu de mon intervention des deux journées consacrées à l'adaptation psychosociale à la retraite.

L'expérience m'a montré que, pour les avantages, les réponses tournent systématiquement autour de ceci :

- Je vais enfin avoir du temps pour moi.
- Je vais prendre le temps de lire un roman au complet.
- Je n'aurai pas à me lever le matin quand il ne fait pas beau dehors.
- Je vais pouvoir jouer au golf quand je veux et aussi longtemps que je veux.
- Je vais pouvoir m'occuper davantage de mes petits-enfants.
- Nous allons voyager plus souvent, surtout l'hiver.
- J'aurai le temps de regarder un film l'après-midi, de décorer ma maison, de repasser.

Je leur joue donc un tour ! J'écris d'avance toutes ces réponses au tableau. J'entends, évidemment, bien des (gentilles) protestations. J'explique que toutes ces réponses sont tout à fait légitimes et que, d'ailleurs, pour les premiers temps de la retraite, mon slogan préféré est *La recette, c'est la paresse.* J'ajoute toutefois que je m'attends à ce que les équipes creusent plus profondément le sujet, afin de tirer un plus grand bénéfice de cette activité.

Courir, ralentir ou arrêter ?

Passer d'un temps structuré et serré, souvent sous contrainte, à du temps de qualité bien employé n'est pas chose aisée. Habitués à courir pour respecter des échéances, satisfaire tout le monde au travail et à la maison, consacrer du temps aux enfants et à la famille, tout en essayant de s'occuper un peu d'eux-mêmes, tout cela dans un minimum de temps qui leur permet à peine de souffler, certains retraités éprouvent des difficultés à ralentir. Ils continuent de courir, un peu comme ces hamsters dans leur grande roue d'exercice, obligés, croient-ils, de se sentir utiles et productifs pour mériter leur rente de retraite ou tout simplement le droit d'exister. D'autres, en revanche, vont s'arrêter totalement, parfois pour quelque temps, parfois pour trop longtemps.

Même si vous n'êtes pas habitué à penser à vous, permettez-vous de ralentir et de vous accorder le temps nécessaire pour bien vivre la transition, pour retrouver votre rythme naturel, pour faire le point (votre bilan de vie), pour vous retirer en vous-même et réfléchir à ce que vous souhaitez faire de votre vie dorénavant. À long terme, cette pause santé vous rapportera davantage que de vous élancer tête première dans toutes les directions. Prenez votre temps, mais ne vous endormez pas en chemin! Pour ceux qui aiment les longues randonnées ou les longs voyages, il s'agit probablement du meilleur moment pour partir, à condition de ne pas vous imposer de la fatigue et des complications supplémentaires.

Par la suite, si vous le souhaitez, vous pourrez redonner peu à peu un nouveau rythme à votre vie, différent de celui que vous avez vécu auparavant, parce qu'il sera plus adapté à votre personnalité, à vos désirs et à votre âge. Vous pourrez commencer à explorer ce grand terrain de jeu de la retraite où tout est encore possible. Vous bougerez, jouerez, expérimenterez, essayerez, entreprendrez et apprendrez encore. Vous travaillerez peut-être aussi, si l'envie ou le besoin se fait sentir, mais vous n'oublierez surtout pas de vous préoccuper du sort des jeunes générations. Vous ferez même en sorte de les aider, du mieux que vous pourrez, à réussir leurs entreprises (études, emploi, famille) et à se tailler, eux aussi, une place au soleil.

C'est de tout cela qu'il sera question dans cette troisième partie, notamment de l'analyse de votre agenda de retraite (est-il trop rempli ou pas assez?), du choix de vos activités de retraite, mais aussi de la survie de votre couple et de l'aide que vous pourrez apporter à ceux qui vous entourent, entre autres à vos parents âgés et aux jeunes générations.

Questions

- Que voulez-vous faire de toutes ces années supplémentaires d'espérance de vie dont vous disposez, comparativement à vos parents?
- Quel rôle êtes-vous prêt à jouer dorénavant?
- Quel type de citoyen voulez-vous être?
- Quelle image voulez-vous donner de vous une fois à la retraite?
- Comment allez-vous vous y prendre pour continuer à laisser votre marque?
- Quelles nouvelles propositions la vie vous fait-elle au moment où vous vous préparez à prendre votre retraite? Quelles opportunités s'offrent à vous?
- Quels sont vos rêves et vos projets de retraite?

Point de repère 15

Visez la soixantaine épanouie

Mon horizon s'est élargi de 180°. Ma joie de vivre s'est multipliée. Chaque matin de ma retraite, je peux partir à la conquête du monde.

L'entrée dans la retraite

Je peux vous dire par expérience que, passer de 59 à 60 ans, c'est tout un choc, ne serait-ce que le temps de souffler les bougies. Rien n'a changé, travail, amitiés, environnement, santé et projets, mais rien qu'à l'idée que je peux, si je le veux, toucher une rente de retraite et obtenir des rabais pour les aînés, je me sens tout à coup glisser dans le camp des «vieux». Impossible de continuer comme avant, sans prendre en compte le vieillissement et ses renoncements qui s'amorcent. Il est pourtant bien trop tôt pour me retirer dans mes terres intérieures. Bien trop tôt! Je suis trop jeune, trop vivante, trop en forme, trop utile, trop occupée et trop intéressée par la vie pour y songer. Tout comme la majorité des baby-boomers de ma génération, j'ai bien l'intention de me concocter une vie sur mesure, à ma façon. J'irai jusqu'au bout de mes objectifs. Je travaillerai encore. J'écrirai encore. J'enseignerai encore. J'aimerai encore. Je voyagerai encore. Je mettrai en route des projets. Je m'amuserai.

Je me soucierai de ma santé plus que jamais pour me donner davantage de chance d'y parvenir. Je veux continuer à exister en tant que membre à part entière de la société, mais je veux le faire au rythme de mon énergie et de mes capacités.

Cela ne m'empêchera pas de réfléchir à ce que sera ma vie par la suite et comment je l'aménagerai. Je sais que, aux environs de 75 ans, j'entrerai vraiment dans la vieillesse et que c'est vers cet âge, et parfois bien avant, que les problèmes de santé, particulièrement le cancer et les maladies cardiovasculaires, ainsi que les problèmes cognitifs, commencent à se manifester avec plus d'intensité. Je vais donc profiter au maximum des prochaines années, tout en acceptant de faire peu à peu tous les deuils qui me seront imposés. Je vais même faire tout ce qui est en mon pouvoir pour repousser ce moment le plus loin possible, sans toutefois dépasser les bornes et me fermer les yeux.

Une autre période charnière

Le tournant de la soixantaine n'est pas toujours facile à négocier. Il s'agit d'une autre crise majeure de l'existence, tout comme celle du mitan de la vie. Beaucoup en sortent vainqueurs, parfois mieux qu'avant, alors que d'autres s'en tirent beaucoup moins bien, et parfois très mal. Cette transition se passera plus facilement si les précédentes ont été bien négociées et bien achevées, tout particulièrement celle du mitan. Elle se passera bien aussi si nous nous acceptons tels que nous sommes afin de ne pas succomber plus qu'il ne le faut au charme des divas du marketing, du tourisme, du luxe et du bistouri ou au contraire... de notre chaise berçante.

Pathétique, vous avez dit ?

William Bridges, dont j'ai déjà parlé en introduction, déplore que le discours actuel à propos de la retraite ne fasse état que de travail au-delà de la retraite, d'université du troisième âge, de produits alimentaires censés garder une jeunesse éternelle, ou encore de produits financiers qui devraient nous garantir une retraite tranquille. D'après lui, cette vision de la retraite éloigne les aînés de la tâche qu'ils ont à accomplir pour la société et pour eux-mêmes, soit transmettre les fruits des enseignements qu'ils ont tirés de leur existence. Pour sa part, dans *La chaleur du cœur empêche nos corps de rouiller* (p. 21), Marie de Hennezel trouve non seulement pathétiques les aînés qui cherchent à continuer à vivre ainsi, mais aussi *niaises et réconfortantes* les images d'une vieillesse heureuse, sereine et rayonnante. Elle ajoute dans la foulée que *celui qui veut faire preuve d'un optimisme délibéré frise le ridicule.*

Je me sens tout à coup *niaise* et ridicule (mais non, mais non) avec ma vision positive et active du vieillissement et mon slogan *Le bonheur est dans l'action.* Pourquoi devrions-nous nous forcer à être vieux maintenant, alors que nous ne le sommes pas encore ? Quand nous avons la chance d'avoir devant nous tout ce temps supplémentaire grâce à l'augmentation de notre espérance de vie ? Quand, aussi, pour nous y préparer, nous pouvons profiter de toutes ces activités et de tous ces services qui n'étaient pas accessibles à nos parents, et encore moins à nos grands-parents ? Quand, également, nous pouvons, si nous le voulons, travailler encore et nous rendre utiles ? Quand, à 75 ou 80 ans, nous pouvons être tout autant en forme que des gens de 60 ans, si nous nous y prenons à temps ?

À mon avis, pour bien vivre, bien vieillir et repousser le plus longtemps possible le vieillissement physique et cérébral et, par la même occasion, la perte d'autonomie, nous devons rester dans l'action autant que nous le pouvons. Cela ne nous empêche pas, parallèlement, de transmettre les fruits des enseignements que nous avons tirés de notre existence, tout en nous glissant lentement vers la vieillesse, mais sans précipiter les choses. N'est-ce pas, de toute façon, le but de notre existence?

Je trouve quand même paradoxal de se faire dire, d'un côté, qu'il est pathétique, à 60 ou 65 ans, de s'adonner à toutes sortes d'activités et de chercher à retarder notre vieillissement le plus longtemps possible et, d'un autre côté, d'entendre que plusieurs gouvernements cherchent à retarder l'âge légal de la retraite à 62 ans (67 ans pour obtenir un taux plein des prestations des régimes de retraite), en plus d'inciter les plus jeunes retraités à retourner au travail pour contribuer au renflouement des caisses de l'État. Trop vieux? Trop jeunes?

La santé est dans l'action

De toute façon, nous n'avons pas d'autre choix que de bouger. La santé du corps, de l'esprit, des neurones et du cœur passe par l'action. Les quelques résultats de recherche qui suivent sont assez convaincants.

Une étude menée par trois économistes de Bentley College, de Metropolitan College et de l'Université de Géorgie, rapportée dans Seniorscopie.com le 29 mai 2006, a montré que, après une année à la retraite, des travailleurs en bonne santé, mais très peu actifs, isolés et dont les ressources ont diminué, ont perdu jusqu'à 29 % de leur mobilité et 11 % de leur efficacité intellectuelle. Travailler à temps partiel pourrait toutefois limiter ces effets négatifs.

En revanche, pour plusieurs, la retraite est l'occasion de recouvrer la santé, puisqu'ils ont pu se délester du stress intense de leur travail, en plus de disposer de plus de temps pour s'adonner à des activités physiques.

Dans *La longévité : une richesse*, produit par le Centre interuniversitaire de recherche en analyse des organisations (CIRANO), on peut lire que le travail diminue les limitations physiques. Dans le cas d'un emploi comportant la résolution de problèmes complexes, le travail améliore, en plus, la santé mentale et la mémoire. Le travail réduit également les symptômes de la dépression. Une autre étude de l'OCDE, mentionnée dans ce même document, indique également que, en l'espace de six ans environ, une retraite complète augmente les problèmes de mobilité de 5 % à 16 %, l'incidence de la maladie de 5 % à 6 % et la détérioration de la santé mentale de 5 % à 6 %.

Questions

• Comment entrevoyez-vous la soixantaine ?
• Qu'avez-vous prévu pour en profiter au maximum ?

Point de repère 16

Ne vous séparez pas trop vite

Je ne veux pas être celui à qui incombent
toutes les corvées parce que je suis à la
retraite alors que tu n'y es pas encore, mais
je promets de te rendre la vie plus facile.

UN NOUVEAU RETRAITÉ

*Que feriez-vous si, alors que vous avez pris votre
retraite au même moment que votre partenaire de vie,
celui-ci (ou celle-ci) se repliait complètement sur
lui (ou elle), triste, dépressif et incapable de prendre la moindre initiative, alors que vous êtes prêt à
explorer le monde : voyager, déménager, rénover la
maison, travailler ou faire du bénévolat international ?*

C'est la question que je posais à un groupe de 160 personnes. Je venais tout juste de mentionner que le taux de
séparation et de divorce était assez élevé (environ 25 %)
au cours des premières années de la retraite. Un des participants qui n'avait pas dit un seul mot jusque-là s'est
écrié, bien haut et bien fort : 25 % ! Il y a eu, bien sûr, un
grand éclat de rire dans la salle. Il l'a probablement fait
avec humour, mais cela venait tellement du fond du cœur
que je me permets d'en douter un peu. À une autre occasion, toujours en réponse à cette question, et en riant
encore, une dame a jeté, à travers la table de mon bureau,

la bague que son conjoint venait de lui offrir. Étonnant, non ? Inquiétant, peut-être ?

En revanche, je me souviens très bien d'un participant qui nous a dit qu'il commencerait par faire tout ce qui est en son pouvoir, le plus longtemps possible, pour aider son épouse à remonter la pente, mais qu'il ne le ferait pas éternellement si elle ne consentait pas à fournir quelques efforts pour se reprendre en main.

D'autres m'ont raconté des histoires plutôt déconcertantes à propos du retour du couple à la maison. Par exemple, en rentrant chez lui après son dernier jour de travail, un nouveau retraité a trouvé les valises de sa femme dans l'entrée de la maison. Elle le quittait, car elle ne se sentait pas la force de passer le restant de ses jours, 24 heures par jour, avec quelqu'un constamment de mauvaise humeur, critique et exigeant. Imaginez le choc !

Un autre m'a raconté qu'une de ses voisines préparait régulièrement une boîte à lunch à son conjoint le matin et lui demandait de partir pour la journée, afin de la laisser un peu en paix. C'est pourtant lui qui gagnait l'argent du ménage ! Je ne connais pas la suite de l'histoire, mais j'espère qu'il a fini par réagir. Peut-être n'est-il pas encore revenu. Dans les deux cas, il semble que la communication ait fait quelque peu défaut ou ait connu quelques ratés depuis assez longtemps...

J'ai aussi reçu, en coaching privé de préparation à la retraite, un couple, apparemment très uni, dont la conjointe travaillait encore. Elle occupait des fonctions importantes et passionnantes au point où il lui arrivait de travailler le soir et les fins de semaine et même, parfois, durant ses vacances. Lors de cette rencontre, son mari, déjà à la retraite, nous a révélé qu'il était malheureux. Il aurait aimé partir avec elle pour une fin de semaine à Paris, ou ailleurs, sur un coup de tête, et profiter de billets d'avion de dernière minute à prix réduit. Elle ne pouvait malheureusement pas s'offrir ni lui offrir ce plaisir, *car on risquait d'avoir besoin d'elle à tout moment!* Après cette journée de préparation à la retraite avec moi, elle a commencé à changer d'avis, du moins un peu. Son emploi de rêve lui était-il garanti à vie? Sa relation de couple tiendrait-elle le coup si elle continuait ainsi? Son conjoint patienterait-il encore longtemps?

Des raisons de se séparer

Ces quelques exemples montrent l'impatience, voire l'urgence de vivre enfin à leur façon qu'ont la majorité des retraités. À cela s'ajoute l'inquiétude qu'ils éprouvent à propos de ce que sera leur vie de couple, ensemble, 24 heures par jour, jour après jour, pendant le reste de leur existence. Si certains se séparent un peu trop rapidement à mon avis, d'autres ont bien des raisons d'en arriver là. Les premiers ne croient pas que leurs difficultés s'aplaniront à la longue et ne se donnent pas suffisamment de temps pour s'adapter. Les autres ont, consciemment ou non, préparé leur séparation depuis longtemps en négligeant leur partenaire et leur relation.

Dans 70 % des cas environ, la séparation est demandée par madame, qui la vit d'ailleurs comme un véritable soulagement. Cette décision lui est plus facile à prendre si elle est autonome financièrement. Elle a eu des enfants et s'est occupée de tout le monde. Elle a parfois dû supporter quelques excès de violence physique ou psychologique. Elle est souvent à bout de patience à force d'avoir mis sa vie entre parenthèses. Elle veut profiter de sa retraite, un point c'est tout!

Mais il y a aussi tous les autres, heureusement bien plus nombreux, qui se sont préparés depuis longtemps à cette nouvelle vie à deux. La retraite devient alors un moyen privilégié de se retrouver davantage encore et de poursuivre des projets communs et individuels. Ceux-là n'ont pas vraiment besoin de mes conseils ! Ils ont même beaucoup à nous apprendre, à tous !

Une onde de choc

Pour le couple, même le plus solide et le mieux préparé, l'arrivée à la retraite provoque une nouvelle crise à traverser, au même titre, par exemple, que la « désidéalisation » de l'autre après quelque temps de vie commune, l'arrivée des enfants, puis leur départ, l'infidélité ou la maladie d'un des partenaires. La transition se fera plus ou moins bien selon la force et la qualité du lien qui unit les partenaires, le soutien que chacun est prêt à apporter à l'autre, les conditions dans lesquelles le départ à la retraite a eu lieu, ainsi que la perception que chacun a de la retraite et du vieillissement. Voici quelques situations qui risquent de conduire à la séparation.

La relation s'est effilochée au fil des ans. Les partenaires se sont carrément perdus de vue, à cause de la routine du quotidien ou du travail qui a pris trop de place. Dans certains cas, les non-dits, les conflits larvés, l'esprit de compétition, le désir de soumettre l'autre, l'amertume, la déception, l'absence d'intimité ont fini par prendre toute la place et chassé l'amour. Les attentes, les inquiétudes et les besoins n'ont pas été exprimés clairement. Une fois à la retraite, les obligations professionnelles ne peuvent plus servir d'excuse, de fuite ou de paravent, pas plus que le réseau social, qui a pu disparaître lui aussi. Il devient difficile, voire impossible, de rattraper tout ce qui a été raté et mis de côté. Quand on ne sait pas (ou plus) se parler, il vaut mieux alors se séparer que de passer le reste de ses jours à se détester et à se faire la guerre.

Le passage à la retraite et l'approche du vieillissement font réfléchir. Avec l'avancée en âge, nous prenons tous conscience que le temps nous file entre les doigts. Beaucoup s'interrogent sur ce qu'ils vont faire de leur vie dorénavant. Ils se demandent s'il vaudrait mieux continuer ainsi ou, au contraire, tout recommencer pendant qu'il en est encore temps. D'autres vivent mal leur retraite et se replient sur eux-mêmes, sur leurs peurs (maladie, mort, manque d'argent), alors que leur partenaire entend profiter au maximum de tout le temps dont il dispose maintenant pour rattraper les occasions perdues, réaliser ses rêves de jeunesse et partir à la conquête du monde. L'autre n'est pas (encore?) prêt à suivre. Le sera-t-il un jour?

DÉFENDEZ VOTRE TERRITOIRE

Pour continuer de s'épanouir une fois à la retraite, le territoire physique, psychologique et affectif de chacun doit être respecté. Ce même principe s'applique d'ailleurs à nos amis, à nos enfants et à nos petits-enfants. Même si nous les aimons au plus haut point, ils doivent savoir que nous ne sommes pas disponibles 24 heures par jour pour leur apporter de l'aide et leur rendre toutes sortes de services. Plus que jamais, il importe de maîtriser l'art subtil de dire NON. Les participants à mes formations me le confirment: cela n'est pas toujours facile, surtout lorsqu'ils n'y ont pas habitué leur entourage avant. Beaucoup se sentent coupables de profiter un peu de la vie de retraité, sans contraintes, alors que leurs enfants sont en train de se démener pour survivre au quotidien.

Le territoire, c'est aussi la possibilité qu'a chacun de s'adonner à ses propres activités et à ses passions sans que le conjoint se sente délaissé. Car, dès que l'on fait tout ensemble, il ne reste pas grand-chose à faire découvrir à l'autre. Tout faire chacun de son côté, à part les tâches du quotidien, n'est pas idéal non plus, surtout si les nouveaux rôles n'ont pas été clairement définis. Attendre passivement que l'autre se charge de planifier les activités pour deux n'est pas une option valable non plus, tout comme envahir le territoire de l'autre. Il s'agit bien de trouver le meilleur équilibre.

Un de mes clients a réalisé que sa conjointe, qui ne travaillait plus depuis plusieurs années, avait pris totalement possession de ses outils et de son établi. Elle en avait assez d'attendre qu'il effectue les réparations dans leur maison de campagne pendant qu'il passait la semaine à Montréal, proche de son travail. Cela s'est d'ailleurs terminé par un divorce, car madame avait fini par développer une véritable passion pour le bricolage et la rénovation et ne voulait plus lui recéder ce rôle pour retourner... à la cuisine. C'est probablement la goutte qui a fait déborder un vase déjà trop plein !

FAITES CET EXERCICE « SAUVE COUPLE »

> Dans un couple, peut-être que l'important n'est pas de vouloir rendre l'autre heureux, c'est de se rendre heureux et d'offrir ce bonheur à l'autre.
>
> JACQUES SALOMÉ

Un groupe participait à un stage de préparation à la retraite de plusieurs jours, dans un hôtel au bord d'un lac, loin du travail et libéré des contraintes du quotidien. La majorité des participants étaient venus accompagnés de leur conjoint. Je leur ai donc proposé un exercice de réflexion[1] à faire le soir, dans une ambiance calme et agréable. Chacun devait commencer par écrire les rêves

---

1. Cet exercice est tiré de mon livre *Une retraite heureuse ?*, p. 129.

les plus chers qu'il aimerait enfin voir se concrétiser à la retraite et ce qu'il comptait faire les tout premiers temps, puis à long terme. Cette première partie devait se faire individuellement, spontanément, sans se censurer et sans tenir compte de ce que l'autre dirait ou aimerait. Chacun devait également inscrire ses craintes et ses peurs à propos de la retraite, du vieillissement et de leur relation. À cela s'ajoutaient les contraintes et les responsabilités qui pourraient les freiner dans la réalisation de leurs rêves et de leurs projets. Il leur fallait aussi noter comment ils comptaient contribuer au bien-être de leur couple, une fois à la retraite.

Ce premier travail individuel terminé, ils devaient comparer leurs réponses et en discuter ouvertement. Aucun ne devait faire des concessions exagérées pour satisfaire l'autre. La partie la plus intéressante et la plus créative consistait d'ailleurs à trouver des idées et des moyens de concilier les rêves et les projets particulièrement divergents.

Le lendemain matin, plein d'enthousiasme, un couple m'a raconté avoir consacré une bonne partie de la nuit à cet exercice. Ils ne se souvenaient pas d'avoir discuté aussi bien, aussi longtemps et aussi profondément depuis plusieurs années. Ils n'avaient jamais vécu de conflits majeurs, mais souffraient beaucoup depuis le départ de leurs enfants. Pratiquement toute leur vie s'était organisée autour de leur travail et des soins aux enfants, dont ils avaient fait une priorité. Ils s'étaient totalement oubliés et n'avaient pas développé d'autres centres d'intérêt, individuels et communs. Ils ne savaient pas trop ce qu'ils allaient faire ensemble à la retraite, à part s'ennuyer. Ils pensaient même se séparer.

Cet exercice leur a permis de réaliser qu'ils n'étaient pas responsables de leurs tracas actuels ; ce qui était en cause, c'était leur méconnaissance d'eux-mêmes, en tant qu'individus, et l'absence de discussions sur des sujets autres que le quotidien et la famille. Cet exercice leur a également permis de se (re)découvrir des passions communes, ainsi que des projets personnels. En fait, c'était un peu comme s'ils venaient de se rencontrer pour la première fois et prenaient un nouveau départ. Ils exultaient carrément de joie et de bonheur. Un vrai coup de foudre, quoi !

Puis-je vous dire que j'exultais moi aussi de les voir ainsi heureux et proches grâce à ces journées de préparation à la retraite ?

Conseil

N'attendez pas d'être à la retraite pour parler de vos projets à votre partenaire. Ne faites pas comme cet homme que j'ai rencontré lors d'une conférence, qui m'a affirmé que sa conjointe n'avait pas à être tenue au courant de ce qu'il ferait alors ! De plus, si vous prévoyez partir à la retraite plusieurs années avant votre partenaire, soyez prudent et ne l'oubliez pas en aménageant votre nouvelle vie ! Ces quelques années devraient d'ailleurs servir à préparer le terrain pour son arrivée (projets communs, discussions, réduction de la charge de travail de celui qui travaille encore), sans pour autant vous empêcher de prendre du temps pour des projets personnels. Malheureusement, certains s'organisent une vie de vieux garçon – ou de vieille fille – et prennent des habitudes difficiles à perdre par la suite lorsqu'il s'agira d'y intégrer l'autre. Bien utilisée, cette période est aussi un moyen parfait de vivre totalement la période de transition vers la retraite, euphorique ou triste, sans pénaliser l'autre.

Questions

- Quel genre de discussion avez-vous eue avec votre famille à propos de votre arrivée à la retraite ?
- Quel appui votre partenaire est-il prêt à vous apporter lors de votre adaptation à la retraite ? Et vous, qu'êtes-vous prêt à lui apporter ?
- Qu'attendez-vous de votre partenaire maintenant que vous êtes à la retraite ? Et lui, qu'attend-il de vous ?

Osez encore la sexualité

Il y a bien autre chose derrière la sexualité. Le corps a une ombre, l'âme a la sienne, on la connaît très mal.

JULIEN GREEN

Aujourd'hui, ma coiffeuse (qui a moins de 30 ans) m'a demandé où j'en étais dans mon travail de rédaction. Je lui ai répondu que, après avoir terminé les points de repère consacrés à la mort, j'écrivais quelque chose de plus joyeux : la sexualité des baby-boomers et de leurs aînés. Elle m'a alors raconté que, arrivée chez ses parents à l'improviste, une de ses sœurs les avait récemment surpris en train de faire l'amour dans la cuisine. Ce fut un choc, car elle ne pouvait pas les imaginer ainsi. N'importe qui d'autre, mais pas eux! *Les enfants des parents, ça naît uniquement dans les choux !* a-t-elle ajouté. C'était sa façon bien à elle de me dire qu'elle n'avait jamais imaginé qu'à 50 ans ses parents puissent avoir encore une vie sexuelle active.

Depuis ce temps, tous prennent la peine de téléphoner à l'avance pour annoncer leur visite.

Un tabou qui se porte trop bien encore

Tout comme le suicide et la dépression, la sexualité des plus de 50 ans, et pire encore celle des plus de 60 ans, est un sujet dont on ne parle pas facilement. Pour certains, faire l'amour après 70 ou 80 ans serait un signe de maladie et de dérèglement psychologique! Il y aurait même un peu de vice là-dedans. Des mots tels que « répulsion » et « dégoût » leur viennent d'ailleurs rapidement à l'esprit. Esthétiquement parlant, cela leur semble inconcevable d'imaginer que ces corps fanés et plissés puissent éprouver encore du plaisir à se toucher et à se pénétrer. Ceux qui pensent ainsi projettent probablement sur leurs aînés leur malaise, leurs craintes et leurs peurs, leurs fantasmes et leurs inhibitions à propos de leur propre sexualité et de leur propre vieillissement. Sur la projection de nos propres peurs et faiblesses sur autrui, revoyez, si nécessaire, le point de repère 3.

Heureusement, une fois encore, les baby-boomers sont en train de changer les choses à leur façon, particulièrement le regard porté sur eux par les plus jeunes. Des livres[1] et de nombreux articles sont publiés sur le sujet. Ils contribuent à gommer toute culpabilité chez ceux et celles qui éprouvent encore du désir pour leur partenaire, en plus d'avoir un faible pour l'érotisme. Ils proposent aussi de nombreux conseils sur la façon de réduire et même de contourner les soucis anatomiques et physiologiques liés à l'âge : problèmes d'érection ou de lubrification. Profitons-en!

---

1. Voir notamment dans la bibliographie le livre du Dr David Elia et celui de la Dre Nadine Grafeille.

Se résigner ou continuer ?

> Je ne comprends pas, docteur, plus je me
> déglingue, plus je plais à des hommes plus
> jeunes.
>
> UNE FEMME DE 65 ANS,
> CITÉE PAR LE Dᴿ HAGÈGE

Il y a quelques années, j'ai reçu une cliente âgée d'un peu plus de 70 ans. Elle me disait souhaiter ardemment retrouver un compagnon pour vivre l'amour avec un grand A, pour les projets de retraite à deux, mais aussi pour la tendresse et la sexualité à partager. Même si elle ne souhaitait pas reformer une union traditionnelle au quotidien, il n'était pas question qu'elle continue et termine sa vie ainsi, sans avoir encore savouré tous ces délices et ces bonheurs de la rencontre de deux êtres. Elle était toutefois très mal à l'aise. Elle se demandait comment un homme réagirait en voyant son *vieux corps de septuagénaire décrépit* qu'elle n'osait déjà plus exposer en maillot de bain. Mais, surtout, les quelques discussions avec ses enfants à ce sujet lui avaient permis de réaliser à quel point cette idée pouvait les étonner et carrément les rebuter. Devrait-elle renoncer ? Se lancer ? Était-ce mal ou normal de penser encore au sexe à 70 ans ?

Des armes de séduction massive

Il n'y a pas d'âge limite pour continuer sa vie sexuelle. Tout comme l'intimité, elle est indispensable à notre épanouissement, même si la fréquence et l'intensité des rapports ne sont plus les mêmes à 65 ans qu'à 20, 30 ou 40 ans. À cet âge, il n'est plus vraiment question de performance, mais plutôt de tendresse partagée, de complicité et du plaisir de se retrouver dans les bras l'un de l'autre. Les hommes sont souvent plus tendres et plus sensuels qu'ils ne l'étaient, plus attentifs aussi aux besoins de leur partenaire. À la retraite, le couple est aussi moins stressé par le travail, les horaires contraignants et le soin des enfants. On peut prendre le temps de se séduire, de se cajoler et de se parler.

De toute façon, à cet âge, et avant aussi d'ailleurs, la séduction, c'est bien plus que l'esthétique du corps. C'est plutôt tout ce qui se lit dans le regard, dans les gestes et dans l'attitude : un sourire désarmant, la joie de vivre, la confiance en soi, l'enthousiasme, la liberté intérieure, la générosité, l'honnêteté, la justice, l'équité, la compassion, la courtoisie, l'amabilité et l'humour, ainsi que toutes ces qualités des personnes qui vous veulent du bien (voir p. 74).

Rien à voir vraiment avec ce qui nous est montré dans les médias, surtout lorsque les traits sont tirés, liftés et remplis outre mesure, au point d'en gommer les expressions et les émotions. Je ne suis pas en train de vous dire que je suis contre quelques petites « rénovations » occasionnelles si elles sont discrètes et permettent d'avoir l'air moins fatigué ou âgé pour pouvoir continuer à travailler, par exemple. Ce sont les règles du jeu et elles ne changeront pas du jour au lendemain. Alors, jouons-le encore un peu !

En revanche, si les partenaires se sont perdus de vue pendant de longues années ou s'ils jouent plus souvent à la guerre, à la compétition et à la soumission qu'à la tendresse, ils éprouveront des problèmes à se retrouver ainsi, en toute intimité. Une femme qui a perdu confiance en elle, tout particulièrement en son pouvoir de séduire et de plaire encore à cause de son âge, aura non seulement des difficultés à s'abandonner au plaisir, mais elle se tiendra souvent responsable de celles éprouvées par son partenaire (*Ne suis-je plus désirable ? A-t-il quelqu'un d'autre dans sa vie ?*). Toutes ces difficultés risquent de détruire la relation.

Certains se feront une raison, alors que d'autres se sépareront.

C'est bon pour la santé !

Voilà, pour finir, un argument de taille ! Plusieurs études ont montré que la sexualité, c'est bon pour le moral et pour la santé ! Faire l'amour protège le système cardio-vasculaire, procure davantage d'oxygène au cerveau et apaise l'esprit en augmentant la production de sérotonine et de dopamine, les hormones du plaisir, ainsi que les endorphines, les hormones de la relaxation. Faire l'amour[1] au moins trois fois par semaine permettrait de rajeunir de 10 ans, en plus de jouer un rôle protecteur contre le cancer du sein et de réduire de 15 % le risque de développer un cancer de la prostate. Enfin, l'acte sexuel complet, avec orgasme, réduirait les effets du stress pendant une semaine. Voilà une bonne médecine, non ? Plus intéressante que des médicaments !

Questions

- Comment entrevoyez-vous votre vie sexuelle à 60 ans ? Et à 80 ans ?
- Que ressentez-vous lorsque vous voyez des personnes très âgées se tenir par la main et s'embrasser avec passion dans la rue ?
- Quel est votre propre pouvoir de séduction ?
- Que pensez-vous des maisons de retraite où l'on ne propose que des chambres à un lit pour une seule personne ?

---

1. « L'amour, c'est la santé ! » : www.doctissimo.fr

Point de repère 18

Videz les lieux !

La simplicité est le raffinement suprême.

LÉONARD DE VINCI

En même temps que je rédigeais le livre que vous avez entre les mains, je préparais un déménagement (prévu et planifié), pour la seconde fois en deux ans. Par un heureux hasard, je suis tombée sur le livre de Dominique Loreau, *L'art de l'essentiel.*

Chaque fois que j'en lisais un passage, une immense tristesse m'envahissait. Pire que cela même, en prenant conscience de tout le temps et de tout l'argent perdus à accumuler, puis à déménager deux fois (et bien plus) toute cette montagne de choses, de livres, de vêtements, de paperasses, de dossiers de recherche, de bibelots, de bricoles, de babioles, de clous, de vis, d'outils et j'en passe, que je devais faire entrer dans un camion de déménagement, à grands frais, puis dans mon nouvel appartement, une forme de désespoir me rongeait le cœur, et même une colère sourde à mon endroit. Mais pourquoi donc traîner tout cela derrière moi, comme un boulet, encore et encore ? Pourquoi perdre tout ce temps ? Pourquoi accepter chaque jour de voir la poussière s'accumuler faute de temps pour nettoyer encore et encore des choses dont je ne me sers même pas ? Pourquoi ne pas « voyager léger » dans la vie comme le fait cette personne que je connais ? Et peut-être aussi me débarrasser de ce qui n'a pas servi depuis une année, comme le suggère notamment l'auteure ?

Je me suis donc mise à la tâche et j'ai procédé à une énorme razzia dans mes placards et dans mes armoires. Quelques meubles ont également pris le chemin de la sortie. Plusieurs personnes se souviendront d'ailleurs longtemps de moi, car je leur ai donné bien des choses de valeur que j'aurais pourtant pu revendre à bon prix. À mon grand étonnement, rien de tout cela ne me manque ! Je n'y pense même pas et, en plus, je circule plus facilement dans mon appartement, l'énergie aussi. Je me promets de récidiver bientôt.

Sortir de sa vie tout ce qui l'encombre

Croyez-moi, il n'y a rien de meilleur au monde que de sortir de sa vie tout ce qui l'encombre, en soi et autour de soi, afin de faire de la place pour accueillir le meilleur du reste de notre existence. Cet exercice, particulièrement efficace, productif et révélateur, que je recommande au début de la retraite, pendant la période de repos et de réflexion, l'est aussi à n'importe quelle autre étape de la vie, notamment lors de grandes transitions. Comme vous le savez, ce n'est qu'en faisant du vide que l'on peut faire entrer du nouveau dans notre vie. En outre, cet exercice est propice à la réflexion et à l'élaboration de nouveaux projets.

Vous l'avez certainement remarqué aussi, ou vous le remarquerez, plus nous avançons en âge et en maturité, moins les choses matérielles comptent, tout comme l'esprit de compétition avec nos semblables, la recherche de gloire et de prestige, ou encore l'obligation de nous démener pour nous donner le droit d'exister. Plus tôt nous apprendrons à faire le deuil de nos attachements, plus cela sera facile en vieillissant et, par la suite, à l'approche de la fin de notre vie.

Les acariens et les punaises aussi

Un autre avantage de ce grand désencombrement est de rendre la vie plus difficile aux acariens. Quand j'ai fait les recherches pour mon livre *Pour un sommeil heureux*, j'ai en effet été horrifiée de réaliser que, même dans les maisons les plus propres et les plus riches, les acariens deviennent facilement des envahisseurs de nos espaces, et tout particulièrement de nos lits. À la fin de 2010, il était également question, dans les médias, des punaises qui, après 60 ans d'absence, envahissent à nouveau nos villes, tout particulièrement New York. Les hôtels luxueux, le siège des Nations unies, l'Empire State Building et des magasins de luxe n'y ont pas échappé. Même les ambulances et les camions de déménagement ne sont pas épargnés. Les punaises sont également en train de s'attaquer à d'autres pays, dont la France et le Canada. Elles sont maintenant installées à Montréal. Alors, moins nous entassons de choses dans nos logements, plus nous faisons de ménage, et moins nous donnons la chance à toutes ces sales bestioles de s'imposer chez nous. Et moins nous risquons de les transporter chez les autres.

Vider la maison de ses parents

À l'été 2009, après le décès de notre maman, mes frères, mes sœurs et moi avons dû vider la maison familiale (17 pièces et près d'un demi-hectare de terrain) où nos parents ont vécu pratiquement toute leur vie de couple et de parents. Avant de travailler à l'hôpital, papa y avait également son cabinet médical. Cette maison, c'était bien sûr aussi la nôtre, leurs cinq enfants, puisque, depuis toujours et jusqu'en 2009, elle a été notre lieu de rassemblement familial. C'était notre point de chute, notre point de repère, notre havre de paix.

La maison était toujours impeccablement propre et en ordre, mais nous n'avions jamais remarqué que, au fil des ans, bien des choses s'étaient accumulées. Le grenier (immense) était plein, tout comme les caves, les deux garages, les cabanes de jardin. À cela s'étaient ajoutés les mille et un objets que mes frères et sœurs avaient déposés là lorsqu'ils déménageaient et manquaient de place pour conserver tous leurs meubles et autres souvenirs.

Jamais nous n'avions pensé que nos parents nous auraient laissé cette tâche douloureuse et difficile de vider leur maison. Ce n'est pas d'un fardeau que je parle ici, car il aurait pu être confié à une entreprise spécialisée, mais bien d'avoir à effacer toutes traces de leur passé, et du nôtre aussi, en plus de vendre la maison avec tout ce que cela signifie sur les plans émotif et matériel. Parmi les deuils les plus difficiles de la vie, il me semble que celui-ci bat tous les records dans l'échelle de la douleur : devenir orphelin, en plus de perdre tous les repères qui nous attachent au passé familial.

À la suite de cette expérience, chacun s'est mis à faire du ménage dans sa propre vie, moi la première, et à lire l'ouvrage de Lydia Flem : *Comment j'ai vidé la maison de mes parents*. Je vous le recommande vivement si vous devez, un jour ou l'autre, passer par là, vous aussi.

Trouver des trésors dans le désordre

Je me souviens avoir lu, ou entendu, que le désir d'accumuler beaucoup de choses témoigne d'un mal profond, d'un manque de repères apaisants et d'une insécurité intérieure que l'on espère compenser par une sécurité extérieure dans son chez-soi. Ce n'était pas le cas de mes parents, bien que le fait d'avoir vécu deux guerres (1914-1918 et 1939-1945) en tant qu'enfants, soldats, parents et professionnels ait pu créer en eux une forme d'insécurité inconsciente. Les psychologues le confirment d'ailleurs dans leurs écrits, tout comme Lydia Flem. Traumatisés par ces deux guerres, bien des gens ne jetaient rien, ou presque, au cas où une autre encore viendrait les surprendre, avec tous ces rationnements et ces privations qu'ils avaient connus. Un des grands buts (sens?) de l'existence de mes parents a d'ailleurs été d'assurer à leurs enfants une certaine sécurité matérielle afin qu'ils ne subissent pas le même sort qu'eux: voir tous leurs efforts anéantis sous les bombardements, leur maison réquisitionnée par les Allemands ou, pire encore, comme ce fut le cas pour notre père, médecin officier militaire, se retrouver prisonnier, au risque de terminer sa vie dans un camp de concentration.

À propos de l'accumulation de choses, j'aimerais partager avec vous ce qui suit et qui provient de l'article «Éloge du désordre», publié en 2009 dans le magazine *Affaires Plus*, que je viens de retracer dans le *Jobboom* de juin-juillet 2009. L'auteur y compare le désordre qui s'accumule, notamment sur notre bureau, à des pelures de fruits qui se décomposent dans un bac à compost. Une fois mélangées, elles finissent par créer une matière riche et utile. Selon sa théorie, les «bordéliques» seraient plus productifs et plus créatifs que les autres, car le fouillis favorise l'éclosion de nouvelles idées! En mettant de l'ordre dans notre désordre et en triant des dossiers, nous pouvons ainsi trouver des idées, des informations et des pistes de réflexion. Des objets oubliés peuvent reprendre vie après avoir été réparés, puis être réutilisés ou offerts. En mettant de l'ordre dans mon propre désordre, j'ai trouvé plusieurs projets de manuscrits qui m'ont bien inspirée pour rédiger celui-ci. Je me suis alors sentie moins coupable d'être parfois si désordonnée!

Dans la maison de nos parents, nous avons trouvé plein de trésors de notre enfance: les petits mots que nous leur écrivions à l'occasion de la fête des Pères et des Mères lorsque nous étions à l'école primaire, les lettres et les cartes que nous avons échangées avec eux au cours de notre vie adulte, et bien d'autres choses encore. Les miens ont pris le chemin de ma malle aux trésors.

Questions

- Qu'est-ce qui vous encombre le plus l'espace, le cœur et l'esprit en ce moment? Des relations? Des objets? Des conceptions désuètes sur vous-même ou sur la vie? Des souvenirs?
- Si vous deviez mourir demain, dans quel état laisseriez-vous votre logement à ceux qui devront se charger de le vider?
- Si vous aimez vivre dans un certain désordre, qu'est-ce que cela vous apprend de vous?
- Quels trésors y avez-vous déjà trouvés?
- Quelle signification ont les objets pour vous?

Point de repère 19

Maîtrisez l'art de l'agenda

> Il ne peut pas y avoir de crise la semaine
> prochaine : mon agenda est déjà plein.
>
> HENRY KISSINGER

Une de mes connaissances, qui n'avait jamais travaillé à l'extérieur de son domicile, m'a raconté comment s'est déroulée la première année de retraite de son conjoint. En fait, elle ne l'a pas vu davantage qu'à l'époque où il travaillait. Il a d'abord passé l'été à se construire un deuxième garage. Il était donc dehors, du matin jusqu'au soir. Elle le voyait à peine à l'heure des repas, et le soir, épuisé, il s'endormait carrément dans son assiette. Puis, quand l'hiver s'est annoncé, il a aménagé le grand sous-sol de leur maison pour en faire une salle de cinéma maison et une chambre d'amis. Bien enfermé dans sa « caverne », il ne s'est pas montré non plus durant une bonne partie de l'hiver. Il avait aussi plein d'autres projets en tête pour les mois ou les années qui suivraient la fin de cette construction. La partie de son cerveau qui aime l'action et la nouveauté, le lobe frontal, devait être en pleine effervescence !

Depuis, je demande toujours aux personnes qui assistent à mes cours et à mes conférences lesquelles se sont construit un garage ou un cabanon en prévision de leur retraite pour pouvoir s'y réfugier en paix et y bricoler. Je présente en même temps une caricature portant la légende suivante : *Cabanon recherché. Chauffé, éclairé, lit simple, outils, rideaux opaques, télévision à télécommande, pour une seule personne.*

Je vois toujours au moins trois ou quatre mains se lever, en plus de sourires entendus sur le visage de ceux qui viennent ainsi de se dévoiler. Si, dans la grande majorité des cas, ce sont des hommes qui se construisent ainsi un havre de paix, une dame m'a déjà dit s'être fait construire, par son conjoint, bien sûr, sa propre cabane de jardin afin de s'y réfugier pour y faire de l'artisanat en paix. Elle n'a pas dit où son mari allait alors !

De l'ennui à l'action

Une autre dame, dont le mari travaillait encore alors qu'elle était à la retraite, s'ennuyait beaucoup et devenait dépressive à force de se limiter à son train-train quotidien en l'attendant le soir. Jusqu'à ce qu'elle suive un de mes cours et décide de changer les choses. Elle a commencé par aller prendre un café au milieu de la matinée dans un restaurant proche de chez elle, afin de ne pas rester toute la journée en pyjama comme il lui arrivait souvent de le faire. Autrefois, elle ne prenait jamais de pause à son travail, tellement celui-ci était accaparant. Ensuite, elle a pris l'autobus afin d'explorer sa ville. Elle ne l'avait jamais fait auparavant. Puis elle s'est lancée dans le bénévolat. Elle allait chercher des livres à la bibliothèque où elle travaillait autrefois afin de les apporter à des personnes âgées qui ne pouvaient se déplacer. Elle leur faisait des suggestions de lecture et discutait de livres avec elles. Tous ses déplacements se faisaient à pied afin de se tenir en forme physique. Tant qu'à sortir de ses habitudes, elle s'est aussi initiée elle-même à la haute cuisine gastronomique. Son conjoint et ses amis en ont, paraît-il, bien profité.

C'est ainsi que, un pas à la fois, elle s'est reconstruit une vie adaptée à ses compétences et à ses préférences, en plus de combler tous ses besoins fondamentaux : s'occuper de sa santé en marchant, développer l'estime d'elle-même, en plus d'actualiser pleinement son potentiel en faisant du bénévolat. Elle a pu ainsi recevoir de la reconnaissance de la part des personnes à qui elle apporte des livres, ainsi que des amis qu'elle a invités à sa table.

Cette nouvelle passion pour la gastronomie me fait penser à un de mes clients qui m'a dit, la première fois où nous nous sommes rencontrés, qu'il avait été *victime de l'art culinaire de sa conjointe* pendant 35 ans ! Bien que douloureuse, sa séparation lui avait au moins épargné cet honneur qu'il goûtait peu.

FAITES TRAVAILLER VOS DEUX CERVEAUX

> C'est terrible de se laisser prendre dans sa routine. On s'enlise, on se sent en sécurité. Et puis, tout à coup, on s'éveille et il n'y a plus rien.
>
> YVES THÉRIAULT

Depuis toujours, votre vie a été en grande partie structurée, organisée, gérée et encadrée par les autres : les adultes quand vous étiez enfant, puis votre vie professionnelle, sociale et familiale. Une fois à la retraite, vous devez restructurer tous ces pans de votre vie. En principe, personne n'est là pour vous guider et vous diriger, et vous n'avez plus de comptes à rendre à qui que ce soit. Vous êtes libre. Ce fabuleux avantage se transforme parfois en un sérieux handicap. Certains se lancent alors dans mille et une activités, sans établir de priorités, un peu comme un bateau sans boussole, qui se laisse dériver au gré des vents. Ils veulent rattraper le temps perdu. D'autres ne font rien de leurs journées et s'engourdissent dans le confort de leur quotidien en attendant que quelque chose se passe. Les journées leur semblent longues et ennuyeuses ; même leur propre personne leur paraît assommante. Ils avaient pourtant plein de rêves et de projets.

Pour nous adapter au changement, pour continuer d'avancer, d'apprendre, de découvrir et de progresser et pour affronter les difficultés, nous devons constamment lutter pour ne pas nous ankyloser physiquement et mentalement dans la routine. Une zone de notre cerveau, le cerveau des émotions, a en effet pour mission de nous faire gagner un temps précieux grâce aux habitudes et aux automatismes qui nous évitent d'avoir à réapprendre les mêmes gestes tous les jours. Pour nous protéger des dangers, cette zone, associée au cerveau limbique, cherche aussi à nous convaincre de nous contenter de nos espaces familiers, des gens que nous connaissons bien, de notre routine, de nos petites habitudes et de notre sécurité. Et rien de plus.

En outre, plus nous vieillissons, plus nous éprouvons naturellement des difficultés à nous adapter aux changements. Nous devenons plus rigides mentalement, et par conséquent moins créatifs et moins enclins à explorer et à nous lancer dans de nouvelles activités. C'est pourquoi, une fois à la retraite, et même avant aussi, certaines personnes se mettent carrément sur le pilote automatique et se contentent de leur train-train quotidien. Ce que ces personnes ne savent pas, c'est que, en plus de les éloigner du meilleur du reste de leur vie, leur mémoire à court terme décide, elle aussi, de se mettre au repos. Il n'est pas étonnant alors qu'elles perdent des tas de choses (leurs lunettes, leurs clefs), oublient leurs rendez-vous et leurs médicaments (ou les absorbent en double). Il n'est pas étonnant non plus qu'elles se sentent si désemparées devant l'inconnu et l'imprévu.

Heureusement, une autre zone de notre cerveau, le lobe frontal, aime l'action et la nouveauté. Si nous souhaitons combattre notre inertie, en fait, sortir de notre zone de confort – comme les coachs aiment appeler ce changement d'attitude –, il suffit de nous lancer chaque jour des défis, des tout petits comme des grands. Il faut oser et oser encore, essayer, expérimenter, explorer et changer, comme l'a fait la dame dont je vous ai parlé plus haut.

Plus nous nous y exerçons tôt, et de plus en plus souvent, plus alors nous apprenons à la partie de notre cerveau qui n'aime pas beaucoup le changement à être moins peureuse et à accorder plus de place à notre cerveau de l'action. Plus nous parvenons alors à équilibrer notre besoin légitime de sécurité et de confort avec notre besoin de découvertes, d'action et de croissance.

Se vautrer totalement dans le confort, c'est refuser l'action ! Changer, c'est surtout accepter de prendre des risques. Prendre des risques, c'est vivre ! Cela ne signifie pas, bien sûr, se mettre inutilement en danger.

Conseil

Prenez l'habitude de faire régulièrement quelque chose qui vous oblige à sortir de votre zone de confort (vos habitudes sécurisantes). Il vous sera alors de plus en plus facile d'affronter efficacement les problèmes et les difficultés, d'encaisser les mauvais coups et de trouver des solutions.

Questions

• Lorsque vous prévoyez vous mettre en action, quelle partie de votre cerveau est généralement dominante ? Le lobe frontal ou le limbique ?

- Quels sentiments votre agenda de retraite éveille-t-il
  en vous? De la joie? De la tristesse? De l'ennui? De
  l'espoir? De l'envie? De la nostalgie? Du plaisir? Du
  bonheur? Une façon de passer le temps?

FAITES L'AUTOPSIE DE VOTRE AGENDA DE RETRAITE

L'agenda de retraite est une métaphore pour illustrer le
temps, c'est-à-dire ce à quoi nous consacrons nos journées. Face au temps qui passe, il se peut que nous ressen-
tions un certain malaise, soit parce que nous courons
encore, comme nous le faisions au travail, soit parce que
nous avons l'impression de nous ennuyer et de passer à
côté de quelque chose d'important: le temps qu'il nous
reste à vivre.

Si vous le souhaitez, je vous propose un autre bilan.
Dans un premier temps, il s'agit de déterminer les éléments qui ont pu vous amener à trop remplir votre agenda
ou, au contraire, à le laisser se vider, parfois malgré vous.
Vous pourrez ensuite évaluer où passe votre temps chaque semaine. Ces deux exercices vous permettront de
prendre les dispositions nécessaires pour donner un peu
plus d'équilibre à votre vie. Ils pourront aussi vous montrer que vous faites un bien meilleur usage de votre temps
que vous ne le croyez.

Trop ou pas assez

Dans cette première partie, l'agenda trop rempli ou, au
contraire, trop vide, accordez-vous une note entre 1 et
10 pour les énoncés qui semblent vous concerner. Vous
n'avez donc pas à les noter tous et vous pouvez aussi en
ajouter. Le chiffre 1 signifie que vous vous ne vous retrouvez pas du tout dans l'énoncé, alors que le 10 signifie
que vous vous reconnaissez parfaitement. J'ai employé

le masculin partout afin de simplifier le tableau. Dans tous les cas, il peut s'agir de lui ou d'elle, particulièrement lorsqu'il est question des partenaires de vie.

─────────────── L'agenda trop rempli ───────────────

1 à 10

Vous êtes encore pris dans le tourbillon du quotidien et du travail et vous n'avez pas encore pu décrocher. _____

Vous tenez à conserver un statut social (une de vos valeurs). _____

Vous aimez travailler, vous adorez ce que vous faites, même si vous êtes conscient que vous en faites un peu trop, par habitude. Vous seriez même prêt à offrir vos services gratuitement. _____

Vous voulez gagner davantage d'argent pour boucler vos fins de mois ou pour assurer la sécurité matérielle de votre famille. _____

Vous dites OUI à tout et à tout le monde, car vous n'avez pas encore appris à dire NON. _____

Vous n'avez pas encore pris le temps de faire le tri de vos rêves et de vos projets. _____

Vous avez peur du vide créé par l'absence d'activités professionnelles. _____

Vous ne savez pas vraiment qui vous êtes, ce que vous aimez et ce que vous souhaitez, maintenant que vous avez perdu votre statut professionnel. _____

Vous vous croyez obligé, parfois inconsciemment, de calquer votre vie de retraité sur ces images idylliques de la retraite véhiculées par les spécialistes du marketing. _____

Vous êtes atteint du «syndrome du voisin gonflable», c'est-à-dire vouloir faire plus et mieux que les gens que vous côtoyez pour mille raisons, dont celle de vous sentir à la hauteur ou supérieur à eux. _____

Vous ne voulez pas rester chez vous 24 heures par jour avec votre partenaire, même si vous l'aimez. _____

Votre partenaire vous trouve un peu trop encombrant. _____

Vous vivez seul et vous manquez de liens affectifs et sociaux significatifs. _____

——————————— L'agenda trop vide ———————————

1 à 10

Vous manquez d'énergie, vous êtes toujours fatigué, pour
des raisons que vous ignorez. _____

Vous n'êtes pas en bonne santé et vous devez vous en
occuper en priorité. _____

Vous avez été forcé de partir à la retraite alors que vous
n'étiez pas prêt. Vous vivez une période de découragement. _____

Votre vie professionnelle et surtout votre fin de carrière vous
ont totalement épuisé et démotivé. _____

Vous avez décidé de prendre un long temps de repos, et vous
ne savez plus comment raccrocher tant vous vous êtes laissé
happer par le confort et la détente. _____

Vous manquez d'argent pour faire ce à quoi vous tenez le plus. _____

Votre travail était au centre de votre vie et vous n'avez pas
développé d'autres talents, intérêts ou passions. _____

Vous réalisez que vous n'avez plus de réseau social et amical
depuis votre départ à la retraite. _____

Vous ne savez pas comment vous intégrer dans un nouveau
groupe. _____

Vous êtes carrément prisonnier de votre couple et de votre
famille. _____

Vous avez peur de vous lancer dans l'action, vous vous sentez
bloqué. _____

Vous avez peur de l'opinion d'autrui. _____

Vous ne savez pas où trouver de nouvelles activités qui
pourraient vous plaire. _____

Pour compléter cet exercice, il vous faut maintenant vérifier à quoi vous consacrez votre temps en priorité chaque jour, chaque semaine et chaque mois.

Vérifiez où passe votre temps

> La montre molle est une invention de
> Salvador Dalí, particulièrement adaptée aux
> horaires souples et aux journées élastiques,
> mais inutilisable quand les temps sont durs.
>
> Marc Escayrol

Le temps présent est précieux. Il s'agit d'un véritable cadeau des dieux dont il convient de profiter avec envie, gourmandise et passion. Tout peut être fait avec le temps ! Ne pas savoir quoi en faire et le passer à ne rien faire du tout. Le perdre et le gaspiller en étant actif inutilement et en s'éparpillant dans toutes les directions. L'économiser pour être en mesure, ensuite, de faire plein de choses passionnantes avec toutes les heures récupérées. Prendre tout simplement son temps sans se sentir obligé d'être actif, simplement pour faire durer l'instant et le plaisir. Exploiter aussi le temps au maximum en poursuivant plusieurs objectifs en même temps. Et, bien sûr, à l'occasion, ne rien faire du tout pour voir tout simplement la vie exister.

Un de mes clients, qui avait décidé de perdre énormément de poids une fois à la retraite, avait l'impression qu'il ne faisait pas grand-chose de ses journées, à part s'occuper de son régime, préparer ses repas, faire de l'exercice, aller aux réunions de Weight Watchers et se priver de certaines sorties pour ne pas retomber dans ses vieilles habitudes. Il avait l'impression de n'être préoccupé que par sa petite personne. Pourtant, ce qu'il me racontait me montrait clairement que sa vie était en parfait équilibre. Il voyait ses amis et sa famille, se préoccupait des finances et du bien-être de sa vieille maman, allait au cinéma, donnait un coup de main aux uns et aux autres, préparait des projets de retraite liés à des talents qu'il n'avait pas pu exploiter pendant sa vie professionnelle.

Il entretenait même un petit immeuble dont il était propriétaire, en plus d'attendre une intervention chirurgicale liée à son amaigrissement important. En fait, il avait oublié qu'il n'avait pas à combler chaque seconde de son temps pour sentir qu'il avait le droit d'exister et même pour être heureux. Il n'avait pas non plus à succomber au terrorisme de l'activité à tout prix! Passer beaucoup de temps à réapprendre à cuisiner des plats santé, dont il faisait d'ailleurs profiter les autres, était déjà tout un accomplissement et un fabuleux projet.

Pour l'en persuader, je lui ai proposé de remplir la grille qui suit, puis de répondre aux questions que vous trouverez un peu plus loin.

Quoi faire en 100 heures

Il s'agit maintenant de vérifier où passe réellement votre temps chaque semaine, en remplissant la grille suivante pendant quatre semaines. Tenez compte de vos besoins, de vos priorités et de vos possibilités, et n'oubliez pas les objectifs que vous vous êtes fixés. Si certains énoncés ne vous concernent pas, ne remplissez tout simplement pas les cases. Vous pouvez aussi ajouter des éléments. L'idée est de vous donner un aperçu des divers secteurs de votre vie qui contribuent au bien-être physique, psychologique, affectif, intellectuel et spirituel. Vous vous souvenez certainement des cinq balles du jongleur (p. 25).

Une fois les colonnes des quatre semaines remplies, inscrivez dans les colonnes de droite comment vous souhaitez réaménager et répartir votre temps afin d'accorder la priorité à ce qui compte le plus pour vous.

Pourquoi 100 heures? Une semaine comprend 168 heures. Si vous enlevez le temps de sommeil, les soins personnels et les repas, il vous reste environ 100 heures à combler, occuper, savourer, perdre, gaspiller, économiser…

— Combien de temps je consacre chaque semaine... —

	Heures passées				Heures souhaitées	
	Semaine 1	Semaine 2	Semaine 3	Semaine 4	Par semaine	Par mois
À prendre soin de ma santé : activité physique, respiration, alimentation.						
À enrichir mon esprit : cours, conférences, spectacles, musées, lectures.						
À maintenir ma mémoire alerte par des exercices intellectuels qui me demandent un certain effort.						
À développer de nouvelles habiletés et compétences (apprentissages).						
À me détendre : relaxation, méditation, réflexion, musique.						
À entretenir mon domicile : ménage, rénovations, bricolage, jardinage.						
À dorloter ma relation amoureuse : plaisir, intimité, partage de nos jardins secrets, communication, temps de qualité passé ensemble.						
À prendre soin de ma famille (enfants, petits-enfants, parents et famille élargie) : services rendus, garde des petits-enfants, accompagnement.						
À être tout simplement «bien» avec ma famille : activités de loisir, jeux.						
À rencontrer mes bons (vrais) amis.						
À mettre à contribution mes talents, mes habiletés et mes compétences dans des activités et des projets.						
À œuvrer au sein d'une association : bénévolat, entraide.						
À donner spontanément et gratuitement un petit coup de main autour de moi : personnes âgées, oubliées, esseulées, malades.						
À transmettre aux jeunes générations les connaissances et les compétences que j'ai acquises au travail et ailleurs.						
Total (sur 100 heures par semaine)						

Se donner du temps

Les réponses que vous avez données aux énoncés précédents vous ont certainement montré sur quels points vous concentrer en priorité pour augmenter votre bien-être général à la retraite. En vous suggérant cet exercice, je ne cherchais surtout pas à vous imposer un mode de vie conventionnel – car il n'y en a pas – et encore moins à vous inviter à vous lancer dans une nouvelle course folle ou, pire, une obligation de performance. Chacun est libre de mener sa vie comme il l'entend, en lien avec ses préférences, sa personnalité et ses capacités. L'important est de garder en tête que, pour être durables, vos activités et vos projets doivent être accrochés à la chaîne de vos besoins, à votre personnalité et au sens que vous souhaitez continuer à donner à votre existence.

Sachez aussi que, les premiers temps de la retraite, il est tout à fait normal que votre agenda soit trop rempli ou, au contraire, trop vide. Un certain temps est toujours nécessaire pour s'adapter à cette nouvelle vie. Par la suite, certains réaliseront qu'ils ne sont pas obligés d'être actifs et utiles à tout prix pour avoir le droit d'exister. D'autres se découvriront des passions et de nouveaux défis et voudront peut-être travailler encore, mais à leur propre rythme. Ils voudront peut-être aussi s'engager dans de nouvelles activités et y intégrer le plus possible des personnes, connues et inconnues.

Répartir équitablement et se questionner

Pour vous assurer de vous engager dans des activités qui vous procureront bien-être et satisfaction, en plus de contribuer à donner un sens à votre vie, je vous suggère de vérifier si elles peuvent s'intégrer dans ces diverses catégories :
• Vous soucier de votre santé et de votre bien-être général.
• Mettre à contribution vos talents et vos compétences.

- Entrer en relation avec les autres : nouer des liens d'amitié, d'amour.
- Faire participer les autres : collaborer, aider, s'engager.
- Vous sentir utile et recevoir de la reconnaissance : aider, enseigner, transférer des connaissances, des compétences, des habiletés et des valeurs.
- Apporter du soutien aux autres, à vos proches, bien sûr, mais aussi aux gens dans le besoin.
- Dépasser vos propres intérêts : aider un plus jeune à s'accomplir, vous engager dans des causes humanitaires.

Avant de vous lancer, demandez-vous aussi si vous êtes vraiment prêt à passer à l'action, si les activités dans lesquelles vous vous engagez vont vous rendre tout simplement heureux et si elles ne vous demanderont pas plus d'énergie que vous n'en possédez. Vérifiez également vos motivations profondes : cherchez-vous simplement à combler un vide ? À fuir l'ennui ? La peur de vieillir vous pousse-t-elle à courir ainsi ? Avez-vous choisi cette activité à défaut d'une autre, ou parce que quelqu'un vous a convaincu que c'était pour votre bien ou vous l'a imposée ? Cherchez-vous à prouver quelque chose ? Ces activités sont-elles suffisamment adaptées à vos capacités ? Sont-elles suffisamment intéressantes et difficiles pour vous donner envie de persévérer ? Avez-vous le contrôle sur leur déroulement ? Pouvez-vous y mettre fin quand bon vous semble ? Vous procurent-elles un sentiment de bien-être ? De satisfaction ?

Conseil

Dans votre agenda de retraite, conservez suffisamment de temps rien que pour vous, notamment pour réfléchir, méditer, vous reposer et relaxer en paix. Laissez surtout des espaces suffisants pour l'improvisation et les projets de dernière minute, les surprises, l'inconnu, l'inattendu et les départs sur un coup de tête. C'est cela, le sel de la vie ! Bien des retraités que je connais, qui voulaient pourtant se délester du rythme et du stress du travail, sont retombés rapidement, malgré eux, dans un rythme trépidant et épuisant. Comme quoi il est difficile de sortir de ses vieilles habitudes !

Questions

- Qu'est-ce que le temps pour vous ?
- Votre agenda est-il rempli à tel point que le mot « improvisation » n'existe plus pour vous ?
- Qu'aimeriez-vous supprimer ou réduire ?
- Si tout était possible, quelle serait votre semaine de retraite idéale ? Que vous manque-t-il pour y parvenir ?
- Qui gère votre emploi du temps et selon quel pourcentage ? Vous ? Les autres ? Le hasard ?
- Jusqu'à présent, qu'avez-vous mis de côté de très important pour vous, faute de temps ?
- Qu'avez-vous mis en chantier et que vous n'avez pas encore achevé ? Que s'est-il passé ?
- Faites-vous vraiment ce que vous souhaitez et aimez en ce moment ? Sinon, qu'est-ce qui vous en empêche ?
- Que vous manque-t-il le plus actuellement ? Loisirs ? Relations amicales ? Affectives ? Activités passionnantes ?
- Quelle activité aimeriez-vous pratiquer davantage ?
- Avec quel genre de personne aimeriez-vous faire des activités (amis, conjoint, bénévoles) ?
- Si tout était possible, que feriez-vous en priorité ?
- Quels sont les trois objectifs prioritaires sur lesquels vous aimeriez travailler au cours des trois prochains mois ?

Allez donc travailler un peu !

> Hans Selye enseignait que c'est seulement
> quand nous avons un travail et des projets
> qui ont un sens pour nous que notre système
> immunitaire se renforce et que les forces
> dégénératives du vieillissement ralentissent.
>
> STEPHEN R. COVEY

Il y a quelques années, le vendeur d'un magasin spécialisé en meubles et accessoires de bureau où j'allais régulièrement m'a raconté cette anecdote que je trouve plutôt savoureuse. Employé d'une compagnie d'assurances, il travaillait autrefois à partir de son domicile. Sa femme partait chaque matin pour ne revenir que le soir et tout se passait très bien. Personne ne marchait sur les pieds de l'autre. En revanche, dès que cette dernière a pris sa retraite, les choses ont commencé à se gâter. Elle n'aimait pas le voir tout le temps à la maison « dans ses jambes » et l'a donc incité à aller travailler ailleurs quelques jours par semaine.

Après à peine quelques mois, ce vendeur est devenu tellement compétent, efficace et indispensable que son patron lui a demandé de travailler à temps complet, en plus de devenir acheteur principal pour le magasin. Ses nouvelles fonctions l'ont amené à voyager quelques journées par mois. Il était donc moins souvent chez lui.

Devinez qui s'est plaint de ne pas voir l'autre assez souvent à la maison ? Je vous le donne en mille !

Gagner de l'argent ou rester actif intellectuellement ?

Même si cela fait bondir certains d'entre eux qui n'aspirent qu'à se reposer, je dis toujours aux futurs retraités que, à la retraite, le travail quelques jours par semaine mais pas toute l'année et avec moins de responsabilités qu'avant, c'est la santé et le bonheur assurés, particulièrement durant les premières années. Mais rien ne les y oblige, bien évidemment, s'ils n'y trouvent pas d'avantages. Il existe bien d'autres moyens de se réaliser encore et de se sentir utile, ne serait-ce qu'en donnant un coup de main autour de soi.

En janvier 2011, une étude commandée par la Banque Scotia et réalisée par la firme Harris/Décima[1] a montré que deux Québécois sur trois (64 %) prévoient continuer à travailler après leur retraite. Pour la moitié d'entre eux, ce sera surtout par nécessité financière, alors que, pour 67 %, il s'agit plutôt de rester actif mentalement et pour 51 %, de maintenir des liens sociaux. À l'échelle du Canada, c'est plutôt 69 % des gens qui veulent continuer à travailler et, parmi eux, 38 % le feront pour des raisons financières. Les Québécois qui veulent encore travailler entendent bien aussi se garder du temps pour leurs proches (70 %), pour lire (59 %) et pour faire du sport (58 %).

Il est intéressant de comparer ces données avec celles de 2005, publiées sur le site www.csd.qc.ca, provenant d'une étude commandée par la Banque de Montréal et réalisée par la firme Ipsos Reid. À l'époque, 28 % des

---

1. Source: La Presse Canadienne, www.thecanadianpress.com, 4 janvier 2011.

retraités continuaient à travailler et 74 % des travailleurs de 45 ans et plus prévoyaient en faire autant à la retraite. À l'échelle du Canada, les raisons invoquées par ce groupe d'âge étaient de se maintenir actifs intellectuellement (71 %), de rester en contact avec les gens (63 %), de gagner de l'argent (61 %) et d'être physiquement actifs (49 %).

Ces données nous montrent que beaucoup de retraités souhaitent travailler, mais dans un emploi moins contraignant, qui leur laisse aussi du temps pour s'occuper d'eux et de leurs proches.

Plusieurs participants à mes formations et à mes conférences m'ont mentionné vouloir travailler encore avant tout pour se gâter, pour voyager ou pour aider leurs enfants et leurs petits-enfants. Certains avaient aussi l'intention de se constituer un fonds de réserve en cas de maladie, afin de pouvoir se faire soigner plus rapidement. D'autres cherchaient à occuper leurs journées parce que leur partenaire était encore au travail ou pour éviter de se marcher sur les pieds, une fois à la retraite. Certains ont l'impression que, s'ils restent chez eux à ne rien faire, leur entourage, notamment leurs enfants, leurs petits-enfants et même leur partenaire de vie, les estimera beaucoup moins. Il y a aussi ceux qui veulent travailler afin de continuer à se mettre à jour dans leur domaine d'expertise, pour apprendre encore et pour relever des défis. Ils veulent continuer à mettre leurs connaissances et leurs compétences au service des autres et se sentir utiles socialement. Ils souhaitent conserver un certain statut social et saisir l'occasion de faire émerger leur personnalité entreprenante qui a été plus ou moins brimée par leur employeur, ainsi que leurs valeurs axées principalement sur la réalisation de soi, le confort et la prospérité.

D'autres enfin ne parviennent tout simplement pas à décrocher du travail et de tout ce qui l'entoure. Ils sont pris dans un grand tourbillon dont ils sortiront difficilement.

Pas vraiment le choix!

Après avoir mis bien des quinquagénaires à la retraite plus ou moins forcée depuis plusieurs années, et alors que perdurent les incitatifs à partir précocement, voilà qu'aujourd'hui les «jeunes-vieux» reviennent au goût du jour. Les travailleurs en âge de se retirer sont invités à rester en poste pour combler le grand vide laissé par le départ des baby-boomers de la première génération. Plusieurs pays retardent d'ailleurs l'âge légal du départ à la retraite, comme l'a fait la France en 2010, malgré bien des protestations.

Si rien n'est fait, dès 2030 ou même avant, alors que le nombre de personnes en âge de travailler aura chuté dramatiquement, nous assisterons en parallèle au déclin de la croissance économique. Travailler plus longtemps sera donc bénéfique pour tous, autant pour les aînés que pour les plus jeunes, non seulement sur le plan financier, mais aussi au niveau du rapprochement entre les générations. En relisant ce que j'ai écrit à propos du sens du travail (p. 31), vous trouverez bien d'autres avantages à demeurer actif, notamment sur le plan personnel.

Travailler, oui, mais avec moins de contraintes et davantage de temps pour soi, en plus d'adapter les tâches, les horaires et les postes de travail aux capacités physiques, motrices et cognitives de l'âge.

Ceux qui n'ont plus la force ou le désir de travailler ne devraient pas être forcés de le faire.

De toute façon, les chiffres que j'ai mentionnés plus haut indiquent bien qu'un nombre assez important de travailleurs et de personnes déjà retraitées souhaitent travailler à la retraite.

À mon avis, il y a encore bien du chemin à parcourir avant de maintenir ou d'intégrer les «jeunes-vieux» au marché du travail. Malgré toutes les bonnes volontés et les beaux discours, des clients que je reçois (âgés de 56 ou 57 ans), apparemment encore très efficaces dans leurs fonctions, se font souvent montrer la porte de la retraite avec plus ou moins de subtilité par leurs employeurs, particulièrement lorsque ceux-ci sont beaucoup plus jeunes qu'eux.

Dans *La longévité: une richesse*, que j'ai déjà cité (CIRANO), on peut lire (p. 81) que bien des employeurs ont une attitude négative à l'endroit des travailleurs plus âgés. Certains refusent même d'engager ceux qui ont plus de 36 ans! Les auteurs affirment pourtant, avec raison, que le maintien en emploi des travailleurs âgés de 55 à 74 ans pourrait répondre, en partie, aux besoins accrus de main-d'œuvre.

Il ne reste plus qu'à espérer que cette discrimination selon l'âge disparaîtra bientôt afin que cesse le gaspillage de productivité au nom du jeunisme.

Des aînés expérimentés et efficaces

Le magazine *Cerveau & Psycho* a publié les résultats d'une étude menée par Michael Falkenstein et Sascha Sommer, à l'Institut de physiologie de l'Université de Dortmund, en Allemagne. Ces chercheurs ont montré qu'au travail les aînés commettent moins d'erreurs que les plus jeunes, travaillent avec davantage de précision et se laissent moins distraire. Ils ont aussi l'avantage de l'expérience et du savoir accumulé (l'intelligence cristallisée), en plus d'être, en général, plus doués socialement. Tout cela peut compenser les quelques millisecondes de délai qu'ils utilisent pour « sécuriser l'action », à cause, surtout, du temps de réaction dont ils ont besoin pour réagir à un stimulus auditif, visuel ou moteur.

Toutefois, lorsqu'ils doivent travailler rapidement et sous pression, les aînés éprouvent plus de difficultés que leurs cadets et commettent davantage d'erreurs. Ces prétendues carences pourraient être compensées par le choix des tâches qui leur sont confiées et par l'aménagement de leur environnement et de leurs conditions de travail.

Conseil

Avant de vous engager dans un travail ou une activité de retraite, demandez-vous toujours quelle est votre motivation et, surtout, si votre choix est bien en accord avec vos besoins, vos valeurs, votre personnalité et l'état de votre santé. De plus, si vous souhaitez travailler mais ne trouvez pas d'emploi, efforcez-vous de trouver 10 avantages à cette situation. Ou, à l'inverse, si vous êtes obligé de travailler alors que vous ne le souhaitez pas, faites ce même exercice (10 avantages). Cet exercice est particulièrement révélateur de vos véritables intérêts et besoins, en plus de vous faire entrevoir bien d'autres options et possibilités que celles qui s'offrent à vous.

Questions

- Quels facteurs vous motivent ou vous motiveraient à travailler encore à la retraite ?
- Quel genre de responsabilités êtes-vous encore prêt à assumer ?
- Aurez-vous suffisamment de temps et d'énergie pour vous engager dans un emploi sans négliger les autres piliers de votre vie : famille, amis, santé, vie spirituelle ?
- Votre ancien domaine professionnel vous intéresse-t-il encore ou souhaitez-vous expérimenter autre chose ?
- Existe-t-il d'autres moyens de vous épanouir sans travailler dans un cadre structuré ?

Point de repère 21

Aidez sans vous brûler

> Une société se juge à la manière dont elle
> assure confort et grâce du vivre aux enfants,
> confort du vivre et sérénité du mourir aux
> vieilles gens.
>
> ROGER DADOUN

Lors de mes rencontres avec des personnes qui travaillent
ou qui sont à la retraite tout en s'occupant de leurs parents âgés, j'ai reçu plusieurs confidences à propos de
leur fatigue extrême, de leur santé chancelante, de leurs
soucis matériels et parfois aussi de leur impatience, de
leur colère, de leur rancœur et même de leur méchanceté
occasionnelle envers le proche dont elles ont la charge.
Pourtant, la majorité de ces aidants ont choisi délibéré-
ment de leur consacrer tout ce temps, non seulement par
amour et par reconnaissance, mais aussi pour ne pas les
obliger à vivre un deuil supplémentaire, soit celui de
quitter l'endroit où ils ont toujours vécu, leurs habitudes
et leurs souvenirs, pour aller finir leurs jours dans une
maison de retraite, médicalisée ou non. Les quelques cas
de manque de soins ou carrément de maltraitance dans
ces endroits rapportés par les médias les effraient aussi
au plus haut point. Ils savent, par exemple, que bien des
pensionnaires de ces établissements consomment plus de

médicaments et souffrent davantage de détresse et de dépression que ceux qui continuent à vivre chez eux.

Une vie entre parenthèses

Entre 80 % et 90 % de l'aide[1] et des soins apportés aux personnes âgées, malades ou en perte d'autonomie sont pris en charge par les familles, soit à leur domicile, soit dans un centre d'hébergement et de soins de longue durée (CHSLD). Ce sont généralement des femmes qui se chargent de cette tâche, parfois même pour leur belle-mère ou des amis. Dans le cas des couples âgés, les choses sont souvent plus difficiles, car l'aidant, homme ou femme, est déjà vulnérable en raison de son âge et parfois aussi de la maladie. Il arrive que l'homme qui doit prendre soin de sa femme accepte mal cette situation, particulièrement si elle s'est toujours occupée de lui auparavant.

Si certaines personnes proches aidantes s'en tirent assez bien grâce à l'aide et à la compréhension de leur partenaire de vie, de leur famille ou de groupes d'entraide, d'autres se retrouvent seules, découragées, désemparées et particulièrement stressées. Des études ont montré[2] que, parmi elles, 80 % ont déjà vécu des épisodes de détresse émotionnelle, alors que 25 % ont fait une dépression. Leur risque de mortalité est aussi augmenté de 63 %. Celles et ceux qui travaillent (60 %) tout en s'occupant d'un de leurs proches sont souvent obligés de réduire leurs heures de travail ou, carrément, de quitter leur emploi. Il en résulte des pertes financières importantes.

---

1. Source: site de l'Institut universitaire de gériatrie de Montréal, www.aidant.ca
2. Sources: reseauentreaidants.com et www.pasdessuperheros.com
Ce deuxième site est aujourd'hui hébergé par le Réseau entre-aidants.

Lorsqu'ils sont à la retraite, ils doivent bien souvent mettre leurs projets et leurs rêves entre parenthèses. Plusieurs ont l'impression de ne jamais en faire assez, de ne pas le faire aussi bien qu'ils le voudraient ou de ne pas faire ce que l'on attend d'eux. Ils se sentent souvent coupables lorsqu'ils n'ont pas vraiment envie d'assumer cette charge seuls, surtout quand les autres membres de la famille se rendent peu disponibles pour prendre la relève, ne serait-ce qu'à l'occasion. Ils se sentent coupables aussi de vouloir penser un peu à leur propre bien-être, de prendre quelques journées de repos et de vacances, de s'être mis en colère, et d'avoir parfois tenu des propos blessants. Mal à l'aise surtout d'avoir besoin d'aide et de ne pas oser le demander.

Épuisés, à bout de nerfs, il arrive qu'ils s'en prennent à cette personne vulnérable qui n'ose pas, ou ne peut pas, leur résister ni leur répliquer, car elle dépend d'eux pour sa survie.

Du côté des soignants professionnels

La vie n'est pas toujours facile, non plus, pour les soignantes et les soignants professionnels, payés pour s'occuper des patients physiquement et mentalement malades ou en fin de vie. Certains perdent aussi les pédales à l'occasion. Les médias nous rapportent souvent des histoires d'horreur. Bien qu'exceptionnelles, elles frappent terriblement notre imagination.

Même s'il ne s'agit pas d'un cas flagrant de maltraitance, à proprement parler, mais plutôt d'un cas d'irrespect et d'atteinte à la dignité, l'histoire qui suit m'a frappée, au point où je m'en souviens encore, 10 ans plus tard, comme si cela s'était passé hier.

Je devais rencontrer rapidement une infirmière qui travaillait dans un service de soins de longue durée (ou palliatifs, je ne sais plus) afin de récupérer un document pour une activité caritative à laquelle je participais. Quand je suis arrivée, elle était en train de s'amuser et de faire carrément le clown avec les vêtements, la valise, le chapeau et le parapluie d'une personne de son service qui venait de mourir la veille. La famille, qui ne voulait rien récupérer de la mourante, lui avait dit de disposer comme elle l'entendait de ses effets personnels. Je me suis surprise à rire de la voir ainsi accoutrée, et surtout de ses pas de danse et de ses mimiques. Puis, tout à coup, j'ai entrevu dans le couloir une vieille dame, dans sa chaise roulante, qui la regardait faire. Probablement en fin de vie aussi, elle devait imaginer le peu de respect que les membres du personnel manifesteraient ainsi après sa mort. J'en étais toute retournée. C'était réellement pathétique! Quand j'ai quitté les lieux, j'ai également été frappée et étonnée par le ton élevé, condescendant, agressif même, et bien sûr sans émotion ni empathie, d'une soignante qui s'adressait à une dame alitée qui geignait probablement un peu trop. J'ai accéléré le pas pour sortir de là au plus vite et prendre une énorme bouffée d'oxygène.

Devoir, culpabilité, épuisement, cupidité et maltraitance

Même si j'ai été mêlée malgré moi à cette histoire, je me sens encore terriblement triste chaque fois que j'y repense. J'espère que, lorsque je serai très vieille et proche de la mort, les gens qui s'occuperont de moi seront plus respectueux, plus humains, moins cyniques et moins idiots que cette infirmière.

Je vous raconte cela, car je veux vous parler de dignité et de respect, autant pour les personnes malades et handicapées que pour celles qui sont à l'article de la mort.

Pourquoi donc une personne qui a été jeune, valide et active, qui a fondé une famille, travaillé, eu une vie intellectuelle et sociale et qui a contribué à l'avancement de notre société devrait-elle, tout à coup, perdre sa dignité, être ridiculisée et malmenée parce que son corps l'abandonne? Comment se fait-il que dans d'autres pays, ou dans certaines familles, les vieillards sont protégés par tous et carrément vénérés, alors que, à d'autres endroits, ils sont carrément rejetés ou violentés?

Mon intention n'est pas de critiquer les proches aidants et les soignants professionnels pour le plaisir de les critiquer. Je suis la première à reconnaître le dévouement et le souci du bien-être des malades dont font preuve la très grande majorité de ces personnes. Je souhaite simplement ajouter ma voix à celle de toutes ces associations qui cherchent des moyens de réduire, le plus possible, tout autant la souffrance et la maltraitance des personnes en fin de vie que l'épuisement de ceux qui prennent soin d'elles. Ils sont nombreux à aimer ce qu'ils font et à se dévouer pour les patients ou leurs parents âgés dont ils ont la charge. Mais tous le peuvent-ils vraiment? En ont-ils le temps et le pouvoir? Ont-ils tous les capacités humaines, physiques et mentales pour le faire? Savent-ils vraiment exactement pourquoi ils font ce travail? Dans certains cas, le font-ils parce qu'ils n'ont pas trouvé de travail ailleurs?

Quant au taux de maltraitance, celui-ci est heureusement peu élevé, si on peut dire les choses ainsi. En France, par exemple, d'après Marie de Hennezel[1], il « n'est que » de 5 % chez les plus de 65 ans et de 15 % chez les plus de 75 ans.

Du côté du Canada, entre 4 % et 7 % des personnes âgées vivant chez elles sont aux prises avec une forme ou une autre de maltraitance infligée par leurs proches,

---

1. *La chaleur du cœur empêche nos corps de rouiller*, p. 36.

particulièrement sur le plan matériel et financier. Parmi ces personnes qui profitent ainsi de leur vulnérabilité, 30 % sont des membres de leur famille, notamment leurs enfants; 38 % sont de simples connaissances, mais aussi, en très faible proportion, des amis intimes. Dans 70 % des cas, la personne maltraitée connaît bien l'auteur de ces méfaits. Ces informations proviennent du site du ministère de la Famille et des Aînés (www.mfa.gouv.qc.ca).

Ces données sont certainement sous-évaluées puisque, comme je l'ai écrit plus haut, plusieurs personnes ainsi maltraitées se taisent par peur de représailles ou parce qu'il s'agit d'un membre de leur famille. Par exemple, de stupides imbéciles cupides utilisent toutes sortes de moyens épouvantables pour soutirer de l'argent à leurs parents âgés et vulnérables. Les médias ont déjà rapporté que l'un brûlait les mains de sa mère sur la cuisinière allumée pour qu'elle accède à sa demande de lui donner de l'argent. Un autre lui jetait des quantités d'eau au visage et sur la tête, comme pour la noyer. Et je suis certaine que ce n'est pas tout. Jamais je n'aurais pensé que des gens, surtout des membres d'une famille, puissent en arriver là.

En effectuant des recherches sur le web, on peut d'ailleurs trouver toutes sortes d'actes immondes et carrément de torture commis envers les enfants, les conjoints et conjointes ou les animaux. De quoi nous gâcher le bonheur de vivre pour plusieurs heures.

Heureusement, les médias se mettent à la chasse, plus que jamais, à l'aide de caméras cachées ou autrement, de ces actes de violence, de maltraitance ou de négligence pour les dénoncer publiquement. À la suite de certains reportages alarmants à propos du sort des personnes aînées dans les établissements privés de soins de longue durée, les ministères concernés (Famille, Santé) se sont mis à réagir avec davantage de véhémence. Bravo !

Merci! Il faut continuer, encore et encore, car cela réduira l'inquiétude de tous ceux qui devront entrer dans de tels endroits ou y faire entrer des membres de leur famille. Le 24 mai 2011, un sondage éclair de la chaîne de télévision TVA, mené pendant le journal télévisé, a obtenu des résultats particulièrement inquiétants à la question *Faites-vous confiance aux soins accordés dans les centres d'hébergement et les résidences privées pour aînés?* Parmi les 5264 répondants, seulement 18 % ont répondu OUI et 82 % NON.

Petit traité de maltraitance

Sur son site dédié à la maltraitance des aînés (http://maltraitanceaines.gouv.qc.ca), le gouvernement du Québec propose cette définition adaptée de celle de l'Organisation mondiale de la santé (OMS):

> *Il y a maltraitance quand un geste singulier ou répétitif, ou une absence d'action appropriée, se produit dans une relation où il devrait y avoir de la confiance, et que cela cause du tort ou de la détresse chez une personne aînée. Ce geste, intentionnel ou non, est de nature interpersonnelle ou découle de l'organisation des services dans les divers milieux de vie des personnes aînées.*

Voici un bref aperçu des principaux actes de maltraitance commis par les proches aidants, les soignants professionnels ou des membres de l'entourage de la personne aînée. Aimeriez-vous qu'un membre de votre famille en soit victime? Vous-même? Cela vous fait-il frémir? C'est maintenant qu'il convient d'agir et d'entrer dans le débat, afin d'éviter que de tels abus ne subsistent.

--------------- Principaux actes de maltraitance ---------------

Violence physique	Gifles, coups, blessures et contention (immobilisation de la personne), alimentation forcée.
Violence psychologique	Menaces, injures, cris, intimidation et privations de tous ordres pour punir et contraindre: nourriture, médicaments, intimité, douche et bain. Isolement et non-réponse aux demandes de soins essentiels. Dénigrement en raison de l'âge, de la maladie ou du handicap. Humiliation de la personne qui exprime son besoin de sexualité.
Manque de respect et de politesse	Tutoiement et interpellation de la personne par son prénom, sans y avoir été invité ni autorisé. Recours à des diminutifs condescendants (*ma petite madame*), décisions prises à son insu.
Violation des droits	Discrimination en raison de la nationalité, de la religion et de l'âge. Traitements médicaux imposés malgré le refus de la personne.
Hygiène et soins	Délais interminables pour changer les alaises et les draps souillés, toilette bâclée ou effectuée avec des gestes brusques, et parfois aussi avec une moue de dégoût. Hygiène personnelle négligée pendant plusieurs jours, refus de changer une couche, refus de la coiffer.
Vols et viols	Vol d'argent ou de bijoux à la personne, vente de choses qui lui appartiennent sans son autorisation, encaissement de chèques de pension et prélèvement d'une somme, paiements imposés pour obtenir des services pourtant essentiels, pressions exercées pour obtenir son héritage. Viol de son intimité, attouchements ou contacts sexuels effectués sans son consentement.

Pourquoi en arriver là ?

Fatigue, épuisement, frustrations, sentiment d'obligation et détresse psychologique pour les uns. Manque de connaissances, de formation et d'expérience pour les autres. Répugnance à demander de l'aide et à avouer son état d'épuisement pour certains. Méconnaissance des ressources disponibles. Incapacité physique, psychologique et humaine à assumer une telle responsabilité. Réticence à aider un parent qui nous a mal aimés autrefois et s'est fort peu soucié de notre bien-être. Et, pour d'autres encore, indifférence généralisée, cynisme et absence de courtoisie. Cupidité aussi, dans bien des cas.

Mais il y a également des aidés qui ne sont pas très aidants. Certains sont exigeants, peu reconnaissants, se plaignent sans cesse de tout et de rien, se défoulent de leurs frustrations et de leur colère sur leur entourage ou créent des pressions dès que l'aidant veut prendre des moments de répit ou des vacances. Il faut dire que la vie n'est pas très agréable pour eux. Leur état de santé, notamment la maladie d'Alzheimer, peut également provoquer de tels comportements.

Dénoncer et demander de l'aide

Le silence doit être brisé. Il faut certes apporter de l'aide à ceux et celles qui commettent ces actes de barbarie et de domination, mais surtout secourir ceux qui les subissent afin qu'ils osent se manifester. Des solutions doivent être trouvées pour le bien-être et la dignité de tous.

Voici quelques sites bien utiles, autant pour les aidants et les soignants que pour ceux qui subissent la maltraitance :

- Le site du gouvernement du Canada dédié aux aînés : www.aines.gc.ca. On y trouve des ressources pour les aidants naturels. C'est à partir de ce site aussi que l'on peut dénoncer les abus. Vous y trouverez également plusieurs liens utiles.
- Le site spécialisé du ministère de la Famille et des Aînés : http://maltraitanceaines.gouv.qc.ca. On y trouve toutes les informations et les ressources nécessaires pour repérer les cas de maltraitance. Une personne maltraitée peut dénoncer ses agresseurs en composant

ce numéro de téléphone: 1 888 489-2287. Une fonction permet d'effacer toute trace de son passage sur le site, ou même de le quitter très rapidement.

- Le Réseau entre-aidants (Québec): www.reseauentreaidants.com. Ce réseau offre aux proches aidants du soutien, du répit, des ateliers par téléphone, des conseils, ainsi que des adresses utiles.
- La Coalition canadienne des aidantes et aidants naturels: www.ccc-ccan.ca.
- Le blogue français des proches aidants «débutants»: http://aidants.mesdebuts.fr. Riche en informations, il vous permet aussi d'échanger vos expériences, d'obtenir des conseils, du soutien et des idées pratiques.
- Le Conseil pour la protection des malades: www.cpm.qc.ca.

Je vous recommande aussi le livre de Dick Edwards, spécialiste de la retraite et des soins de longue durée: *Communiquez avec vos parents vieillissants*. Qu'il s'agisse de leurs dernières volontés, de leurs mauvaises habitudes avec l'alcool, de leur désir de fonder une nouvelle union, l'auteur nous conseille, chaque fois, de commencer par nous mettre dans la peau de l'autre (*Comment aimerais-je que l'on me traite et me parle dans la même situation?*) et de chercher à comprendre avant de réagir et de parler. C'est cela l'empathie, non?

Conseil

Si vous considérez que votre situation de proche aidante ou aidant a atteint un sommet de frustration, de fatigue et de stress insupportables, commencez par préciser par écrit les cinq principales raisons qui vous ont mis dans cet état. Choisissez la plus importante et rédigez un objectif, clair et précis, comprenant une date d'échéance (voir p. 103). Par exemple: demandez à vos deux frères, si occupés par leur propre vie, de vous seconder. Bâtissez ensuite un plan d'action (voir p. 108). Par exemple : À quel moment, dans quelles circonstances précises souhaitez-vous obtenir leur aide ? Comment allez-vous vous y prendre pour leur faire comprendre que vous n'en pouvez plus, que les sautes d'humeur qu'ils vous reprochent si souvent sont créées par le stress et l'incapacité de prendre du repos sans vous sentir coupable ? Si vos finances vous le permettent, prévoyez une semaine de vacances, loin de tout, et demandez-leur de prendre la relève pendant ce temps. Ils comprendront certainement ce que vous vivez au quotidien. N'oubliez pas aussi que certaines organisations offrent des services de répit aux proches aidants. Surtout, ne renoncez pas à votre projet parce que vous vous sentez coupable de demander de l'aide. Ne fixez pas votre attention sur les obstacles que vous pourriez rencontrer pour atteindre votre objectif (voir p. 113). Allez-y, foncez ! Pensez à vous ! Dites NON, vous aussi (voir p. 39) !

Procédez de la même façon pour les quatre autres sujets de frustration. Un seul à la fois.

Questions

- Si vous êtes proche aidant, comment se passe la relation avec la personne dont vous vous occupez ?
- Si cette relation n'est pas parfaite, de quoi avez-vous besoin pour l'améliorer ?
- Où pourriez-vous trouver de l'aide ? Quel type d'aide ?
- Comment vous sentez-vous à l'idée de demander de l'aide ?

Planifiez une entrée possible en résidence

La grande majorité des gens souhaitent finir leurs jours chez eux, là où se trouve tout ce qui les attache à la vie : environnement familier (lieux, gens, commerces, services, lieux de culte), repères, habitudes et souvenirs. Malheureusement, un jour ou l'autre, souvent entre 78 et 80 ans et parfois avant, vient un moment où l'épineuse question du déménagement dans une résidence de retraite se pose, autant pour les personnes âgées que pour leur entourage.

Les motifs sont variés :

- Difficulté grandissante à entretenir seul son domicile : réparations, jardinage, déneigement, ménage.
- Incapacité à assumer ses propres soins de base : hygiène, toilette, préparation des repas.
- Difficulté à obtenir suffisamment d'aide à domicile.
- Problème de santé physique ou mentale qui nécessite une surveillance et des soins quotidiens.
- Conjoint ou conjointe en mauvaise santé dont il est difficile, voire impossible, de prendre soin.
- Impression d'en demander trop et de déranger son entourage.
- Épuisement et parfois dépression des proches aidants.
- Perte de son compagnon ou de sa compagne de vie.
- Désir de se délester des tracas du quotidien pour profiter au maximum des années qui restent à vivre avec le moins de responsabilités possible.

Il existe une solution pour chaque situation, chaque état de santé et chaque budget, par exemple les centres d'hébergement et de soins de longue durée (CHSLD), publics ou privés conventionnés (personnes à mobilité réduite ou à la santé précaire nécessitant plusieurs heures de soins par jour : environ 4 % des aînés), les centres d'hébergement (CH) (adultes ou personnes âgées en perte d'autonomie qui peuvent participer à des activités auxquelles leur famille est conviée), les pensions familiales, les résidences de retraite privées, luxueuses ou plus modestes, ainsi que les villages de retraités, ici, ou carrément à l'étranger.

Dans tous les cas, la décision doit être bien mûrie, car les répercussions de ce choix peuvent être particulièrement douloureuses et dommageables, surtout si la personne aînée est encore suffisamment autonome pour se charger de plusieurs tâches quotidiennes.

Une transition vers davantage de bien-être ?

En 2010, j'ai eu l'occasion de prononcer une conférence interactive dans une résidence de retraite de grand luxe pour personnes autonomes ou semi-autonomes. Les gens de l'extérieur étaient invités à venir discuter de leurs inquiétudes et de tous les aspects pratiques et avantageux d'une telle décision. J'avais intitulé ma conférence : *Vivre en résidence : une transition vers davantage de bien-être ?* Le point d'interrogation est important, puisque s'installer à longueur d'année dans une sorte de Club Med de grand luxe où tout est disponible peut en rebuter et en inquiéter plusieurs. Et cela, malgré une cuisine gastronomique, le golf à proximité, un centre sportif et une immense salle de conférence ou de cinéma. La première intervention que j'ai entendue ce jour-là était d'ailleurs : *Ce sera ma dernière demeure avant de mourir, une sorte de mouroir de luxe, mais je vais le faire.*

Prendre cette décision pour soi-même ou persuader nos parents âgés de faire le grand saut est on ne peut plus délicat et déchirant, tant la raison et les émotions se mêlent et s'emmêlent tout à la fois : sécurité, libération d'un fardeau, dépendance, autonomie, solitude, nostalgie du passé, perte de territoire, amour filial, ingratitude, affection, impuissance, épuisement, dépression, rejet, abandon, sens du devoir, culpabilité, amertume, préoccupations financières, deuils et pertes diverses, ainsi que, pour certains, impression d'entrer dans l'antichambre de la mort.

Vous avez certainement déjà entendu ce type de réflexion, ou vous y avez peut-être pensé vous-même.

Une aînée :

Mes enfants ont décidé de me «parquer» dans une résidence de retraités pour ne plus être dérangés. Dans mon temps, les enfants hébergeaient leurs vieux parents chez eux. C'est un mouroir, je ne serai qu'avec des vieux malades, incontinents et séniles. Je vais perdre mes habitudes et les gens que je fréquentais dans mon quartier. Je vais devoir me débarrasser de la majorité de mes meubles de famille et de certains souvenirs. Je ne suis pas certaine de supporter cela longtemps.

Sa famille :

Elle sera davantage en sécurité. Nous ne serons plus inquiets, jour et nuit, pendant que nous sommes au travail ou absents. Elle mangera mieux, sera bien encadrée et soignée immédiatement, dès que nécessaire. Quelqu'un contrôlera ses médicaments, afin qu'elle n'oublie pas de les prendre ou d'éviter qu'elle les prenne en double. Si elle tombe, comme cela est déjà arrivé, quelqu'un pourra venir rapidement à son secours. Elle rencontrera des gens de son âge. Nous pourrons aller la voir souvent et consacrer ce temps précieux à être bien ensemble, plutôt qu'à régler constamment des problèmes. Mais nous devons être prudents et attentifs dans le choix d'une résidence.

Tous les cas de maltraitance rapportés dans les médias sont plutôt alarmants. Notre mère ne mérite pas cela.

Un couple d'aînés :

Il est temps pour nous de déménager dans une résidence de retraite. Nous sommes fatigués d'entretenir notre maison, de passer la tondeuse, de déneiger l'entrée, d'aller faire les commissions. Nous nous sentons aussi un peu isolés et pas toujours en sécurité. Nous allons choisir un endroit correspondant à nos besoins et à nos intérêts, qui respecte aussi notre intimité et propose des activités et des services qui conviennent à notre âge. Nous allons pouvoir nous amuser, sortir, faire connaissance avec de nouvelles personnes. Vieillir en paix et dans la sécurité, c'est précieux. Et, si nous n'obtenons pas les services que l'on nous a promis, nous allons nous faire entendre et nous défendre. Pas question de se taire comme l'a fait et le fait encore la génération de nos parents, celle que l'on appelait parfois « la majorité silencieuse ».

Elle :

Je n'en peux plus. Mon vieux père vit avec moi depuis bien des années. Je ne veux pas qu'il aille dans une maison de retraite, mais, en même temps, je suis si épuisée que je ne suis pas certaine de tenir le coup longtemps, même si j'ai un peu d'aide des divers services gouvernementaux (services à domicile). Je suis à la retraite et je ne peux même pas prendre une semaine de vacances tant je m'attends à une catastrophe chaque fois que je m'absente, ne serait-ce qu'une journée.

Elle :

J'ai accueilli ma mère chez nous dès qu'elle a commencé à être dépressive après le décès de notre père. Elle nous a toujours dépannés, s'est trop souvent sacrifiée pour ses enfants. À mon tour de l'accompagner comme elle l'a fait pour nous tous. Ce n'est pas toujours facile pour moi, ni même pour elle, qui a dû quitter la maison où elle a passé toute sa vie, mais c'est incroyable comme cette expérience nous a tous rapprochés. Elle apporte aussi une forme de stabilité à la famille. Mes enfants et mes frères et sœurs adorent la trouver à la maison quand ils y viennent, un peu comme autrefois. Chacun apporte aussi sa contribution, tant matérielle qu'affective. Cela me soulage beaucoup.

Je ne peux pas profiter de ma retraite comme je l'espérais, mais je me demande souvent quelle est la valeur des loisirs en comparaison de la qualité de cette relation ?

Le bien-être, ce n'est pas que la sécurité et le confort

Il y a quelques années, j'ai coaché une dame âgée de 75 ans, très autonome. Après avoir rapidement vendu sa maison, elle avait déménagé dans une résidence de retraite, loin de sa famille. Inquiets pour elle, ses enfants l'avaient un peu poussée à prendre cette décision. Mais elle ne pouvait pas vraiment recevoir toute sa famille dans son minuscule appartement, alors qu'elle aimait encore organiser des fêtes et cuisiner à l'occasion. Elle souffrait aussi du manque d'intimité et de l'absence de balcon ou de terrasse, alors qu'elle avait toujours vécu au bord d'un lac, à la campagne. Elle se sentait constamment surveillée (la sécurité !) et un peu prisonnière. En fait, elle n'avait pas réussi à s'adapter à cette nouvelle vie. C'était un peu trop tôt pour elle. En trois séances, elle a trouvé la meilleure solution pour son bien-être. Elle a déménagé dans une petite maison, proche d'un de ses fils, et par conséquent aussi de ses petits-enfants. Cela, même si elle ne s'entendait pas très bien avec sa belle-fille. Elle ne voulait pas attendre la fin de son bail, quitte à payer l'importante pénalité. Elle a su faire marche arrière pendant que c'était encore possible. Après tout, la vie est trop courte!

Personnalité et besoins fondamentaux

À qui cette décision profitera en priorité? Quelles sont mes motivations profondes? Ai-je bien tout analysé?

Nous imaginons bien trop souvent ce qui est bien et bon pour les autres, sans même leur poser la question, sans même leur permettre d'exprimer leurs besoins et leurs préférences. Nous préférons lire dans leurs pensées qui sont, en fait, les nôtres. C'est pourquoi, en croyant bien faire, nous faisons parfois du mal. Cela s'applique à bien des situations: choix d'un parcours universitaire pour nos enfants, choix de carrière, d'activités et de loisirs, fin d'une relation, et bien d'autres décisions importantes encore. Je suis certaine que vous me comprenez.

Ce même phénomène se produit bien souvent aussi quand il s'agit de suggérer ou carrément d'imposer à nos parents de déménager dans une résidence de retraite. Leur sécurité et la proximité des soins de santé ou de notre propre domicile font partie de nos priorités. Nous imaginons que cela suffira pour les rendre heureux. Nous oublions que, une fois acquise, cette sécurité ne contribue au bonheur que dans une proportion de 15 % environ.

En fait, d'après Abraham Maslow[1], concepteur de la pyramide des besoins humains, et d'après d'autres spécialistes aussi, notamment des psychologues, notre bien-être général repose, dans une proportion de 85 % environ, sur la possibilité de nous accomplir dans des activités et des loisirs qui correspondent à notre personnalité, ainsi que dans nos relations avec les autres. L'adaptation sera donc plus facile si la personne peut continuer à vivre en fonction de ses intérêts et de ses besoins, si elle peut mettre à contribution ses talents et ses compétences, si petits soient-ils, actualiser ses valeurs, se sentir utile, appartenir à des groupes, petits ou grands, dans lesquels elle se sent totalement acceptée, sans être montrée du doigt. Par exemple, certaines personnes aiment les contacts sociaux et en ont besoin à tout prix, alors que d'autres privilégient une certaine solitude pour lire, écrire, réfléchir ou tricoter. Certains désirent s'adonner à des activités plus actuelles (Internet, cinéma maison, yoga, entraînement et musculation, randonnées, conférences), alors que d'autres préfèrent des activités plus traditionnelles telles que le billard, le bridge, le bingo et les services religieux. Certains seront ravis de ne plus avoir à cuisiner, alors que d'autres seront malheureux à l'idée de ne plus pouvoir choisir ce qu'ils mettent dans leur assiette, comment ils le cuisinent et à quelle heure ils le mangent. Ce ne sont que quelques exemples parmi tant d'autres qui nous font comprendre pourquoi tant de personnes éprouvent des difficultés d'adaptation. Nous négligeons en fait l'essentiel, même si, bien sûr, la sécurité doit primer.

Une personne qui ne peut plus obtenir tout ce qui compte pour elle, en plus d'être tenaillée par la peur d'être déracinée et de devoir tout reconstruire, ne peut

---

1. *L'accomplissement de soi. De la motivation à la plénitude.*

être heureuse. Cela se répercutera sur son humeur et, à long terme, sur sa santé physique et mentale, et même sur son espérance de vie ou carrément son goût de vivre. Les questions et les bilans de vie que je vous propose tout au long de ce livre peuvent vous aider à mieux comprendre les besoins de vos parents âgés au moment du choix final de leur lieu d'hébergement. Ou du vôtre. Vous pourriez aussi revoir la pyramide des niveaux logiques du changement (p. 55).

Une nouvelle zone neutre

J'ai mentionné à plusieurs reprises la place importante qu'occupe la zone neutre dans toute transition de vie. Celle-ci est particulièrement difficile et cruciale, même si elle est voulue et acceptée. Toutes sortes de pensées, de questions et d'émotions se bousculent alors.

> *Que vais-je devenir sans mes attaches et mes racines? Sans mes activités habituelles? Sans rien à faire que j'aime vraiment? À qui pourrai-je me confier? Pourquoi ai-je donc accepté de déménager ici? Pourquoi mes enfants ont-ils tant insisté? Et si je faisais marche arrière, que penserait-on de moi? Je ne me sens pas du tout chez moi ici. Je me sens abandonné. Ils ne viennent pas assez souvent. Je m'ennuie à mourir.*

À la suite du déménagement, une période plus ou moins dépressive peut s'enclencher et durer plusieurs semaines, plusieurs mois et même davantage. Elle se manifeste de diverses façons: tristesse, anxiété, agitation, agressivité, désorientation, révolte, colère envers la famille et, parfois aussi, refus de participer aux activités, de s'alimenter ou même de se préoccuper de son hygiène personnelle.

L'entourage immédiat ne doit pas se formaliser et culpabiliser outre mesure, mais plutôt encadrer davantage la personne aînée en lui apportant un bon soutien affectif, ainsi que du réconfort. Des questions bien ciblées, et surtout une écoute attentive, particulièrement des non-dits, l'aideront à dépasser le cap de la zone neutre un peu plus en douceur, le temps qu'elle fasse et trouve sa place dans sa nouvelle demeure.

Pendant que j'écrivais ce passage, j'ai eu l'occasion de prendre un repas en compagnie d'une personne qui travaille pour et avec les aînés. Elle m'a raconté que, le jour de Pâques, une dame s'est jetée du haut du balcon du septième étage de la résidence de retraite pour personnes semi-autonomes dans laquelle elle vivait. Elle a pris cette décision ultime, le suicide, parce que ses enfants et ses petits-enfants n'étaient pas venus la voir ce jour-là et ne lui avaient même pas téléphoné. Elle était certainement déjà dépressive depuis un bon moment, mais personne ne s'en était rendu compte. Les générations avant la nôtre n'ont pas été habituées à parler de leurs états d'âme et de leur tristesse. Bien des gens aussi ne savent pas détecter les signaux d'alarme d'une dépression.

Heureusement, toutes les situations ne sont pas aussi pathétiques et dramatiques. Une fois la zone neutre traversée, bien des aînés trouvent satisfaction et contentement dans leur nouvel univers. Ils se sont adaptés.

En écrivant tout cela, mon intention était surtout de vous exhorter à la prudence, autant pour vous que pour vos parents âgés. Les nouveaux retraités, les baby-boomers, en fait, vont encore faire évoluer les choses : types de résidence, services et loisirs proposés, qualité des interventions, confort. Ils connaissent bien les créneaux pour faire entendre leurs revendications et probablement aussi qu'ils mettront la main à la pâte : suggérer, faire, exiger.

De l'aide et des conseils

Au moment de prendre leur décision, bien des gens ne savent pas vers qui se tourner, soit pour obtenir de l'aide dans leur démarche, à leur domicile, soit pour choisir le type de résidence qui convient le mieux à leur situation. Ces services sont variés, bien qu'ils ne soient pas toujours accessibles : aide domestique, entretien ménager, entretien des vêtements, achats divers, préparation des repas et popote roulante, entretien intérieur et extérieur du domicile (déneigement, tondeuse, ramassage des feuilles, sortie des poubelles), aide à la paperasse (déclaration des revenus, courrier), soins de santé, soutien psychologique, visite d'amitié, ainsi que bain et toilette, si nécessaire. Quand arrive le moment de choisir une résidence, des conseillers en hébergement (agences-conseils privées) peuvent aussi les guider et les accompagner dans leur démarche. Ils connaissent bien les établissements, ainsi que les pièges dans lesquels chacun risque de tomber.

Voici quelques ressources parmi d'autres :

- Le centre local de services communautaires (CLSC) de votre quartier : il sélectionne les professionnels qui s'occuperont de la personne en perte d'autonomie et bâtit son profil afin de lui trouver l'hébergement correspondant exactement à ses besoins.
- Les entreprises d'économie sociale en aide domestique (EESAD) : leurs interventions permettent aux personnes vulnérables, en perte d'autonomie, de demeurer le plus longtemps possible chez elles, en toute dignité.
- Les coopératives de services à domicile du Québec (CSDQ) : elles offrent divers services, moyennant finances : entretien intérieur et extérieur, menus travaux, achats, accompagnement, surveillance.
- Sur le site du Regroupement québécois des résidences pour aînés (RQRA), vous pouvez trouver un annuaire des résidences privées et publiques.

Conseil

Si, après vous être bien informé, avoir bien réfléchi sur vos motivations et, bien sûr, avoir discuté ouvertement avec les personnes concernées, vous n'arrivez pas encore à prendre la décision finale, écoutez votre intuition et soyez très attentif à ce que vos rêves vous disent. Ils ne se trompent jamais! Dites-vous aussi que rien n'est coulé dans le béton et que vous pouvez toujours changer d'avis et faire carrément marche arrière.

Ne mettez pas tous vos œufs dans le même panier! Si vous optez pour une résidence luxueuse ou légèrement au-dessus de vos moyens, veillez à ne pas vous placer dans une situation financière précaire. Assurez-vous d'avoir suffisamment d'argent de côté au cas où vous auriez besoin de services de santé plus importants non inclus dans votre forfait. Vous pourriez aussi utiliser cet argent pour faire encore quelques folies, ne serait-ce qu'un petit voyage. Ne donnez pas tout votre argent à vos enfants et petits-enfants. Pensez à vous! C'est à votre tour.

Et, si vous souhaitez faire du bénévolat, sachez que bien des endroits n'attendent que vous, particulièrement pour apporter un peu de réconfort et d'amitié aux personnes qui n'ont pas de famille.

Point de repère 22

Donnez au suivant

> La vie ne m'apparaît pas comme une courte chandelle. Elle est plutôt un flambeau splendide que je tiens en main un moment. Et je veux qu'il brille de tous ses feux avant de le passer à la prochaine génération.
>
> GEORGE BERNARD SHAW

Pendant que je rédigeais l'ouvrage que vous avez entre les mains, j'ai eu le privilège de coacher une jeune femme (une « première de classe ») qui ne parvenait pas à écrire la moindre ligne de son mémoire de maîtrise. Pas même la toute première page. Elle vivait le terrible syndrome de la page blanche et fondait en larmes chaque fois qu'elle se trouvait devant son ordinateur, cette espèce de chose inanimée qui se permettait de la narguer.

Pourquoi ai-je écrit « privilège » ? Pour trois raisons.

Ce contrat m'a permis de renouer avec une de mes passions, mise un peu de côté au profit du coaching et de mes conférences : la pédagogie universitaire. Moi qui travaille surtout avec des personnes de plus de 45 ans ou proches de la retraite, j'ai aimé transmettre à cette jeune femme tout ce que j'avais appris et vécu lorsque j'ai rédigé ma thèse de doctorat, il y a près de 25 ans. J'avais eu alors le privilège (un autre) d'avoir comme directrice de thèse Gabrielle Cantin, une femme exceptionnelle tellement elle était disponible, aidante, respectueuse de notre travail et proche de tous ses étudiants. Nous partagions d'ailleurs d'autres intérêts en dehors de l'université. Nous lui vouions tous une sainte admiration.

J'avais l'impression de transmettre à cette jeune femme un peu, et beaucoup même, de ce que Gabrielle m'avait appris sur les plans universitaire, intellectuel et humain. En quelque sorte, j'ai « donné au suivant », car j'ai cherché à dépasser largement mon mandat de coach en temps, en présence et en contenu, tout comme Gabrielle le faisait avec nous tous. Le jour de son départ à la retraite, nous avons rempli l'immense restaurant d'un grand hôtel (plus de 200 personnes). Certains de ses étudiants étrangers, qui étaient repartis dans leur pays une fois leur doctorat terminé, avaient même fait le voyage pour cette occasion. Le jour de ses funérailles, l'église était pleine à craquer. J'ai bien pleuré encore ! Le passage de Gabrielle, cette perle rare, dans ma vie fait partie de mes plus grands points de repère.

Le second privilège a été de travailler avec cette jeune femme courageuse, lucide et intelligente. Je vous donne un exemple parmi d'autres. Au début, chaque fois qu'elle réussissait à écrire quelques pages, elle s'offrait des récompenses, particulièrement des sorties avec ses amis et des séances de magasinage. Mais, un jour, elle s'est mise à me parler spontanément de motivation intrinsèque, la flamme intérieure : « le vouloir », et non plus de sa motivation extrinsèque du début, l'obligation de terminer ce mémoire pour obtenir son diplôme et enseigner ensuite : « le devoir ». Elle avait compris depuis longtemps, j'imagine, que, pour persévérer dans l'atteinte de nos objectifs, nous avons besoin de bien plus que des « bonbons » (motivation extrinsèque).

Mais c'est surtout du troisième privilège que je veux vous parler ici. La demande de coaching m'a été faite par le conjoint de sa mère (son beau-père) qui, la voyant aussi désemparée, voulait lui donner toutes les chances de réussir ses études, cela, d'autant plus qu'elle avait les capacités et même davantage pour y parvenir. Il me donnait carte blanche pour le nombre de séances et la démarche. Cette générosité était déjà impressionnante, mais ce qui m'a le plus émue, c'est lorsqu'il a ajouté ceci à la fin de notre conversation : *J'ai eu la chance d'être aidé ainsi lorsque j'ai travaillé sur mon propre mémoire de maîtrise en psychologie, alors je veux en faire autant à mon tour.* Il a donc donné au suivant.

Promettre aux jeunes générations

Un groupe de gestionnaires à qui je donnais un cours de préparation à la retraite, il y a quelques années, a rédigé ce petit manifeste que j'ai trouvé particulièrement sage et généreux au point de le conserver. Je ne peux résister à l'envie de vous le soumettre.

Nous promettons aux jeunes générations, nos enfants, nos employés et les jeunes qui nous suivent :
* *De faire en sorte de modifier l'image négative qu'ils ont de nous.*
* *De tout faire pour nous garder en santé, autonomes et actifs le plus longtemps possible.*
* *De nous mettre à leur service et de les aider du mieux que nous pouvons.*
* *De ne pas nous incruster éternellement dans des postes-clés.*
* *De nous engager dans des projets intergénérationnels.*

- *De nous enrichir mutuellement de nos connaissances et de nos compétences.*
- *D'aider les enfants des autres si nous n'en avons pas nous-mêmes.*
- *D'exercer notre intelligence émotionnelle pour mieux nous entendre et nous comprendre.*

Transmettre sa conception de la vie

« Les retraités préfèrent léguer des valeurs personnelles plutôt que de l'argent. » C'est le titre d'un article publié en 2008 sur le site Seniorscopie.com. Cette étude a été menée par HSBC Assurances, en collaboration avec l'Institute of Ageing de l'Université d'Oxford, auprès de 21 000 personnes dans 21 pays. Elle a permis de mettre en évidence que les retraités d'aujourd'hui, partout dans le monde (Eurasie, Amériques, Afrique), veulent léguer à leurs héritiers leur conception de la vie (60 %), des valeurs hautement humaines, leur sens de l'humour, leurs connaissances et le désir de s'engager dans leur communauté, bien avant l'argent et les biens matériels (10 % à 30 %, selon les pays). Voilà une bonne façon, il me semble, d'immortaliser ce que l'on a créé et construit tout au long de son existence.

Quand je relis le manifeste ci-dessus, ainsi que les résultats de cette étude, je suis persuadée que les baby-boomers vont inventer une nouvelle façon de vivre leur retraite, puis leur vieillesse, dans les meilleures conditions possible, tout en tenant compte des besoins des jeunes générations et du bien-être collectif. Se préoccuper des autres, c'est aussi un excellent moyen de ne pas devenir vieux avant terme et, surtout, de continuer à donner un sens à son existence.

Si nous étions plus nombreux à penser ainsi, probablement que nos relations avec les jeunes générations seraient plus harmonieuses, en plus de nous préparer, à tous, un avenir bien meilleur. Dans la pyramide des besoins humains, ce désir d'aider les autres à s'accomplir pleinement et à résoudre leurs difficultés se trouve tout au sommet, là où un trop faible pourcentage de personnes sont prêtes à se rendre.

Au lieu de nous engager dans une « guerre des générations », comme certains oiseaux de malheur le prédisent, nous avons intérêt à cohabiter de façon harmonieuse et à nous enrichir mutuellement, car nous avons tout autant besoin des uns que des autres.

De notre temps...

Pour finir, j'aimerais rappeler, avec un sourire complice, tout le chemin, et même le combat d'évolution, parcouru par les baby-boomers et leurs aînés jusqu'à aujourd'hui, tout particulièrement par les *mamy-boomers*, et que leurs cadets tiennent pourtant pour acquis. Elles ont fait des études, travaillent et n'occupent plus uniquement des postes traditionnels (infirmière, secrétaire, professeur). Elles sont aujourd'hui ingénieures, avocates, médecins, dirigeantes d'entreprise, soudeuses, conductrices de camions, pilotes d'avions de ligne, entrepreneuses en construction, policières. Elles ont également obtenu (ou presque) la parité salariale et le contrôle du nombre d'enfants qu'elles souhaitent mettre au monde. Elles ont conquis leur indépendance, s'habillent comme elles veulent, sortent seules ou avec qui elles veulent et boivent même de l'alcool à une terrasse. Tant de choses qui semblent aller de soi et qui ont pourtant été conquises d'arrache-pied et parfois au prix de bien des sacrifices. Il ne faut pas l'oublier.

Cela me fait penser à un texte que m'a confié, en 1995, un des participants au cours *Vif, alerte et heureux* que je donnais à l'Université du troisième âge de l'Université de Sherbrooke. Il l'avait trouvé dans un quotidien d'information sans noter la source. Je vous en livre quand même un extrait. Il faut tenir compte du fait que ce texte a été écrit il y a un peu plus de 15 ans, donc par la génération précédant celle des baby-boomers, qui a, elle aussi, contribué à notre confort d'aujourd'hui (j'allais écrire « liberté », mais je ne suis pas certaine que ce soit toujours le cas, tant nous sommes submergés par toutes ces choses !).

La vie vue par les gens de plus de 65 ans. Nous sommes nés avant la télévision, les produits surgelés, les photocopies, le plastique, les verres de contact. Nous étions là avant les radars, les cartes de crédit, la bombe atomique, le rayon laser, avant le stylo à bille, le lave-vaisselle, le congélateur, la climatisation. [...] Pour nous, un ordinateur était quelqu'un qui conférait un ordre ecclésiastique, une puce était un parasite et une souris, un repas pour chat. Les paraboles se trouvaient dans la Bible, pas sur un toit. Un site était un point de vue panoramique. Un cd-rom nous aurait fait penser à une boisson jamaïcaine, un joint empêchait un robinet de goutter, l'herbe était pour les vaches, une cassette servait à ranger des bijoux. Un téléphone cellulaire aurait été installé dans un pénitencier.

Questions

- Quelqu'un, en particulier, vous a-t-il déjà donné un coup de pouce pour vous permettre de réaliser votre plein potentiel ?
- Qu'allez-vous faire de spécial, aujourd'hui, pour améliorer le sort de quelqu'un ?
- Comment allez-vous vous y prendre ?

QUATRIÈME PARTIE

Et après : profiter et se préparer pour après

On peut aborder la vieillesse soit comme un escalier que l'on descend, de décrépitude en décrépitude, jusqu'à la tombe, soit comme un escalier que l'on monte, chaque marche ayant encore plus de valeur que la précédente et offrant de nouvelles découvertes.

Joël de Rosnay

À cette étape, vers 75 ans, puis à l'approche de vos 80 ans et par la suite aussi, vous devrez vous adapter peu à peu aux difficultés qui accompagnent la vieillesse, sans jamais baisser les bras ni vous sentir inférieur, rejeté ou rabaissé. Si, en principe, le bien-être général commence à décliner autour de 80 ans, cela n'est pas inéluctable. Notre espérance de vie en bonne santé nous permet dorénavant de nous délester de notre âge chronologique (notre âge réel) au profit de notre âge biologique, c'est-à-dire celui de nos artères, de nos os et de nos neurones. Selon ce que nous en avons fait, ou ce que la vie nous a fait subir, notre âge biologique peut être beaucoup plus bas ou, au contraire, plus élevé que notre âge chronologique. À 80 ans, certaines personnes, qui se sont toujours maintenues en forme physique et mentale et qui sont restées actives, peuvent d'ailleurs être tout aussi jeunes de corps et d'esprit que d'autres à 60 ans.

Nous avons donc le choix : continuer comme avant, le plus longtemps possible, à notre rythme, ou, au contraire, ralentir peu à peu, toujours à notre rythme.

Encore un bilan

Un nouveau bilan vous permettra de vérifier le chemin accompli, mais aussi ce qui ne l'a pas encore été. Avant de franchir le seuil du très grand âge, il est encore temps d'apprendre des choses nouvelles, d'acquérir de nouvelles habiletés, de nouer de nouvelles amitiés, de bien vous entourer, et même d'engager une nouvelle relation affective.

Mais il est temps, aussi, de lâcher prise. Lâcher prise, ce n'est pas renoncer à vos rêves et à vos projets, bien au contraire! Il s'agit plutôt de vous débarrasser de ces poids lourds que vous traînez derrière vous depuis toujours: obligation d'être actif, de courir, de réussir, de « performer », d'avoir du pouvoir et des biens, de plaire, de séduire, de porter des masques, de supporter des relations tendues, conflictuelles et toxiques. Lâcher prise, c'est aussi vous donner le droit, sans culpabilité, de jouir tout simplement de chaque instant, de chaque situation, de chaque geste d'amitié ou de tendresse, et de la beauté infinie de ce qui vous entoure.

Il s'agit d'un choix très personnel. L'important est d'être conscient de vos motivations. Souhaitez-vous être actif par peur du vide ou pour éviter de réfléchir à l'avenir et peut-être à la mort aussi? Voulez-vous plutôt continuer votre vie, tout simplement? Ralentir pour profiter, doucement et sensuellement, de la vie? Ou, plutôt, ralentir parce que vous avez perdu l'intérêt et le goût pour la vie?

Vieillir en toute intégrité

L'intégrité, c'est la certitude d'avoir bien réussi notre vie dans toutes ses dimensions et d'avoir toujours vécu selon nos valeurs, nos croyances et nos convictions. C'est se sentir entier, vivant, cohérent et digne, même quand notre corps se « déglingue » peu à peu, ou quand l'attitude et le regard de certaines personnes deviennent méprisants, condescendants ou carrément méchants.

Tous les points de repère précédents avaient pour objectif non seulement de vous permettre de bien vivre chaque instant de votre vie et de négocier avec succès chaque transition, mais aussi de vous préparer à bien vieillir et à éprouver, justement, ce sentiment d'intégrité. La qualité de notre vieillissement repose d'ailleurs avant tout sur la personnalité que nous nous sommes forgée au fil des ans, ainsi que sur nos qualités humaines. Les expériences du passé, les succès et autres facteurs extérieurs comptent pour beaucoup moins, car ils ne nous survivront pas.

J'ai répertorié à votre intention les principales caractéristiques qui témoignent d'un vieillissement réussi. Je vous propose de vérifier où vous vous situez dans cet ensemble. Il n'y a pas de bon ou de mauvais résultat. L'idée est simplement de vous offrir une nouvelle pause-réflexion, un bilan de vie, et de vous inciter, si nécessaire, à modifier, à améliorer ou à renforcer certaines de vos habitudes. J'ai indiqué, entre parenthèses, les énoncés qui correspondent davantage à la résilience, l'intégrité ou la maturité, c'est-à-dire la sagesse acquise au fil des ans qui, malheureusement, précède le déclin.

——————————— **Vieillissement et bien-être** ———————————

Je rebondis habituellement assez bien après un coup dur (résilience). ☐

Je suis stable et solide sur le plan émotif. ☐

Je suis de nature optimiste. J'ai donc confiance en la vie et en l'avenir. ☐

J'ai suffisamment de courage pour continuer à vivre, quoi qu'il arrive. ☐

Je m'efforce de trouver un sens à mes souffrances. ☐

J'ouvre mon cœur et mon esprit aux autres ; plus que jamais, je suis ☐
sensible à ce qu'ils vivent.

Je maintiens des relations satisfaisantes avec ma famille, mes enfants ☐
et mes petits-enfants.

Je suis généralement tolérant et flexible (maturité). ☐

J'accepte mes limites physiques et je m'y adapte. Cela ne m'empêche ☐
pas de vivre (maturité).

Je ne fais pas d'excès, mais je ne me prive pas. ☐

Je continue à prendre ma santé en main : alimentation, exercices, ☐
sommeil.

Je ne fume pas et je ne bois pas trop d'alcool. ☐

Je maintiens mon poids santé du mieux que je peux. ☐

Mes ressources financières sont suffisantes. ☐

Je me sens bien avec moi-même, y compris dans les moments de ☐
solitude (maturité).

J'ai fait le deuil de mon passé, sans toutefois le renier. J'ai su en ☐
extraire la quintessence (maturité).

Je mise de plus en plus sur mes propres ressources intérieures, ☐
plutôt que sur ce qui est extérieur à moi.

Je prends le temps, chaque jour, de jouir de chaque instant, petit ☐
ou grand.

Je reste moi-même, quoi qu'il arrive, je ne porte pas de masque ☐
(maturité et intégrité).

Je défends farouchement mon autonomie et respecte aussi celle ☐
des autres.

Je continue à honorer mes valeurs et mes convictions (maturité ☐
et intégrité).

Je suis satisfait de la façon dont j'ai mené ma vie jusqu'à présent ☐
(maturité).

Je m'efforce d'être une source d'inspiration pour les autres ☐
par mon attitude.

J'actualise encore toutes les dimensions de ma personnalité : ☐
habiletés, compétences, talents.

Je ne reste pas là à attendre des jours meilleurs : je les crée, ☐
chaque jour.

Plutôt que de lutter inutilement, je préfère m'adapter aux ☐
circonstances et en tirer le meilleur parti possible (maturité).

Je m'efforce de maintenir bien vive l'estime de moi, malgré le ☐
vieillissement et certains préjugés à l'endroit des aînés.

Je suis de moins en moins dépendant du regard que les autres ☐
portent sur moi.

Je continue à être créatif, à rêver, à mettre en route des projets, ☐
même tout simples.

Je continue à lire, à apprendre, à m'instruire et à être curieux de tout. ☐

J'ai une vie spirituelle bien adaptée à mes convictions, à mes ☐
croyances et à mes besoins.

Affronter l'idée de la mort

> L'important est ce qui reste comme espoir de
> vivre et ce que l'on fait avec ce cadeau-là.
>
> ALBERT JACQUARD

Si vous ne l'avez pas encore fait, il est plus que temps de vous préoccuper des aspects matériels et pratiques de votre fin de vie : testament, mandat en cas d'inaptitude, testament biologique et dernières volontés. Il importe surtout de vous faire à l'idée que vous mourrez un jour ou l'autre, comme tout le monde, et de vous débarrasser de l'anxiété et de la peur que cela vous inspire probablement.

Voici une série de questions auxquelles vous pourriez tenter de répondre dès à présent afin de mieux préparer la suite des choses :

Quelle est votre relation avec la mort ? Comment l'entrevoyez-vous ? La craignez-vous ? L'attendez-vous ? Préférez-vous ne pas y penser ? Y êtes-vous préparé, tout en vivant le présent avec intensité ? Qu'attendez-vous de vos proches ou des soignants professionnels qui vous accompagneront dans vos derniers instants de vie ? Qu'allez-vous laisser derrière vous ? Et si votre partenaire de vie partait avant vous, que feriez-vous ? Qu'allez-vous devenir ? Qui vous écoutera et vous supportera quand vous serez au plus bas ? Qu'est-ce qui compte le plus aujourd'hui ? Qu'aimeriez-vous modifier dans votre vie dès maintenant ? Quelles sont les valeurs qui vous tiennent le plus à cœur ? Quelle part accordez-vous, aujourd'hui, au pouvoir et à l'argent, comparativement à l'amour, à l'amitié et à la générosité ?

Trouver une réponse à ces quelques questions est non seulement apaisant, mais cela peut vous amener à opérer plusieurs changements dans votre vie pendant qu'il en est encore temps. Plus vous avancerez en âge, plus vous approcherez de la mort, et plus vous réaliserez d'ailleurs que c'est votre personnalité, riche et complète, bien avant vos réalisations du passé, qui vous permettra d'accepter l'échéance de la mort. Vous l'avez remarqué dans la liste d'énoncés, un peu plus haut.

C'est de tout cela qu'il sera question dans cette dernière partie, ainsi que du suicide et de ses «variantes», que souhaitent malheureusement bien trop de personnes très âgées, très tristes et dépressives, très malades, très handicapées ou très maltraitées.

Point de repère 23

Ne renoncez pas à la vie

> Nous sous-estimons souvent le pouvoir
> d'un contact, d'un sourire, d'un mot gentil,
> d'une oreille attentive, d'un compliment
> sincère, ou d'une moindre attention ; ils ont
> tous le pouvoir de changer une vie.
>
> LEO BUSCAGLIA

J'aurais pu placer ce point de repère bien avant, puisque le taux de suicide des personnes âgées de 45 à 54 ans, au mitan de la vie, est également très élevé, comparativement à celui des autres groupes d'âge.

Un de mes clients, qui venait à peine de remonter la pente et de retrouver l'envie de s'accrocher à la vie après plusieurs pertes affectives et financières, a reçu un terrible diagnostic : un cancer très avancé. Sa vie était menacée. Tous ses efforts des derniers mois venaient tout à coup de s'effondrer. Quand il m'a annoncé cette nouvelle, il a froidement ajouté, dans la foulée, qu'il n'avait pas la force ni le courage de subir les traitements de chimiothérapie et qu'il allait tout simplement se suicider. *Pourquoi devrais-je faire l'effort de me battre contre la maladie et d'avoir encore des projets, si je dois mourir dans quelques mois ou dans quelques années ?*

Récemment aussi, nous apprenions aux nouvelles qu'un couple âgé s'était volontairement enlevé la vie. Malades, seuls, isolés, sans grandes ressources matérielles, ils n'en pouvaient plus de vivre ainsi avec leurs souffrances physiques, et probablement psychiques aussi, devenues intolérables. Qui aurait pu les en dissuader en leur permettant de trouver encore un peu de sens à leur existence ? Qui aurait pu prendre le temps de les écouter et de leur donner un peu d'affection ? Quelles autres options avaient-ils ?

Cette histoire est loin d'être unique. Vous l'avez certainement déjà oubliée, soit parce qu'elle s'est perdue dans la masse d'informations, soit parce que le suicide des aînés est moins spectaculaire et moins tragique, aux yeux de bien des gens, que celui des plus jeunes.

Avec l'augmentation prodigieuse du nombre de personnes âgées qui s'annonce, cette histoire et toutes celles qui lui ressemblent, incluant les meurtres par compassion, ou par épuisement et désespoir, risquent malheureusement de se produire de plus en plus souvent si rien n'est fait pour enrayer ce fléau.

Bien des raisons de s'enlever la vie

Depuis 10 ans, le taux de suicide des personnes âgées de 50 à 64 ans reste à peu près le même, alors qu'il baisse de près de 4 % par an dans tous les autres groupes d'âge, d'après un article de Valérie Gaudreau publié en 2010[1]. Selon la Fédération des aînés et aînées francophones du Canada (www.faafc.ca), au Québec, une personne aînée se suicide chaque jour (données de 2007). Après 64 ans, ce taux tend à baisser, pour ensuite remonter vers 74 ans et surtout après 85 ans.

---

1. « Le suicide, tabou chez les boomers. »

En 2006, le Québec a connu son taux de suicide le plus bas pour tous les groupes d'âge depuis les 25 dernières années, soit 14,8 pour 100 000 personnes, alors qu'il était de 22,2 en 2009. En revanche, le groupe des 50 à 64 ans s'est maintenu à 21,3 durant cette même période, soit environ 300 personnes par année. Ces taux varient quelque peu selon les études, les pays et les régions. Il est donc difficile de donner des chiffres exacts et universels. En analysant ces données, il faut également tenir compte que le nombre d'aînés ne cesse d'augmenter, alors que celui des plus jeunes ne cesse de diminuer, tout comme leur taux de suicide, d'ailleurs.

Dans 70 % des cas, ce sont des hommes qui mettent fin à leur vie de cette façon. Leur geste est bien planifié et ils se ratent très rarement, contrairement aux plus jeunes, dont les tentatives ressemblent davantage à un appel à l'aide pour continuer à vivre. Ce fléau est, de toute façon, mal diagnostiqué et bien souvent confondu avec une mort naturelle. Les taux officiels sont donc certainement sous-évalués. Aussi, malheureusement, le suicide des personnes âgées est-il trop souvent encore banalisé. Quel avantage y aurait-il d'ailleurs à investir dans des programmes de prévention coûteux pour des personnes en fin de vie ?

Une personne qui se suicide ne veut pas forcément mourir. Elle recourt à ce moyen extrême lorsque ses souffrances physiques, mentales et psychologiques atteignent leur paroxysme et qu'elle ne voit pas d'autres options valables pour y mettre fin. Dans ces conditions, il semble plus facile de mourir que de continuer et d'espérer.

Voici les principales causes de suicide chez les aînés. En connaissez-vous d'autres ?

Les pertes graduelles qui accompagnent le vieillissement. Ce sont la perte de l'emploi et du statut qui lui est associé, celle du réseau social et amical, l'éloignement de la famille, le décès du partenaire de vie et les difficultés à s'intégrer à des activités sociales ou de loisir. Pire encore, c'est être obligé, et parfois forcé par ses proches, de quitter l'endroit où l'on a toujours vécu, son « chez-soi », pour finir ses jours dans une maison de retraite. À tout cela peuvent s'ajouter, peu à peu, la perte des sens (ouïe, vue), les difficultés motrices, les maladies et les handicaps de toutes sortes qui limitent les activités et la communication avec autrui, en plus d'augmenter le risque de rejet et de maltraitance.

L'impression de ne plus exister aux yeux des autres. Plus une personne vieillit, moins elle correspond aux critères de performance, d'esthétique, de succès et de productivité habituellement fixés par notre société. Plus, alors, elle devient invisible, inexistante et parfois aussi objet de mépris. Il suffit de penser, ne serait-ce que quelques secondes, à notre propre attitude à l'endroit des personnes âgées qui prennent plus de temps que nécessaire, à nos yeux, pour accomplir la moindre tâche, pour soutenir une conversation ou simplement pour sortir leur porte-monnaie à une caisse de supermarché.

L'impression de déranger et d'en demander trop. Lorsque l'entourage, autant la famille que les proches aidants, les soignants professionnels et même les médias, insiste trop pour montrer à quel point les personnes âgées constituent un poids lourd, encombrant et coûteux pour tous, que reste-t-il à faire d'autre, à part vouloir le débarrasser de notre présence ? Il semble aussi que certains médecins soient moins intéressés à prendre le temps de soigner une personne âgée qu'une plus jeune et qu'alors ils leur prescrivent davantage de médicaments.

La détresse et la dépression. La détresse et la dépression sont sous-diagnostiquées et banalisées, autant par l'entourage que par certains médecins et soignants professionnels, qui associent souvent ses symptômes (insomnie, anxiété, agressivité, tendances hypocondriaques, confusion) aux effets « normaux » de la maladie, des médicaments ou du vieillissement. Entre 60 % et 80 % des aînés qui se suicident souffrent d'ailleurs de dépression. **L'absence de personnes à qui se confier.** À qui parler en toute confiance de ses peines, de ses souffrances et de ses angoisses quand la famille est trop éloignée, trop occupée et parfois trop maltraitante pour consacrer du temps à une aussi vieille personne qui, en plus, n'a pas grand-chose à lui apporter ? Quand, en outre, les « oreilles attentives traditionnelles » n'existent pratiquement plus (les curés, par exemple) ou que les psychologues spécialisés dans le vieillissement se font rares ? Pour comprendre vraiment la souffrance et les besoins d'une personne âgée, il me semble aussi qu'il faut avoir atteint un certain âge et une grande maturité. **La maltraitance et l'indifférence.** Que ces attitudes proviennent des soignants professionnels ou des membres de la famille, ces rares personnes en qui l'on devrait pourtant avoir une entière confiance, il s'agit de la pire des insultes et de la plus sauvage atteinte à l'intégrité des aînés malades ou handicapés.

Suicide, suicide assisté, euthanasie

J'en ai marre des promesses, dites-nous simplement comment nous procurer cette pilule du suicide et qu'on arrête de souffrir et d'embêter les gens, je vous en conjure. J'ai trouvé ce commentaire, et bien d'autres du même genre, dans un forum. Celui-ci m'a particulièrement frappée, tellement il est pathétique. Il s'agit d'un appel au secours pour pouvoir enfin mourir. J'aime consulter les forums, car, sous le couvert de l'anonymat, les gens osent exprimer ouvertement leur pensée et, dans cet exemple, leur douleur, voire leur désespoir de continuer à vivre.

C'est en tapant les mots «pilule pour mourir» dans un moteur de recherche que je suis tombée sur ce forum. Je voulais en apprendre davantage sur cette fameuse pilule qu'ont préparée des aînés australiens, sous la supervision d'un médecin favorable à l'euthanasie[1]. En bonne santé physique et mentale, absolument pas prêts à mourir, ces aînés voulaient simplement disposer d'une telle option, afin de ne pas avoir à demander d'aide à qui que ce soit s'ils devaient, un jour ou l'autre, ne plus supporter de souffrir atrocement. L'article précise que chacun de ces aînés n'a reçu qu'une seule et unique pilule et que le médecin qui les a supervisés dans leur projet était quasi certain qu'ils ne s'en serviraient jamais. Encore faut-il que cette fameuse pilule ne soit pas utilisée un jour sur un coup de tête ou au «profit» de quelqu'un d'autre.

Même si je comprends très bien leur intention, et oserais même l'approuver dans le contexte mentionné dans l'article (mourir dans la dignité), je suis quand même tombée sur le dos en lisant tous les témoignages favorables au suicide, assisté ou non, ainsi qu'à l'euthanasie.

Un choix varié

Il existe plusieurs façons de mettre fin à ses souffrances: euthanasie, suicide assisté, sédation terminale, sédation palliative, refus de traitement et arrêt de traitement. Qu'en est-il également de l'acharnement thérapeutique, alors que plus rien ne semble vraiment possible? Je n'entrerai pas ici dans le débat, car je ne pourrais donner que mon point de vue à propos de ma propre vie. Je vous livre quand même cette phrase que j'ai relevée dans le

---

1. «Des seniors australiens produisent une pilule du suicide... au cas où»: www.senioractu.com, ainsi que d'autres sites.

document *La vie des aînés nous tient à cœur*, publié par l'Association québécoise de prévention du suicide (www. aqps.info). Elle nous invite à une sérieuse réflexion avant de prendre une position extrême, dans un sens ou dans l'autre.

Dès lors, comment s'assurer que l'euthanasie et le suicide assisté, s'ils sont légalisés, ne contribuent pas à renforcer l'idée collective que se donner la mort est une solution acceptable à la souffrance ? Il est question de l'impact possible des aides à mourir sur l'acceptation sociale du suicide, sur le rapport à la souffrance ainsi que des effets possibles sur les personnes souffrant de dépression et sur les aînés.

J'ai lu aussi, sur le site du magazine *Notre temps* (janvier 2011), que *Neuf fois sur dix, la demande d'euthanasie est faite par les proches et non par la personne concernée.* Ces propos ont été tenus par le philosophe Jacques Ricot, auteur de *Éthique du soin ultime,* qui ajoute : *Les gens ne sont pas aidés, je comprends leur désarroi.* Pour éviter tout dérapage, le 25 janvier 2011, la Commission des affaires sociales du Sénat français a d'ailleurs supprimé cet article de la loi sur l'euthanasie : *Toute personne capable majeure, en phase avancée ou terminale d'une affection accidentelle ou pathologique grave et incurable, lui infligeant une souffrance physique ou psychique qui ne peut être apaisée ou qu'elle juge insupportable, peut demander à bénéficier [...] d'une assistance médicalisée permettant, par un acte délibéré, une mort rapide et sans douleur.*

Afin de vous aider à forger votre propre opinion, je vous suggère de consulter ces quelques documents :

• Sur le site de l'Association québécoise de prévention du suicide (AQPS), vous trouverez le document *La vie des aînés nous tient à cœur.* Ce document propose une synthèse des discussions et des interventions qui ont eu lieu, le 23 septembre 2010, lors du colloque consacré au suicide des aînés.

- Sur le site de l'Assemblée nationale du Québec (www. assnat.qc.ca), à la section Travaux des commissions, vous pouvez lire le document qui s'intitule *Commission spéciale sur la question de mourir dans la dignité.* Ce document fait état des consultations publiques à ce sujet.

- Sur le site de l'Association des retraitées et retraités de l'éducation et des autres services publics du Québec (AREQ) se trouve un mémoire incontournable intitulé *Réflexions de l'AREQ sur la question de mourir dans la dignité.* Il brosse non seulement un portrait complet de la situation, mais il fait surtout la part des choses. Les auteurs ne prennent pas ouvertement position, mais nous invitent à une sérieuse réflexion. Ce mémoire a d'ailleurs été préparé dans le cadre de la Commission spéciale sur la question de mourir dans la dignité.

APPUYEZ-VOUS SUR LA FORCE DES AUTRES

J'ai déjà insisté sur l'importance des réseaux de soutien (voir p. 99) pour éviter de s'isoler lorsque l'on vit seul, par choix ou non. J'ai aussi indiqué que des liens solides et significatifs avec les autres contribuent largement à notre bien-être, que ce soit au travail, entre amis ou avec la famille. Dans les recherches consacrées aux principales sources de sens dans la vie, les relations interpersonnelles sont toujours en première position, bien avant la réalisation de soi, le bien-être matériel et la générativité, par exemple.

Pour les retraités, jeunes et moins jeunes, hommes ou femmes, il existe de nombreuses associations qui regroupent les gens en fonction de leur ancienne appartenance professionnelle. Ces associations comblent la majorité des besoins de leurs membres : sentiment d'appartenance, protection de leurs droits, engagement dans les débats actuels à propos du vieillissement et de tout ce qui l'entoure, activités sociales, sportives et culturelles, conférences, etc. Elles ont un effet plus que positif sur la santé physique et psychologique de leurs membres, et même sur leur espérance de vie.

J'aimerais maintenant aborder le rôle joué par le réseau de soutien au grand âge, mais aussi l'influence que peut avoir l'attitude de l'entourage sur la santé, le moral et la force de vivre. À cet âge, le réseau de soutien peut procurer non seulement du réconfort, mais aussi de l'aide pour les tâches quotidiennes, le partage des ressources et des conseils. Par sa présence, son réconfort, sa protection, il contribue à mobiliser les énergies pour continuer à vivre, à se soigner, à avancer et à s'adapter à la maladie, au deuil et à la solitude. En augmentant la satisfaction de vivre, il augmente aussi, par ricochet, l'espérance de vie.

Le soutien dans la maladie

Dans le cas de mon client dont j'ai parlé en introduction de ce point de repère, des ressources spécialisées et des groupes d'entraide dans les hôpitaux ont pris ma relève. Des personnes empathiques, bonnes, généreuses et disponibles, comme il me l'a dit. Une dame, qu'il avait rencontrée quelque temps avant l'annonce de son diagnostic, l'avait d'ailleurs carrément laissé tomber quand elle a appris la nouvelle. Alors qu'il se sentait très seul, il s'est retrouvé tout à coup bien entouré, compris et soutenu, au point de m'oublier (comme coach, mais pas autrement). Il a même rencontré une charmante dame qui l'a beaucoup épaulé, en plus de lui donner toute la tendresse et toute l'affection qui lui manquaient tellement. Il a retrouvé le goût de vivre et de se soigner, en dépit de sa maladie qui n'a pas cessé d'évoluer.

Mais pourquoi donc, la plupart du temps, faut-il attendre une catastrophe pour que la vie se charge de nous montrer à quel point nous pouvons compter aux yeux des autres ?

Le soutien de fin de vie qui maintient la dignité et l'intégrité

Dans son ouvrage *De chair et d'âme*, le psychiatre Boris Cyrulnik a bien montré le rôle que peut jouer l'entourage sur l'exacerbation ou, au contraire, sur l'atténuation des symptômes de la maladie d'Alzheimer. Il écrit notamment que l'empathie diminue les symptômes, particulièrement lorsque les aidants laissent la personne s'exprimer totalement, l'encouragent même à continuer de parler par leurs paroles ou leurs mimiques. Cela, même si elle répète encore et encore les mêmes souvenirs du passé, comme s'ils se déroulaient là, maintenant.

En revanche, lorsque tout tourne autour de la maladie, des pertes de capacité, des traitements, des médicaments, et que la personne est considérée et traitée comme une malade, voire une démente, cette ambiance ne fait qu'accentuer le sentiment de rejet. Alors, les symptômes s'exacerbent. Intéressant, non ?

On m'a déjà raconté l'histoire de cette proche aidante qui a répondu avec un peu de méchanceté et d'irritation, sans aucune diplomatie ni empathie : *Ils sont morts !*, à sa mère atteinte de la maladie d'Alzheimer, qui attendait son mari et son beau-frère pour souper alors que ceux-ci étaient décédés depuis longtemps. Il aurait pourtant fallu, il me semble, jouer le jeu et rentrer dans son univers, jusqu'à ce que la personne reprenne d'elle-même le contact avec la réalité. Je connais des gens qui ont préparé la valise de leur maman pour aller passer une fin de semaine dans leur maison de campagne – vendue 15 ans auparavant – jusqu'à ce qu'elle oublie de nouveau son obsession.

Pour éviter ce genre de réaction, et d'autres aussi, il me semble que tous les proches aidants devraient avoir accès gratuitement à des formations spécialisées pour apprendre à gérer leur stress et leurs frustrations, et, surtout, pour apprendre à mieux communiquer. Peu de gens autour d'eux comprennent vraiment leur situation. Il est plus facile de les blâmer que de les comprendre et de les aider. Le livre de Dick Edwards que j'ai déjà mentionné peut aider les uns et les autres.

Jean-François Mattei, ancien ministre français de la Santé, de la Famille et des Personnes handicapées, que j'avais entendu parler de « bientraitance » à Nice, en 2005, au Centre universitaire méditerranéen, affirmait que, dès que tout est fait pour assurer le confort et maintenir la dignité des personnes malades ou en fin de vie, la demande d'euthanasie chute à seulement 1 %. Il y aurait d'ailleurs moins de personnes anxieuses, agitées, agressives, voire démentes et grabataires, si un peu plus d'humanité et même d'amour entrait dans ces lieux. Surtout si les malades étaient plus respectés et traités avec délicatesse, et non pas comme de simples objets à qui l'on dispense des soins le plus rapidement possible.

Le soutien de la communauté

Si les aînés étaient mieux intégrés dans leur communauté, s'ils y avaient encore une place bien à eux, si des activités de qualité (attirantes, captivantes, joyeuses) étaient mises en place pour les faire sortir de chez eux, si des « sentinelles » étaient bien entraînées à repérer rapidement le sentiment de solitude et d'isolement, mais surtout la détresse et les symptômes de la dépression, les taux de dépression et de suicide chuteraient assurément, tout comme certaines formes de démence. Comme vous le lirez dans le prochain point de repère, de plus en plus de projets et d'initiatives sont mis en place dans ce sens dans plusieurs municipalités.

Questions

- Quel lien établissez-vous entre le désir de mettre fin à sa vie et l'accessibilité aux soins de fin de vie ?
- Que pensez-vous de l'acharnement thérapeutique ?
- Que pensez-vous du suicide assisté ? De l'euthanasie ?
- Qu'avez-vous écrit à ce sujet dans votre mandat en cas d'inaptitude ou dans votre testament biologique ?

Point de repère 24

Restez dans l'action

> 80 ans! Plus d'yeux, plus d'oreilles, plus
> de dents, plus de jambes, plus de souffle!
> Et c'est étonnant, somme toute, comme on
> arrive à s'en passer!
>
> PAUL CLAUDEL

Lors d'une entrevue à la télévision, en novembre 2010, le motivateur Jean-Marc Chaput, 80 ans, disait exactement ceci: *Vieillir, c'est avoir plus de souvenirs que de projets. J'ai plus de projets que de souvenirs.* Voilà, il me semble, une bonne façon d'aborder la vie et le vieillissement!

Je pourrais vous nommer ainsi, et vous aussi d'ailleurs, des dizaines de personnes âgées de plus de 75 ans, et même de plus de 80 ans, qui sont vives, alertes, occupées, intéressées par les autres, qui créent, produisent, travaillent, aiment, aident, cuisinent, reçoivent, voyagent, font du théâtre et donnent des spectacles, malgré quelques problèmes de santé occasionnels, parfois très graves. Le livre de Catherine Bergman, « *Il faut rester dans la parade!* », est rempli de ces exemples inspirants.

Ces personnes sont tellement passionnées par la vie qu'elles en oublient leur âge, leurs bobos et leurs maladies, même s'ils se font parfois un peu trop sentir. Elles sont aussi capables de faire la sourde oreille à tous ces préjugés à l'égard des aînés et à tous ces scénarios catastrophe, sans pour autant se replier sur leur petite personne. Ce type d'octogénaire n'est pas unique. Il suffit d'ouvrir les yeux et le cœur pour le réaliser. Les participants à mes formations me donnent souvent des exemples d'aînés et d'aînées de leur entourage, généralement leurs parents, qui leur font entrevoir la retraite, puis leur vieillesse, de façon positive et optimiste. Ils sont toutefois bien conscients que cela ne se construit pas tout seul, ni du jour au lendemain. C'est le travail de toute une vie, bien qu'il ne soit jamais trop tard pour s'y mettre.

Garder le goût de vivre

> Je ne serai jamais vieux. Pour moi, être âgé c'est avoir quinze ans de plus que moi.
>
> Bernard Baruch

Quel que soit notre âge, il est indispensable, à mon avis, de continuer à rêver et à élaborer de nouveaux projets. C'est cette ouverture vers le futur qui continue à donner un sens à notre vie et, par conséquent, à nous maintenir en santé physique, intellectuelle et mentale. Trop de personnes inactives finissent par être déprimées, car elles n'ont rien à faire de leurs journées. C'est comme si elles attendaient de mourir. Il s'agit d'un véritable gaspillage.

Je l'ai déjà dit, je crois, pour rester actif, vous n'avez pas à vous lancer avec frénésie dans mille et une activités et mille exploits pour remplir les journées, rattraper le temps perdu ou impressionner votre entourage. Il se peut même que vous regrettiez de ne pas avoir réalisé tout ce que vous pensiez et souhaitiez, mais que vous n'en soyez pas malheureux pour autant. L'important est de faire le tri de ce qu'il vous reste à faire et de ne pas renoncer, sous prétexte que vous avez tel ou tel âge. Il suffit aussi de vous lancer régulièrement des défis stimulants, un peu contraignants, pour vous donner envie de persévérer, des défis, bien sûr, adaptés à vos besoins, vos valeurs, votre personnalité, vos finances et votre état de santé.

Il serait quand même dommage de réaliser que vous n'avez jamais fait ce saut en parachute dont vous avez tant rêvé, que vous n'avez pas parcouru le chemin de Compostelle auquel vous pensiez depuis une quinzaine d'années, que vous avez reporté à plus tard ce voyage avec vos petits-enfants à Walt Disney World, que vous n'avez pas lancé votre propre petite entreprise ou osé avouer votre amour à cette jolie dame de 75 ans. Il n'est jamais trop tard. Des octogénaires sautent en parachute, courent des marathons, voyagent, font du bénévolat international et dirigent des entreprises.

D'autres, tout aussi heureux, font du bénévolat dans leur quartier, partent à la conquête des pistes cyclables et des sentiers de randonnée dans leur ville, grimpent les escaliers de leur immeuble, amènent leurs petits-enfants à la pêche ou au parc aquatique. Ils vont aussi s'asseoir sur un banc, au bord de l'eau, et parfois, en hiver, dans un grand centre commercial, avec de bons amis, pour discuter avec conviction de tout et de rien ou pour préparer leur prochain voyage de pêche.

En fait, ce n'est pas la quantité ou la complexité des activités auxquelles une personne prend part qui importent, mais plutôt la signification que ces activités revêtent pour elle et pour ceux qui l'accompagnent. Il s'agit de ne plus traîner de poids lourds derrière soi, notamment certaines obligations, la performance à tout prix ou les dépenses excessives pour faire comme tout le monde.

Un bon bilan vous permettra de faire le tri dans tous vos rêves et vos projets mis de côté. Quelques recherches dans votre municipalité vous feront certainement découvrir de nouvelles passions, peu onéreuses, et bien des moyens de rencontrer les autres.

Des villes-amies des aînés

Pour sortir les aînés de leur solitude, en sortir d'autres de leur souffrances, animer les villes et les quartiers, permettre aussi aux diverses générations de se rencontrer et de s'entraider, offrir aux aînés la possibilité de s'intégrer dans leur milieu et de se sentir utiles, de plus en plus d'initiatives locales, nationales et même internationales sont mises en place. En France, par exemple, c'est depuis 1977, et même bien avant, avec la Journée des vieillards, que se tient chaque année la Semaine bleue : la semaine nationale des retraités et des personnes âgées.

Cet événement vise à informer et à sensibiliser l'opinion publique sur la contribution des retraités à la vie économique, sociale et culturelle, sur les préoccupations et difficultés rencontrées par les personnes âgées, sur les réalisations et projets des associations. Partout, des manifestations locales sont organisées. Chaque année, un concours prime les meilleurs programmes.

Sur le plan international, le projet Villes-amies des aînés[1] a vu le jour, en 2005, lors du XVIIIe Congrès mondial de gérontologie et de gériatrie tenu à Rio de Janeiro, au Brésil. À la suite de consultations auprès de personnes âgées, d'aidants et de prestataires de services des secteurs public, associatif et commercial de 33 pays, dont le Canada, un modèle de ville accueillante et favorable à la condition des aînés a été élaboré. Les villes participantes ont convenu de s'engager à faciliter l'inclusion des aînés

---

1. www.who.int/ageing/publications/Guide_mondial_des_villes_amies_des_aines.pdf

dans tous les domaines de la vie communautaire. Elles reconnaîtront leurs capacités et leurs ressources et protégeront les plus vulnérables.

Ce jour-là, plusieurs recommandations ont été émises dans différents secteurs, soit les transports, l'habitat, les espaces extérieurs des bâtiments, la communication et l'information. À cela s'ajoutent le respect et l'inclusion sociale des aînés à la vie communautaire, leur participation au tissu social et à l'emploi, ainsi que leur accessibilité aux services, notamment aux services de santé, incluant le dépistage et la prévention des maladies. Voilà tout un beau programme en perspective !

À Verdun aussi

Plus près de moi, à Verdun, l'arrondissement montréalais où je vis, plusieurs projets ont été mis en place pour les aînés et avec les aînés, en s'appuyant sur les lignes directrices du guide de l'Organisation mondiale de la santé. Voici quelques exemples inspirants.

Sur le site du Forum économique de Verdun, dont le président est le Dr Roger Cadieux, vous trouverez notamment :
- Les détails du projet « Les Aînés de Verdun, on les a à cœur », qui fait la promotion du vieillissement actif à Verdun.
- Accès Net Aînés Verdun, qui offre la possibilité aux aînés de s'initier à l'informatique et à Internet.
- Le projet RAME (Regroupement des amis mentors et de l'entrepreneurship de Verdun). Il s'agit d'un service de mentorat d'affaires dont les membres bénévoles sont âgés, pour la plupart, de plus de 55 ans. Leur rôle consiste à contribuer à l'augmentation du taux de survie des entreprises locales et à faciliter leur croissance, en mettant notamment en valeur les connaissances, les habiletés et les compétences de ces entrepreneurs.

Le Forum économique de Verdun a également mis sur pied un service de transport pour aînés de l'Île-des-Sœurs (arrondissement de Verdun), afin de faciliter leurs déplacements vers les centres commerciaux, les services financiers, les lieux de culte, ou encore pour établir le lien avec d'autres services, par exemple la navette qui se rend à l'hôpital de Verdun. Le service de réservations est géré par les aînés eux-mêmes.

Quant au Centre communautaire pour aînés de Verdun, celui-ci propose à ses membres diverses activités et services : café rencontre, dîners à prix modique, chorale, sorties, voyages, conditionnement physique, conférences, visites à domicile et téléphones d'amitié. Le service de police local leur offre aussi des conférences sur divers sujets en lien avec la sécurité : violence faite aux aînés, sécurité à domicile ainsi que dans la rue. Le Centre s'intéresse aussi au logement social. En 2010, il a reçu le prix hommage provincial de la Fédération de l'âge d'or du Québec (FADOQ) pour son engagement auprès des aînés.

Un autre projet que je trouve particulièrement inspirant est celui du Groupe des artistes réalistes des terrasses. Les membres ont entre 50 et 82 ans. En 2005, ils ont gagné le prix provincial Méritas décerné par l'Association L'amitié n'a pas d'âge pour leur participation bénévole au rapprochement des générations. En collaboration avec des enseignants d'écoles primaires de Verdun, ils ont en effet initié à l'art des jeunes de 9 à 12 ans. À cette occasion, les jeunes ont créé des cartes de vœux qu'ils ont ensuite distribuées dans des centres d'accueil pour personnes âgées. Bien sûr, ils n'en sont pas restés là et, depuis, ils se sont engagés dans une foule d'autres activités tout aussi généreuses. Inspirant, non ?

Questions

- Quels sont les projets et les rêves qui traînent dans la file d'attente de votre vie ? Sont-ils toujours d'actualité ? Ont-ils évolué depuis les 15 ou 20 dernières années ?

- Si tout était possible, qu'aimeriez-vous faire encore le plus au monde ?

- Quelle est ou quelle pourrait être votre propre contribution à des activités intergénérationnelles ? À l'intégration des aînés de votre communauté ? À votre propre intégration en tant qu'aîné ?

Point de repère 25

Préparez votre dernier voyage

Un bel enterrement n'est pas une improvisation. Il faut y consacrer sa vie.

Auguste Detœuf

Voilà, c'est décidé. Je vais me renseigner auprès d'une
entreprise funéraire reconnue afin de préparer en détail
mon dernier grand voyage. L'idée est d'épargner à mon
entourage tous les problèmes et les tracas d'ordre pratique, matériel, financier et administratif que la mort d'un
proche peut occasionner en plus de la séparation défini-
tive. Comme on le dit si bien, parler de la mort, faire son
testament, préparer un mandat en cas d'inaptitude, partager à l'avance ses biens de façon équitable, s'occuper
de préarrangements funéraires ne fait pas mourir. J'y
pense depuis longtemps, j'aurais d'ailleurs dû le faire
bien avant, et je me sens donc prête à entreprendre les
démarches de façon tout à fait décontractée. Je vais
même me concocter une petite cérémonie qui me ressemble, dans une jolie chapelle, avec de la belle musique et
la photo de mon choix.

Je fais une recherche sur Internet et j'envoie un message électronique à une entreprise funéraire, car je ne
suis pas encore tout à fait prête à parler à un conseiller-
vendeur. Je précise que je ne veux pas que l'on me

téléphone et je prends bien soin de ne pas donner mon numéro. Dans un premier temps, je veux simplement recueillir des informations. À mon grand étonnement, les larmes me montent soudainement aux yeux et une grande tristesse m'envahit. Mon plexus solaire se crispe. *Je vais mourir, moi aussi, un de ces jours!* Le plexus solaire se trouve au-dessous de la base du sternum. Il perçoit le stress, l'angoisse et les émotions fortes bien avant que le cerveau ait le temps de les enregistrer. C'est donc un excellent système d'alarme personnel.

Évidemment, cela n'a pas été long : je trouve dans ma boîte vocale un message d'une personne qui ne me donne pas l'objet de son appel. Je rappelle donc, pensant qu'il s'agit d'un nouveau client en coaching. Mais non, il s'agit d'un vendeur qui me dit que c'est ainsi qu'il procède habituellement. Et voilà un autre choc émotif! Je vais devoir affronter un vendeur, parler chiffres et négocier avec lui ma fin de vie, alors que, pour moi, elle devrait être plus associée à une démarche spirituelle. Je m'attendais à être comprise, écoutée et respectée. Je raccroche donc. Je ne suis pas intéressée à lui parler.

Cette histoire m'a habitée pendant plusieurs jours, d'autant plus que, depuis quelque temps, il est beaucoup question de mort dans la dignité, de suicide assisté, d'euthanasie et d'acharnement thérapeutique. Je dois aussi réfléchir à ces questions avant de prendre des décisions. Outre mon testament officiel, je vais également rédiger mon testament biologique, ainsi que mes desiderata à propos de la façon dont je veux être traitée en fin de vie.

S'informer avant de décider

J'entreprends alors une première recherche et je recueille les principaux renseignements dont j'ai besoin sur le site du magazine *Protégez-Vous* (www.protegez-vous.ca).

Comme vous le savez certainement, ce magazine monte toujours d'excellents dossiers. Pour quelques dollars, j'y trouve tout ce que j'ai besoin de savoir. On y compare notamment les prix pour les différents services offerts par plusieurs entreprises funéraires et on y commente beaucoup de cas réels. Par exemple, une famille avait oublié d'indiquer clairement qu'elle souhaitait ouvrir le cercueil quelques instants pour que tous puissent voir une dernière fois la défunte avant son enterrement. Comme la disparue ne souhaitait pas être exposée au salon funéraire, l'employé des pompes funèbres avait bâclé son travail en la laissant totalement décoiffée et encore revêtue de sa chemise d'hôpital. L'horreur, la tristesse et la déception ont alors accompagné ce tout dernier adieu. Il faut vraiment penser à tout !

J'ai aussi consulté les documents publiés par la Chambre des notaires du Québec, notamment ceux qui concernent le testament, le mandat d'inaptitude, le patrimoine familial, ainsi qu'un autre, tout particulièrement intéressant : *Le notaire et le troisième âge*. Vous pouvez les télécharger à cette adresse : www.cdnq.org. J'ai également consulté le site Éducaloi sous l'onglet Décès et successions. Cet organisme sans but lucratif nous informe de nos droits et de nos responsabilités juridiques de façon très claire. Un petit coup d'œil sur le site du Curateur public du Québec m'en a appris davantage encore sur le mandat en cas d'inaptitude et sur les tâches à accomplir si l'un des nôtres devient inapte.

Le plus tôt possible

Je vous raconte cela, car cette démarche m'a fait prendre conscience qu'un jour ou l'autre nous devrons nous résigner à penser à notre mort de façon concrète et matérielle et non plus de façon détachée et virtuelle. Il est donc nécessaire de nous préparer à absorber ce premier choc. À mon avis, il est préférable de nous occuper de tous ces détails d'ordre financier et matériel le plus tôt possible, alors que nous sommes encore plongés dans le mouvement de la vie, valides, totalement lucides, en pleine possession de nos moyens et non ébranlés par la maladie ou l'annonce d'un diagnostic de fin de vie. En outre, réfléchir ainsi à notre propre mort ne peut que réduire notre angoisse et nous apaiser. Il est réconfortant aussi de penser que, aux derniers instants de notre vie, nous n'aurons pas à nous soucier de tous ces aspects matériels et pourrons alors nous consacrer à l'essentiel, la spiritualité et l'au revoir à ceux qui nous sont chers.

Notre entourage immédiat devra être tenu au courant des décisions que nous aurons prises, notamment en ce qui concerne nos funérailles. Quoi de plus triste et décevant que de trouver les demandes et les préférences d'une personne après son enterrement, au moment où l'on met de l'ordre dans ses papiers ! C'est ce qui est arrivé avec notre maman, mais, heureusement, nous la connaissions assez pour savoir ce qu'elle voulait.

L'important aussi est de se préparer sur le plan pratique et matériel : un testament bien fait, des désirs bien mentionnés feront l'affaire de tous et ne laisseront pas dans le besoin ceux qui restent. Un homme de mon entourage, qui s'occupait seul de tous les aspects matériels de sa vie de couple sans jamais mettre sa conjointe au courant, est décédé plus tôt qu'il ne l'aurait pensé. En plus de son deuil et de toutes les formalités d'usage, sa conjointe, qui n'avait jamais travaillé hors de la maison, s'est trouvée fort démunie. Elle ne savait même pas comment toucher sa retraite ni de combien elle disposerait chaque mois. Elle n'avait jamais payé une facture de sa vie ni réglé le moindre problème matériel. Imaginez la suite !

Les aspects matériels et financiers de votre fin de vie étant réglés, il s'agit maintenant de faire connaître à votre entourage vos souhaits quant aux aspects physiques, émotifs et affectifs de vos derniers moments.

FAITES CONNAÎTRE VOS DESIDERATA

La veille du décès de notre cher papa, alors que je venais d'arriver en France en catastrophe, en provenance du Québec, j'ai eu la chance de passer une bonne partie de la journée seule avec lui, dans sa chambre privée, à l'hôpital, pendant que notre maman était partie quelques heures régler toutes sortes de problèmes (elle travaillait encore à plus de 70 ans!). Elle voulait aussi prendre un peu de repos et une bonne douche, puisqu'elle passait toutes ses nuits à son chevet, assise dans un fauteuil plutôt inconfortable.

Nous avons parlé de tout et de rien, mais aussi d'acharnement thérapeutique dans son cas. Il a lu son journal, nous avons regardé ensemble un match de foot à la télé et bu du thé. La vie normale, quoi, même s'il savait qu'il n'en avait plus pour longtemps. Attaquée par le staphylocoque doré, la valve cardiaque qu'on lui avait greffée une dizaine de jours plus tôt allait céder d'un moment à l'autre. Il était médecin et connaissait bien son état, même si tout le monde autour de lui ne cessait de lui dire que tout allait finir par s'arranger. Certains d'entre nous faisaient même de la visualisation pour l'aider à guérir, alors qu'il ne pouvait plus se produire de miracle. Jusqu'à ce jour, je n'ai jamais osé dire que je n'y ai pas participé parce que je voulais le laisser partir en paix. C'est ma façon de voir les choses.

Je ne me souviens pas d'avoir pu parler aussi librement et aussi longtemps seul à seul avec mon père depuis que je vis au Québec. Cela m'a fait beaucoup réfléchir à la façon dont une personne vit et souhaite vivre ses derniers jours, autant sur le plan matériel (l'environnement) que sur celui des échanges avec les autres et des soins qu'on lui prodigue. Un événement majeur comme celui-là ne peut que transformer celui qui y participe.

La toute dernière zone neutre

Plus nous avançons en âge, plus notre risque de tomber malades grièvement, pour longtemps, d'être atteints d'un cancer et même de mourir augmente. Ce qui signifie que le risque d'être hospitalisé, de vivre quelque temps ou pour toujours dans une unité de soins de longue durée ou de fin de vie augmente également. Nous envisageons tous cette éventualité avec horreur tant nous avons peur d'être maltraités, ignorés, mal lavés, mal soignés, mal touchés, mal nourris, mal aimés, mal entourés, mal écoutés, mal compris et j'en passe. Tous les jours, nous pouvons entendre et lire des histoires d'horreur à propos de la maltraitance et de l'indifférence à l'endroit des personnes malades, âgées, dépendantes et en fin de vie.

La fin de vie, l'approche de la mort, c'est aussi une transition; la dernière, en fait. Comme je l'ai expliqué dans l'introduction, une transition comprend toujours une zone neutre, qui permet de se détacher peu à peu du passé tout en vivant pleinement le moment présent avant de nous adapter et d'accepter notre nouvelle situation. En l'occurrence, ici, la mort.

Dans la zone neutre, la personne a besoin d'être soutenue, aimée, entourée, écoutée, comprise et acceptée telle qu'elle est, avec sa souffrance, ses angoisses, ses peurs, ses espoirs, mais souvent aussi avec sa colère et sa révolte. Elle a besoin de rester normale et vivante. Elle a le droit aussi de terminer ses jours dans un environnement qui ne ressemble pas à un mouroir médicalisé et aseptisé. Elle veut – elle le mérite et nous le lui devons – rester bien vivante parmi les vivants, jusqu'à la fin, donc respectée dans ses demandes et ses attentes. Elle n'a surtout pas à subir les cachotteries, les faux-semblants et les mensonges à propos de son état.

Une personne malade sait bien mieux que quiconque où elle en est, comment elle va et probablement aussi quand elle va mourir. Ne pas pouvoir parler de sa mort, pourtant si proche, avec les siens, peut être insupportable et gâcher totalement ses derniers moments, en la condamnant à demeurer seule avec ses dernières pensées. Plusieurs proches ne se sentent pas prêts à parler ou ne savent pas comment le faire. D'autres, pensant bien faire, minimisent les craintes et les souffrances de celui qui va mourir et parlent même de guérison et de convalescence.

Après tout, il s'agit de son dernier cérémonial des adieux! Pourquoi ne pas lui offrir ce qu'il souhaite le plus au monde avant de partir? Rien ne pourra plus jamais être rattrapé par la suite.

Nous devrions d'ailleurs écouter davantage les mourants, car ils ont beaucoup à nous apprendre au moment de leur dernier bilan. Ils ont souvent aussi des messages à nous transmettre. Leur contact nous transforme d'ailleurs souvent, en nous faisant prendre conscience à quel point nous sommes attachés à des valeurs matérialistes (argent, prestige, pouvoir, consommation), aux dépens de l'essentiel: ce qui nous survivra.

Larry Rosenberg l'a bien expliqué dans *Vivre, à la lumière de la mort, de la vieillesse et de la maladie*:

La maladie, le vieillissement, la mort sont des états extrêmement intimes. Que pourrait-il y avoir qui soit plus proche de notre personne? Pourtant nous tendons à les écarter, comme s'il s'agissait d'événements étrangers et non des faits les plus fondamentaux de notre vie. Naturellement, nous n'y parvenons pas.

Les souhaits de fin de vie

Je viens de lire *La mort intime* de la psychologue clinicienne Marie de Hennezel, qui a travaillé pendant plus de 10 ans dans un service de soins palliatifs. Ce livre n'est pas récent (1995), mais il est criant d'actualité et d'humanité. J'y ai recensé les principaux souhaits des personnes malades et en fin de vie. Je tire également ces desiderata de l'ouvrage de Larry Rosenberg, de l'article d'Yves Sciama « Soins palliatifs : la vie malgré la mort », ainsi que de la consultation de plusieurs sites web consacrés à ce sujet.

Lorsqu'une personne apprend qu'elle est condamnée

- Ne pas sous-estimer sa capacité à faire face à la situation.
- Éviter les paroles faussement consolatrices, ne pas lui donner de faux espoirs.
- Lui laisser le temps d'encaisser la nouvelle. Se taire tout en étant présent.
- La laisser parler de son état et de sa vision de sa mort prochaine.
- Lui permettre d'exprimer librement ses peurs, et même ses regrets et sa révolte.
- La laisser pleurer et ne pas hésiter à en faire autant avec elle.
- Accepter les silences, ne pas chercher à les combler coûte que coûte.
- Ne pas mentir sur son état, ne pas faire semblant que tout va bien et qu'elle va guérir.
- L'écouter attentivement quand elle parle et répondre honnêtement à ses questions.

- Ne pas lui imposer notre propre vision de la souffrance, du sens de la vie, de la spiritualité et de la mort.
- Éviter l'ambiance triste et sinistre.
- L'aider à résoudre tous les problèmes pratiques et administratifs qui peuvent l'angoisser : problèmes de succession, déclaration des revenus, etc.
- Lui permettre de partir, de mourir, quand elle est prête. Ne pas la retenir.

Aménagement de l'environnement
- Créer un environnement le plus naturel, le plus convivial, le plus chaleureux et le plus confortable possible.
- Faire en sorte que l'environnement ne ressemble pas à un mouroir et enlever le plus possible les traces du monde médical.

Attitude à son égard
- Ne pas l'identifier à sa maladie ou la voir comme un simple corps qui doit être soigné.
- La traiter avec respect et dignité, comme une personne normale, entière et vivante.
- Rester totalement naturel avec elle.
- La toucher, lui faire sa toilette, prendre soin de son corps, de ses mains, de ses cheveux, avec affection, respect, douceur, chaleur, calme et tendresse.
- Éviter de bâcler le travail et de le faire avec brusquerie.
- Lui permettre d'exprimer ses besoins.

Des désirs à la réalité

Malheureusement, ces demandes, pourtant bien légitimes, ne sont pas souvent prises en compte ou ne peuvent pas l'être, tant par les familles que par les soignants professionnels. À propos des soignants professionnels, dans ses *Réflexions sur la question de mourir dans la dignité*, l'AREQ nous fait part de ces quelques considérations:

- L'organisation des soins de fin de vie accuse d'importantes lacunes et souffre d'un manque de ressources dans plusieurs régions.
- Il est difficile de répondre adéquatement et rapidement aux besoins des malades qui souhaitent vivre le plus longtemps possible chez eux et de leurs proches.
- Les ressources pour assurer les soins à domicile sont déficientes.
- Les formations en soins palliatifs sont insuffisantes ou carrément inexistantes.
- La majorité des médecins ne s'intéressent pas vraiment à ces types de soins.
- Les psychologues se font rares dans le domaine des soins palliatifs.

Questions

- Comment aimeriez-vous que l'on se comporte avec votre dépouille lorsque vous serez mort?
- Voulez-vous être incinéré? Enterré? Où? Comment? Quel type de cérémonie aimeriez-vous?
- Avez-vous rédigé votre mandat en cas d'inaptitude? Votre testament biologique?
- Qu'aimeriez-vous ajouter à l'énumération des desiderata des personnes en fin de vie?
- Comment, et quand, pourriez-vous faire connaître les vôtres à votre entourage?
- Si vous avez déjà accompagné une personne mourante en tant que proche ou bénévole, comment avez-vous agi et réagi? Qu'avez-vous appris?
- En tant que proche aidant ou soignant professionnel dans un service de soins palliatifs, de quelle aide

auriez-vous vraiment besoin ? Avez-vous fait connaître vos demandes ? Sinon, qu'est-ce qui vous en a empêché ?

Conclusion

La vie est un accomplissement

> J'ai découvert que les gens n'ont pas vraiment peur de mourir : ils ont plutôt peur de ne jamais avoir vécu, de ne jamais avoir pris en considération leur mission supérieure dans la vie et de ne jamais avoir emboîté le pas à cette mission de vie ni d'avoir au moins essayé d'apporter leur contribution au monde.
>
> JOSEPH JAWORSKI

Pour revenir au décès de notre papa que j'ai déjà évoqué, je me souviens encore à quel point son visage était calme, serein et en paix quand je suis revenue en pleine nuit à l'hôpital, après qu'on m'eut appelée à l'hôtel où je m'étais installée pour m'annoncer qu'il était mort. Une sorte d'aura flottait autour de lui. Quand je l'ai embrassé et touché pour la toute dernière fois, j'ai senti son énergie qui circulait dans ma main. J'ai même continué à la ressentir pendant plusieurs heures par la suite. Cela m'a vraiment impressionnée et je me sens privilégiée d'avoir vécu ce moment quasi divin. Il avait cessé de souffrir et partait tranquillement avec, j'en suis certaine, le sentiment de s'être totalement accompli toute sa vie, en tant que conjoint, père, grand-père, arrière-grand-père, citoyen et médecin aussi, puisqu'il a sauvé bien des vies, en plus de mettre des enfants au monde. Il a vécu avec beaucoup de dignité, puis il a été malade et il est parti avec beaucoup de dignité aussi, bien entouré de toute sa famille. C'est cela, il me semble, l'intégrité.

Une vie est un accomplissement et la mort est le terme de cet accomplissement, disait Mère Teresa. Il est effectivement plus facile (tout étant relatif) de déposer les armes si, au moment du dernier bilan, nous pouvons nous dire que nous avons réussi notre vie, que nous nous sommes parfaitement accomplis dans tous les domaines, dans les limites de nos possibilités.

Nous accomplir et réussir notre vie, cela ne se mesure pas aux diplômes ni aux succès professionnels que nous avons obtenus, à moins qu'ils n'aient contribué à améliorer le sort et le bien-être d'autrui. Ce n'est pas non plus lié aux biens de consommation que nous avons accumulés, à nos exploits professionnels, ni aux voyages, aux croisières, aux vacances, au nombre de parties de golf jouées, et encore moins à ces 100 femmes que nous avons aimées dans notre vie, comme s'en est vanté avec grande fierté un monsieur que j'ai croisé brièvement sur mon chemin.

Réussir sa vie, et par conséquent sa mort, c'est pouvoir se dire que l'on a aimé et été aimé sincèrement et que 100 personnes – ou beaucoup moins, peu importe le nombre – se souviendront de nous parce que nous avons joué un rôle déterminant dans leur vie par nos valeurs et nos actions, notre générosité et notre bonté, notre honnêteté et notre loyauté, notre intégrité et notre capacité d'empathie. C'est pouvoir se dire que l'on a vécu au maximum en fonction de notre identité, notre «vrai moi», tout en cherchant constamment à nous améliorer, à apprendre, à explorer et à partager. C'est se dire enfin que l'on a laissé une marque quelque part, si simple soit-elle, et que le meilleur de nous nous survivra longtemps. Au moment où tout disparaît, nous saurons alors que nous avons transmis le meilleur de ce qui devait l'être. Notre énergie pourra donc se concentrer sur l'essentiel de ce moment ultime de la vie: partir dignement, dans la paix, la sérénité et l'amour de ceux qui nous entourent. Alors nous n'aurons plus peur et nous ne ressentirons pas le besoin de nous débattre.

Vivre, aimer, créer, transmettre

Pour en arriver à cet accomplissement, tout un chemin a dû être parcouru, depuis toujours, comme vous avez pu le remarquer dans la première partie (points de repère 1 à 9), et par la suite aussi. Chaque grande étape de la vie, chaque transition aura été négociée avec succès. Les pertes et les deuils qui accompagnent ces transitions auront été acceptés, l'accent aura été mis sur les gains et les avantages qui ont pu être tirés de chaque situation, quelle qu'elle soit. Au fil des ans, une personnalité complète, saine et authentique aura été développée, ainsi que l'art du bonheur et celui de se lier aux autres et de contribuer à leur propre accomplissement. L'amour de la vie aura été cultivé, tout simplement.

Une vie accomplie repose sur les points (de repère) suivants

| Prendre sa vie en main | Vivre content, apprendre à dire NON. Bâtir un plan de vie: objectifs et plan d'action pour les atteindre. Ne pas attendre que tout arrive par enchantement. Faire régulièrement des bilans de vie pour s'assurer de ne pas dévier du chemin que l'on s'est fixé. Bien vivre chaque instant sans se projeter continuellement dans l'avenir. Rêver encore et toujours et, bien sûr, réaliser ses rêves. |

Bien se connaître	Se forger une personnalité stable et robuste. Mettre au jour son «vrai moi», son identité, et se permettre de vivre en fonction de lui: qualités, valeurs, croyances, mais aussi blocages et ombre.
Trouver la dimension spirituelle de sa vie	Trouver le sens de sa vie et de son travail et participer, par ses actions, même les plus simples, à un «grand tout».
Bien s'entourer	S'entourer de personnes qui nous veulent du bien, devenir soi-même une telle personne, dorloter sa famille, son couple, ses amitiés et ses relations. Accepter aussi la solitude, passagère ou non, surtout en vieillissant. S'en faire une amie, plutôt qu'un prétexte pour se replier sur soi. Miser sur la force d'un réseau.
Se maintenir en santé physique et psychologique	Maintenir un équilibre au quotidien pour s'assurer de disposer de suffisamment d'énergie physique et psychique pour vivre, bouger, aimer et agir: alimentation, exercices, sommeil, relations, gestion du stress, activités qui donnent un sens à la vie.
Ne pas tomber dans certains pièges	Garder les yeux grands ouverts afin de ne pas s'oublier, ainsi que tout ce qui compte le plus pour soi (famille, santé, amis, etc.) au profit du travail ou de la valorisation de son ego. Refuser de se satisfaire de la routine et sortir le plus souvent possible de sa zone de confort.
Transmettre et aider	Laisser une trace derrière soi (générativité), permettre aux jeunes générations de prendre, elles aussi, leur place. Les aider à s'accomplir. Transmettre, à qui les accepte, les fruits des enseignements que l'on a tirés de son existence.
Vieillir en toute intégrité	Continuer à poursuivre des buts adaptés à ses capacités, maintenir la reconnaissance de soi et la confiance en soi, même dans l'adversité.
Préparer la fin de sa vie	Oser regarder la mort en face plutôt que la fuir par tous les moyens. Préparer son départ sur les plans matériel, légal et humain. Faire connaître ses souhaits de fin de vie.

Comme vous pouvez le remarquer, il s'agit d'un travail de toute une vie, à temps complet.

Un petit devoir, pour finir

Avant de vous quitter, je ne peux résister à l'envie de vous donner un petit devoir.

Voici une liste de tâches, de décisions ou de projets. Vous pouvez l'allonger. Cochez ceux que vous aimeriez maintenir ou conserver tels quels, mettre en œuvre, explorer avant de vous décider, intensifier, réduire ou carrément supprimer. Si le sens d'un énoncé ne vous semble pas suffisamment clair, donnez-lui-en un qui a davantage de signification pour vous. Ajoutez aussi une échéance, car, comme vous le savez maintenant, le meilleur moyen d'atteindre un résultat est de se fixer une échéance précise.

———— Tâches, décisions, projets ————

	Maintenir, conserver	Mettre en œuvre	Explorer, découvrir	Intensifier, consolider	Réduire	Supprimer	Quand?
Activités							
Affection							
Affirmation de soi							
Aide à autrui							
Alimentation							
Altruisme							
Amitié							
Amour							
Appréciation de soi							
Authenticité							
Autonomie							
Bénévolat							
Bilans de vie							
Changement							
Confiance en soi							
Confort							

	Maintenir, conserver	Mettre en œuvre	Explorer, découvrir	Intensifier, consolider	Réduire	Supprimer	Quand?
Discrétion							
Écouter							
Empathie							
Enfants							
Enthousiasme							
Exercices physiques							
Famille							
Fierté (apparence)							
Fierté (réalisations)							
Fierté (valeurs)							
Finances							
Générativité							
Goût du risque							
Humour							
Identité							
Indépendance							
Intergénération							
Intimité							
Joie							
Jugements sur autrui							
Lâcher prise							
Liberté							
Loisirs							
Mentorat							
Motivation							
Pardon							
Pensée positive							
Persévérance							

	Maintenir, conserver	Mettre en œuvre	Explorer, découvrir	Intensifier, consolider	Réduire	Supprimer	Quand ?
Peur							
Plaisir							
Poids							
Prise de contrôle							
Projets							
Qualité de vie							
Ralentissement							
Reconnaissance (besoin)							
Reconnaissance (manifester)							
Reconnaissance positive de soi							
Relaxation							
Repos							
Résilience							
Respect de l'environnement							
Rêves							
Ruminations							
Satisfaction							
Sécurité affective							
Sécurité matérielle							
Simplicité							
Solidarité							
Sommeil							
Stress							
Territoire							
Travail							
Vie spirituelle							

Je vous quitte avec quelques vers extraits du remarquable *Hymne à la vie* écrit par Mère Teresa.

La vie est une chance, saisis-la.
La vie est un rêve, fais-en une réalité.
La vie est un défi, fais-lui face.
La vie est un devoir, accomplis-le.
La vie est un jeu, joue-le.
La vie est précieuse, prends-en soin.
La vie est amour, jouis-en.
La vie est promesse, remplis-la.
La vie est un combat, accepte-le.
La vie est une aventure, ose-la.

Je vous remercie de m'avoir lue. Je vous souhaite le meilleur de tout, en tout, tout le temps et pour toujours.

N'hésitez pas à m'envoyer vos commentaires et vos témoignages à cette adresse de courriel : mariedessaint@yahoo.ca. Je vous répondrai, bien sûr.

Postface

Le livre de Mme Marie-Paule Dessaint aurait très bien pu s'intituler *Ma vie en réflexions*. Que l'on soit célibataire ou en couple, salarié, à l'aube de la retraite ou d'une seconde carrière, voire en fin de vie, les propos de l'auteure touchent la cible : nous amener à nous interroger sur nos valeurs, à prendre conscience des répercussions de notre mode de vie et de nos activités sur le sens donné à notre existence. Au bout du compte, nous avons une meilleure connaissance de nous-mêmes, de nos buts et de nos intérêts.

Sans délaisser le moment présent – l'essentiel –, l'auteure nous propose différentes façons de « vivre », de s'appuyer sur nos acquis, de reprendre le contrôle de notre existence et de refaire nos forces si de malheureux incidents de parcours se sont produits. Elle nous suggère d'envisager notre avenir en laissant toute latitude aux nouveaux événements. Par le biais de plusieurs mises en situation, elle nous convie à dresser le bilan de nos forces et de nos faiblesses, de même qu'à procéder à l'inventaire de nos qualités et de celles qu'il nous reste à parfaire, pour ensuite prendre les décisions qui s'imposent. Elle nous invite à remplir notre « malle aux trésors », à « maîtriser l'art de l'agenda » et nous incite encore et toujours à l'introspection par une série de questions. L'auteure offre enfin quelques conseils, sans nous dicter la conduite à suivre, en nous laissant libres de les adapter à notre mode de vie.

Mon engagement dans plusieurs associations, et plus particulièrement mon travail de présidente aux niveaux sectoriel, régional et national de l'Association des retraitées et retraités de l'éducation et des autres services publics du Québec[1] (AREQ), m'a permis de constater au quotidien la justesse du leitmotiv de Marie-Paule Dessaint : « Le bonheur est dans l'action. »

Je crois que l'appartenance à un groupe contribue à la santé physique et mentale de la personne retraitée. Citoyennes et citoyens à part entière, les personnes retraitées sont bien impliquées dans leur communauté, prennent une part active aux débats sociaux et se soucient des générations futures. Cet engagement, conjugué aux revendications collectives pour une retraite décente, des soins de santé gratuits et accessibles à toutes et à tous, porte ses fruits. Les répercussions se font sentir au sein des familles et jusque dans la société québécoise. Sans aucun doute, les préoccupations de nos membres font écho à celles de l'auteure. Comme elle, ils réfléchissent, entre autres, à la contribution des personnes aînées à la société, au bénévolat ou au fait de « mourir en toute dignité », débattent de leur rôle de proche aidant et soulèvent les mêmes questions criantes d'actualité : comment « prendre du temps pour soi » tout en s'occupant d'un parent âgé ?

Des traits d'humour, des expressions imagées et des témoignages éloquents rendent la lecture de *Cap sur la retraite* agréable et stimulante. L'optimisme généreux de

---

1. Créée en 1961, l'Association des retraitées et retraités de l'éducation et des autres services publics du Québec (AREQ) compte plus de 54 000 membres, dont les deux tiers sont des femmes, provenant des secteurs de l'éducation, de la santé, des services de garde, des communications, des loisirs, de la culture et du milieu communautaire. L'AREQ est affiliée à la Centrale des syndicats du Québec (CSQ).

Marie-Paule Dessaint est contagieux. Elle pourrait reprendre à son compte cette expression chère à l'AREQ : « À la retraite, pas de congé pour la citoyenneté. »

MARIETTE GÉLINAS
Présidente nationale de l'AREQ
de 2003 à 2011 et présidente régionale
Cœur et Centre-du-Québec

Remerciements

Merci à toutes les personnes qui assistent aux cours, aux conférences, aux stages et aux ateliers que j'anime depuis plus de 15 ans, ainsi qu'à mes clientes et à mes clients en coaching de vie. Ils m'ont inspiré cet ouvrage et les exemples qui s'y trouvent. Je leur dois la majeure partie des connaissances et des expériences que j'ai acquises sur le terrain. Ils m'ont tellement appris et, parfois aussi, tellement fait rire avec leur bonne humeur, leur sens de la répartie et leurs bonnes blagues, malgré l'intensité de certains sujets que j'aborde.

Merci à toutes les organisations, entreprises et bibliothèques qui m'ont invitée à animer tous ces cours et à prononcer toutes ces conférences (retraite, sommeil, mémoire, sens de la vie). Grâce à eux, j'ai été obligée de mettre à jour mes connaissances sans arrêt.

Merci à Maurice Corbeil, mon « voisin d'immeuble, plein de qualités », qui se porte toujours volontaire pour réviser mes manuscrits afin d'y chasser quelques coquilles.

Merci à Louise Loiselle, éditrice chez Flammarion Québec, qui m'a fait confiance, une fois encore, pour la publication de cet ouvrage. J'aime particulièrement le soin, quasi maternel, que vous apportez à la qualité de chacun des livres que vous publiez : révision, mise en pages, finition. Merci également aux « dentellières » Lucie Laurin, Céline Vangheluwe, Anne-Saskia Barthe et Marie-Claude Barrière qui ont prêté leurs bons yeux et leurs petites mains à cet ouvrage.

Merci aussi à vous, madame Mariette Gélinas, présidente pendant près de 10 ans de l'Association des retraitées et retraités de l'éducation et des autres services publics du Québec (AREQ), « femme engagée, rassembleuse et travailleuse infatigable », pour tout ce que vous avez fait pour les aînés en général, et pour vos membres en particulier, en collaboration avec votre équipe. Merci aussi pour cette abondance d'informations de haute qualité, généreusement disponibles sur le site de votre association (http://areq.qc.net), ainsi que de m'avoir fait penser à féminiser davantage mes textes.

Merci à Jean-Pierre Fortin, maître coach certifié (MCC) de l'International Coach Federation, fondateur de Coaching de gestion, l'école où j'ai suivi ma formation de coach. Jean-Pierre est un homme dédié au développement du potentiel humain, qui expérimente lui-même le passage à une autre étape de la vie. La lecture de ce livre, en avant-première, lui a permis, m'a-t-il dit, d'écrire une préface qui vient du cœur.

Merci enfin au Dr Roger Cadieux, président fondateur du Forum économique de Verdun, qui a pris le temps de me recevoir pour me présenter les activités et les projets de sa municipalité, destinés autant aux jeunes et aux moins jeunes qu'aux aînés, ainsi qu'à M. Alain Laroche, commissaire au développement local de l'arrondissement de Verdun, pour tout ce que vous faites pour nous tous dans le cadre de votre mandat de soutien à la vitalité de l'économie locale.

Bibliographie

Ackerman, Larry (2007). *Décodez votre identité*, Michel Lafon.

Adiaffi, Jean-Marie (1995). *La carte d'identité*, Hatier.

Adrienne, Carol (1999). *Votre mission de vie*, du Roseau.

Alain (Émile-Auguste Chartier) (1928). *Propos sur le bonheur*, Gallimard.

AREQ (2010). *Réflexions de l'AREQ sur la question de mourir dans la dignité*. Mémoire présenté à la Commission spéciale sur la question de mourir dans la dignité lors de la consultation générale et des auditions publiques, juillet 2010. Ce document peut être consulté en ligne sur le site de l'AREQ.

Bensaid, Catherine et Jean-Yves Leloup (2005). *Qui aime quand je t'aime? De l'amour qui souffre à l'amour qui s'offre*, Albin Michel.

Bergman, Catherine (2005). « *Il faut rester dans la parade!* », Flammarion Québec.

Blanchet, Baptiste (2008). « Travailler contre ses valeurs », *Psychologies*, p. 100-103.

Blanchette, Josée (2010). « La retraite? Plutôt crever. Les sexas redevenus sexys », *Le Devoir*, 26 février 2010.

Bratman, Dr Steven et David Knight (2004). *Health Food Junkies: Orthorexia Nervosa. Overcoming the Obsession with Healthful Eating*, Broadway Books.

Bridges, William (2006). *Transitions de vie. Comment s'adapter aux tournants de notre existence*, Inter-Editions-Dunod.

Byrne, Rhonda (2010). *Le secret*, Un monde différent (2ᵉ édition).

Carter-Scott, Chérie (2000). *Dix règles pour réussir sa vie*, Flammarion Québec.

Castonguay, Claude et Mathieu Laberge (2010). *La longévité : une richesse*, Centre interuniversitaire de recherche en analyse des organisations (CIRANO).

Champagne, Sara (2010). « Vieillissement des baby-boomers : alerte au tsunami gris », *La Presse*, 23 août 2010.

Curtay, Dʳ Jean-Paul (2008). *Okinawa. Un programme global pour mieux vivre*, Anne Carrière, Le Livre de Poche.

Cyrulnik, Boris (2006). *De chair et d'âme*, Odile Jacob.

Cyrulnik, Boris (2006). « Le bonheur, ça s'apprend », *L'actualité*, décembre 2006, p. 5-8. Entrevue avec le journaliste Claude Weill.

de Hennezel, Marie et Bertrand Vergely (2010). *Une vie pour se mettre au monde*, Carnets Nord.

de Hennezel, Marie (2008). *La chaleur du cœur empêche nos corps de rouiller*, Robert Laffont, Pocket Évolution.

de Hennezel, Marie (1995). *La mort intime*, Robert Laffont, Pocket.

Dessaint, Marie-Paule (2010). *Pour un sommeil heureux*, Le Dauphin Blanc.

Dessaint, Marie-Paule (2008). *La mémoire. L'entretenir et la développer*, Le Dauphin Blanc.

Dessaint, Marie-Paule (2005). *Petit guide de la retraite heureuse*, Eyrolles pratique.

Dessaint, Marie-Paule (2005). *Une retraite heureuse ? Ça dépend de vous !*, Flammarion Québec.

Dessaint, Marie-Paule (1997). *Bien vivre, mieux vieillir. Guide pratique pour rester jeune*, Éditions de l'Homme (épuisé).

Dufour, Anne (2008). *100 recettes express Okinawa*, Leduc. s Éditions.

Edwards, Dick (2010). *Communiquez avec vos parents vieillissants*, Broquet.

Elia, Dʳ David (2009). *Faire durer le plaisir : la sexualité des enfants du baby-boom*, Grasset.

Estrade, Patrick (2004). *Comment je me suis débarrassé de moi-même*, Robert Laffont.

Éthier, Chantal (2004). «Déprimées… à cause des hommes ?», *Châtelaine*, mars 2004, p. 117-122.

Falkenstein, Michael et Sascha Sommer (2006). «Le retour des seniors», *Cerveau & Psycho*, nᵒ 15, mai-juin 2006.

Fanget, Dʳ Frédéric (2007). *Où vas-tu ? Les réponses de la psychologie pour donner du sens à sa vie*, Les arènes.

Flem, Lydia (2004). *Comment j'ai vidé la maison de mes parents*, Seuil.

Forget, Dominique (2010). «Vivre en solo», *L'actualité*, nᵒ 37, 1ᵉʳ septembre 2010, p. 24-29.

Gaudreau, Valérie (2010). «Le suicide, tabou chez les boomers», *Le Soleil*, 6 février 2010.

Grafeille, Dʳᵉ Nadine et Nicolas Fauveau (2006). *L'amour longtemps. La sexualité des seniors*, Plon.

Guéguen, Nicolas (2010). «Pourquoi un baiser peut changer votre vie», *Cerveau & Psycho*, nᵒ 38, mars-avril 2010, p. 30-34.

Guéguen, Nicolas (2009). «L'arithmétique du couple», *Cerveau & Psycho*, nᵒ 31, janvier-février 2009, p. 34-37.

Hagège, Dʳ Jean-Claude (2003). *Le pouvoir de séduire*, Odile Jacob.

Hamann, Jean (2005). «Calcul mental. Le cerveau serait-il mauvais juge lorsqu'il compte les calories qu'il a lui-même brûlées ?», *Au fil des événements*, Université Laval, 3 novembre 2005.

Hapax, John (2004). *Slow Down*, Eyrolles pratique.

Havighurst, Robert J. (1971). *Developmental Tasks and Education*, New York, Longman, 3ᵉ édition.

Hétu, Jean-Luc (1992). *Psychologie du vieillissement*, du Méridien.

Hofman, Philippe (2005). *Une nouvelle vie pour les seniors*, Albin Michel.

Jalenques, Dr Étienne (2002). *La thérapie du bonheur*, Marabout/Hachette.

James, Muriel et Dorothy Jongeward (2006). *Naître gagnant. L'analyse transactionnelle dans la vie quotidienne*, InterEditions.

Kübler-Ross, Elisabeth (2008). *Vivre avec la mort et les mourants*, Le Livre de Poche.

Kübler-Ross, Elisabeth et David Kessler (2002). *Leçons de vie*, J. C. Lattès, Pocket spiritualité.

Lamontagne, Christian (2008). «Êtes-vous capable de changer une habitude?», blogue.passeportsante.net, 14 octobre 2008.

Leclerc, Gilbert (2002). «Les prédicteurs d'une adaptation réussie à la retraite», *Vie et vieillissement*, vol. 1, nᵒ 1, p. 21-26.

Loreau, Dominique (2008). *L'art de l'essentiel*, Flammarion.

Losier, Michael (2007). *La loi de l'attraction*, Éditions des 3 Monts.

Lyubomirsky, Sonja (2010). «Comment construire un bonheur durable», *Cerveau & Psycho*, nᵒ 37, janvier-février 2010, p. 62-64.

Lyubomirsky, Sonja (2008). *Comment être heureux… et le rester*, Flammarion Québec.

Maslow, Abraham (2004). *L'accomplissement de soi. De la motivation à la plénitude*, Eyrolles.

McGraw, Phillip (2003). *Et moi, alors?*, Marabout.

Millman, Dan (2010). *Le guerrier pacifique*, J'ai lu. (La première édition en français date d'il y a plus de 20 ans!)

Monbourquette, Jean (2001). *Apprivoiser son ombre*, Novalis.

Montagu, Ashley (1979). *La peau et le toucher*, Seuil.

Murphy, Dʳ Joseph (1987). *La puissance de votre subconscient*, Le Jour. Réédition 2010, Éditions de l'Homme.

Pattakos, Alex (2006). *Donner un sens à son travail*, Éditions de l'Homme.

PIEM (2004). *Les joies de la retraite*, Le Cherche midi.

Proulx, Steve (2009). «Éloge du désordre», *Jobboom*, vol. 10, nº 6, juin-juillet.

Quand le cadre ne cadre plus (2006). Productions Virage, émission *Enjeux*, Radio-Canada (télévision).

Ricard, Matthieu (2010). *Pourquoi la gentillesse?*, entretien publié sur le site psychologies.com, dans le cadre de la Journée de la gentillesse.

Ricard, Matthieu (2003). *Plaidoyer pour le bonheur*, NiL éditions, Pocket Évolution.

Ricot, Jacques (2010). *Éthique du soin ultime*, Presses de l'EHESP.

Rioux Soucy, Louise-Maude (2010). «L'obésité ravage le cœur des adolescents», *Le Devoir*, 26 octobre 2010. D'après le Congrès canadien de santé vasculaire.

Robbins, Anthony (2006). *Progresser à pas de géant*, Un monde différent.

Rosenberg, Larry (2004). *Vivre, à la lumière de la mort, de la vieillesse et de la maladie*, Anne Carrière.

Salomé, Jacques (2006). *Et si nous inventions notre vie*, Le Relié.

Sciama, Yves (2009). «Soins palliatifs: la vie malgré la mort», *Science & Vie*, hors série, nº 48, septembre 2009, p. 65 à 70.

Servan-Schreiber, Dʳ David (2003). *Guérir le stress, l'anxiété et la dépression sans médicaments ni psychanalyse*, Robert Laffont.

Sirinelli, Jean-François (2003). *Les baby-boomers*, Fayard.

Société internationale de recherche interdisciplinaire sur la maladie (SIRIM) (1984). *Alors survient la maladie. La vie quotidienne vue à la lumière du fonctionnement du cerveau*, Empirika et Boréal express.

Thierry, Dominique (dir.) (2006). *L'entrée dans la retraite : nouveau départ ou mort sociale*, Liaisons.

Vaillant, George Eman (2002). *Aging Well*, Little Brown.

Table des matières

Notes sur l'auteur

Titulaire d'un doctorat en sciences de l'éducation, Marie-Paule Dessaint assume successivement les postes de conseillère pédagogique au cégep Marie-Victorin, de responsable des secteurs sciences humaines, arts et santé au ministère de l'Éducation, d'adjointe au vice-doyen aux études à la Faculté d'éducation de l'Université de Sherbrooke, puis de collaboratrice au sein d'une équipe de chercheurs à la Télé-université du Québec. Elle donne également durant plusieurs années le cours *Vif, alerte et heureux* à l'Université du troisième âge de l'Université de Sherbrooke. Au cours de ces années, elle réalise aussi plusieurs ouvrages en sciences de l'éducation.

Dès l'année 2000, elle met le cap sur un tout nouveau monde : celui de la retraite et du vieillissement. Elle anime pendant neuf ans des sessions de préparation à la retraite (adaptation psychosociale) pour la Commission administrative des régimes de retraite et d'assurances. Elle prononce aussi des conférences et tient des ateliers pour diverses organisations publiques et privées au Québec et, occasionnellement, en France. Elle publie également plusieurs livres consacrés au bien-vieillir, à la retraite, à la mémoire et au sommeil.

Coach de vie, membre de l'International Coach Federation, depuis 2006, elle se spécialise dans les grandes transitions de vie, notamment celles de la trentaine, du mitan de la vie (45-60 ans), de l'amorce de la retraite, de la recherche d'un nouvel équilibre et d'un nouveau sens à la vie après quelques années à la retraite ainsi que de l'entrée en résidence de retraite. Elle anime des ateliers et prononce des conférences sur tous ces thèmes. Marie-Paule Dessaint est une formatrice agréée par la Commission des partenaires du marché du travail.

Pour en apprendre davantage sur son parcours professionnel et sur les services qu'elle offre, vous pouvez consulter son site : www.marie-paule-dessaint.com